Almut Fuest-Bellendorf

Mediation hocheskalierender Elternsysteme

Vom Verlassen eisiger Höhen

Mit 9 Abbildungen

Vandenhoeck & Ruprecht

Bibliografische Information der Deutschen Nationalbibliothek:
Die Deutsche Nationalbibliothek verzeichnet diese Publikation in der Deutschen Nationalbibliografie; detaillierte bibliografische Daten sind im Internet über https://dnb.de abrufbar.

Umschlagabbildung und Innenabbildungen: © Patrick Schoden

Satz: SchwabScantechnik, Göttingen
Druck und Bindung: ® Hubert & Co. BuchPartner, Göttingen
Printed in the EU

Vandenhoeck & Ruprecht Verlage | www.vandenhoeck-ruprecht-verlage.com

ISBN 978-3-525-70307-6

Inhalt

Vorwort – vom Verlassen der eisigen Höhen

Seit ich denken kann, wandere ich in den Bergen. Die Freude und Faszination mit vertrauten Menschen und neuen Gruppen im Gebirge unterwegs zu sein, lässt nicht nach.

Alles ist klarer und purer im Kontakt zum anderen, zur Umgebung und zu mir selbst. Damit sind die Momente der Entspannung genauso gemeint wie die der Angst oder Verunsicherung. Die physischen, psychischen und kommunikativen Prozesse im Umgang mit Grenzen, die sich immer wieder neu auftun, halten meine Neugierde aufrecht: Wann dreht man um, wann durchsteigt man eine schwierige Passage und wer ist dabei an meiner Seite? Die Begegnung zwischen dem anderen, dem Gelände und mir ist diejenige, die einen Unterschied macht.

Auch in mediativen Prozessen geht es um Begegnungen, die weiterführen. Und wo tiefe Verletzungen schwere Konflikte zwischen Klienten verursachen, beantwortet dieses Buch die Fragen nach einer Prozessführung, die so viel Stabilität anbietet, dass Veränderung möglich wird. *Die Klienten scheinen wie bedrohte Wanderer, die sich in eisigen Höhen befinden, ohne jegliche Kunde vom Wetter, ohne die körperliche und psychische Verfassung, ohne Kompass und Plan für den eigenen Abstieg in sicheres Gelände.* Mit den Aspekten einer gelingenden Führung aus den eisigen Höhen des Konflikts beschäftige ich mich seit vielen Jahren und das vorläufige Ergebnis ist das vorliegende Konzept Systemischer Mediation.

Die Betrachtung heutiger Berg- und Wanderführung dient mir dabei vor allem im zweiten Teil des Buches als Metaphorik zur Verdeutlichung der Prozessgestaltung und als Anregung für die Haltung des Systemischen Mediators[1]. *Die Kunden müssen den Abstieg selbst schaffen und der Bergführer flankiert ihr Handeln, indem er, je nach Gefahreneinschätzung, zur Konzentration*

1 Aus Gründen der besseren Lesbarkeit habe ich mich dazu entschieden, im ersten Teil des Buches ausschließlich die männliche und im zweiten Teil des Buches ausschließlich die weibliche Schreibweise als wesentliche Bezugsgröße für Personenbezeichnungen zu verwenden. Mit beiden Formen sind selbstverständlich immer Menschen aller Geschlechter mitgemeint und gewürdigt.

aufruft, vorsteigt, am kurzen Seil führt oder Lockerung vermittelt und dabei die eigenen Grenzen mitbedenkt.

Im ersten Teil des Buches wird quasi vom »Basiscamp« aus entwickelt, welche Bedingungen starke und langanhaltende Konflikte in Elternsystemen prinzipiell erzeugen. Während nach einer Trennung die allermeisten Elternsysteme, die mit diesem Bruch einhergehenden, schmerzhaften Prozesse selbstständig bewältigen und zu neuen Formen familiären Lebens gelangen, unterscheiden sich davon jene, deren Mitglieder auch nach langer Zeit noch gegeneinander kämpfen. Anstelle einer Heilung der Wunden erfolgt eine Verschärfung der Konflikte, die mit immer stärkeren Mitteln ausgefochten werden. Es handelt sich um eine Seilschaft, in der die Eltern – auf unheilvolle Weise verbunden – sich in immer unwegsameres Gelände hinaufbewegen.

Auch die Kinder dieser Familien sind Beobachter, Bedrohte und Betroffene der Eskalationen sowie auch Teil einer Seilschaft, wodurch sie potenziell psychische und mitunter auch physische Verletzungen davontragen. Die Bedingungen dieses Konfliktsystems werde ich zunächst darlegen. Auf diesem Wege gewinnt das System hocheskalierender Eltern eine Kontur, auf deren Basis ich den Sinn helfender Interventionen neu präzisiere. Dies geschieht aus der Sicht folgender Perspektiven:

1. Die Perspektive der Gesellschaft.
2. Die Perspektive des Konflikts.
3. Die Perspektive der Psychen.
4. Die Perspektive von Trauer im Prozess von Trennung und Scheidung.
5. Die Perspektive des erweiterten Familiensystems als Scheidungssystem.
6. Die Perspektive der interdisziplinären Kooperation.

Hocheskalation zwischen Eltern ist demnach weder das Ergebnis aus der Bahn geratener Psychen, noch findet sie im kontextfreien Raum statt. Vielmehr bereiten verschiedene Voraussetzungen den Boden für ein Verhalten, das dann als »hochstrittig« beobachtet werden kann.[2]

Der gesellschaftliche Kontext und die Erfordernisse, welche die Gesellschaft an Familien[3] generell und im Besonderen an getrennte Familien heute stellt, werden als Bedingungen der Möglichkeit hocheskalierender Elternsysteme dar-

2 Dabei folge ich hier einem systemischen Beobachtungsbegriff, mithilfe dessen davon ausgegangen werden kann, dass es das Phänomen von »Hocheskalation« an sich nicht gibt. Vielmehr ist der Begriff selbst eine Beobachtungsleistung und damit nicht unabhängig vom beobachtenden System zu verstehen.

3 Die Pluralität heutiger Familienformen (»Patchworkfamilien«, Pflegefamilien, »Regenbogenfamilien« etc.) ist hier immer mitgemeint.

gestellt. Dabei greife ich auf die soziologische Systemtheorie von Niklas Luhmann und Peter Fuchs als Referenztheorie zurück.

Die psychischen Bedrohungslagen, der von Trennung betroffenen Eltern und ihrer Kinder, stellen eine weitere Prämisse starker Konflikte dar. *In welcher Verfassung jeder Einzelne im Gebirge anzutreffen ist, was ihn innerlich bedroht und herausfordert und welche Geschichten ihn prägen ist hochsingulär.* Gleichwohl regen Prozessbeschreibungen von Trauerprozessen das Verständnis der psychischen Situation von Eltern und Kindern an.

Ein weiterer Schritt ist dadurch inspiriert, dass mit der Systemtheorie der elterliche Konflikt selbst als System begriffen wird, was dessen Bedingungen und Zuspitzung verdeutlicht. Neuere systemtheoretische Konfliktmodelle, wie z. B. das von Fritz Simon, leisten dabei ergänzende Beiträge zur Erklärung ansteigender Eskalationen.

Die Ausweitung solcher Konfliktsysteme auf andere soziale Systeme in der Umgebung des Elternsystems wird als Steigungsmechanismus interpretiert, der im Weiteren erklärt, warum sich Herkunftsfamilien, Freundeskreise, Nachbarschaften und relevante Professionen[4] ebenfalls von der Dynamik des Konflikts erfassen lassen. Bevor es mir im zweiten Teil des Buches um Ideen zur gelingenden Gestaltung einer interprofessionellen Kooperation geht, steht zunächst die Ausweitung der Konflikte als Bedingung strittiger Elternsysteme zur Disposition.

Während ich zunächst der Frage folge, was diese Eltern antreibt in solch *eisige Höhen* bis hinein in *Todeszonen* aufzusteigen, die nicht zum Leben einladen und mitunter nicht einmal das Überleben sichern, wird der Mediations- als Abstiegs- und Veränderungsprozess in intensiver Co-Arbeit zwischen Klienten und Mediator dargestellt. Der Mediator taucht zwar nicht in den Konflikt, wohl aber in den Mediationsprozess ein – *er übernimmt die Bergführung und befindet sich dadurch mit auf den Pfaden, die den Abstieg ermöglichen.*

Die Entwicklung einer Haltung des Mediators im Sinne eines *inneren Werkzeugs* bildet das Herzstück dieses Konzepts. *Der Bergführer selbst ist bestens gerüstet, wenn er sich auf einen schwierigen Steig begibt. Er ist körperlich und mental vorbereitet und er hat das Material, das er am Körper trägt und im Gelände nutzt, sorgsam gewählt.* Der Idee nach prüft der Mediator beispielsweise, wie er die Situation seiner Klienten einschätzt und welche Techniken er deshalb zum Einsatz bringt, um den Prozess gut führen zu können und dabei selbst geschützt zu bleiben. *Einen anderen essenziellen Aspekt verantwortungsvoller Bergführung*

4 Menschen unterschiedlicher Professionen, wie Anwälte, Berater in Jugendämtern und Beratungsstellen, Psychologen, Verfahrensbeistände, Richter, Mitarbeiter in Banken, Lehrer etc. können zu Beteiligten im erweitern Konfliktgeschehen der Eltern werden – sowohl wenn es um die Befriedung als auch um die Verschärfung der Konflikte geht.

stellt die Wetterkunde dar – ein überraschender Wetterwechsel in den Bergen kann gefährlich werden, weswegen es fundamental ist, dass der geschulte Bergführer das Wetter lesen und demgemäß handeln kann. In der Mediation kennt der Mediator die Wetterlagen von Konflikten grundlegend und kann in der aktuellen Situation lesen, wie darauf bestenfalls zu reagieren ist. Manchmal stellt eine Unterbrechung des Prozesses eine konstruktive Möglichkeit dar, manchmal geht es eher darum, die Klienten den Konflikt aushalten zu lassen, damit nach einsetzender Beruhigung konstruktiver weitergearbeitet werden kann.

Diese und weitere Haltungsaspekte werden expliziert, bevor ich in einem nächsten Kapitel den Prozess der Mediation in seinen Phasen veranschauliche. In der Systemischen Beratungstheorie wird die Prozessverantwortung dem Berater zugesprochen. Und das meint, dass es ihm obliegt, eine Struktur zu entwickeln und zu halten. »Die Kompetenz des Helfers liegt darin, ›Architekt‹ eines förderlichen Gesprächs zu sein« (Ludewig 1997, S. 131). Jedoch stellen die psychischen und kommunikativen Verunsicherungen sehr strittiger Eltern Mediatoren nicht selten vor neue Herausforderungen. Allzu schnell bestimmt die Konfliktdynamik den Prozessverlauf. Ins Zentrum des dazugehörigen Kapitels stelle ich die Darlegung einer engeren Form der Führung, *wie am kurzen Seil,* die deshalb nicht zur Bevormundung der Klienten wird. Diese Variante betont eine intensive Arbeit mit den Eltern, wobei die Kinder, als vorerst am Prozess Unbeteiligte, im Verlauf nicht aus dem Blick geraten sollen. Damit folge ich weiter der Idee, dass, wenn es den Eltern gelingt, wieder die Verantwortung für ein vereinbartes elterliches Handeln zu übernehmen, deren Kinder wesentliche positive Veränderungen erleben.

In einem letzten Kapitel erweitere ich daher das Blickfeld um mögliche Varianten des Einbezugs von Kindern, in denen ich, in Anbetracht individueller Prozessverläufe, auch verschiedene Abwandlungen dieses Einbezugs beschreibe.

Der Abstieg aus den eisigen Höhen bedeutet eine enorme Kraftanstrengung in den Bewegungen auf neuen, ungewissen Pfaden, auf die sich alle Beteiligten einlassen. Dieses Buch soll in erster Linie Mediatoren, Berater und andere Fachleute darin ermutigen, den Wagnissen schwieriger Passagen und längerer Abstiege innerlich wie auch praktisch gut ausgerüstet zu begegnen.

Danksagung und Widmung

Mein besonderer Dank gilt Uwe Michalak, dessen klarer, systemischer Blick und sprachliches Fingerspitzgefühl mir während des Schreibprozesses eine große Hilfe waren.

Seitens der Vandenhoeck & Ruprecht Verlage danke ich im Besonderen Merle Tiaden für die bereichernde und durchgehend konstruktive Zusammenarbeit.

Für die wunderbare künstlerische und grafische Umsetzung von Ideen in Bilder danke ich Patrick Schoden.

Stellvertretend für die vielen kollegialen und freundschaftlichen Gespräche möchte ich mich bei Anja Lienesch bedanken, in deren guter Seilschaft ich ein richtungsweisendes Verstehen erfahre.

Bei Leonhard Fuest möchte ich mich für die Ermutigung an wichtigen Punkten im Prozess des Schreibens bedanken.

Für ihr tiefes Interesse und beraterisches Feingefühl danke ich Ada Fuest.

Aurelia und Leander Bellendorf danke ich für die Co-Autorenschaft innerhalb dieses Buches, ihre Toleranz und die Freude eines gemeinsamen, inspirierenden Lebens.

Zuletzt möchte ich mich bei Thomas Bellendorf bedanken, dessen Klugheit, Humor und Herzenswärme mich nicht nur durch den Prozess des Schreibens tragen.

Dieses Buch ist meiner ganzen Familie gewidmet.

Teil 1

Spurensuche – zum Verständnis der schwierigen Lagen

1 Bedingungsgefüge hocheskalierender Elternsysteme

Im Hochgebirge bei schlechtesten Wetterbedingungen weiter bergauf laufen, den nächsten, noch schwierigeren Passagen entgegen, das Schuhwerk ist marode und die eigenen Beine zittern vor Angst.

Im Falle von hocheskalierenden Elternsystemen handelt es sich nicht um Menschen, die sich auf den Weg in ein leidenschaftliches Abenteuer begeben, vielmehr geraten sie in eine Situation, die sich zunehmend verschärft. An diesem Punkt ist es die Kopplung belastender Ereignisse und Ebenen, die ein Phänomen wie »hocheskalierendes Verhalten« begünstigt. Um die Erklärung dieses Phänomens nicht monokausal auf komplizierte Psychen der beteiligten Eltern zu reduzieren, wird mit den folgenden Kapiteln der Versuch unternommen, ein umfassenderes Bild der Ebenen und Bedingungen von »Hochstrittigkeit« zu erzeugen.

Als erste Bedingung wird die Ebene der Gesellschaft in den Blick genommen, auch um deren Einfluss auf Familien und daran anschließend auf Familien, die von Trennung betroffen sind, auf die Spur zu kommen. Danach wird der Konflikt als ein eigenständiges Kommunikationssystem und in seinen Steigerungsmechanismen interpretiert.

Das anschließende Kapitel beleuchtet, was passiert, wenn das Konfliktsystem weitere Konflikte inspiriert, bis sich ganze Großfamilien, Freundschaftssysteme und auch professionelle Systeme in Konflikte verwickelt sehen. Diese Aspekte werden an dieser Stelle allerdings noch nicht wesentlich mit den Fragen verbunden, wie es gelingen kann, beispielweise eine gute interprofessionelle Kooperation in so gearteten Fällen zu stärken.

Die Ebene der beteiligten psychischen Systeme, die eine wesentliche Hintergrundbedingung hocheskalierender Kommunikation bilden, wird in einem anschließenden Kapitel beleuchtet, bevor der erste Teil des Buches mit der Fokussierung auf Trauerprozesse als markante Einflüsse auf die Psychen der beteiligten Familienmitglieder und deren Kommunikationssysteme endet.

Abb. 1: Bedingungsgefüge hocheskalierender Elternsysteme

2 Gesellschaft – eine bedrohliche Wetterlage

In den vergangenen Jahren ist, laut Statistik, die Anzahl an Elternsystemen gestiegen, deren Kommunikation nach einer Trennung den gängigen Kriterien von »Hochstrittigkeit« entspricht.

Dies kann im Kontext eines generellen »gesellschaftlichen Klimawandels« interpretiert werden, der einen Anstieg von Konflikten verzeichnet, die sowohl auf ökologischen, ökonomischen als auch zwischenmenschlichen Bedrohungen fußen. Die Kriminalstatistiken weisen zwar keinen generellen Anstieg von Gewalt als Grenzfall von Konflikten aus, dennoch wird beispielweise von der Weltgesundheitsorganisation (WHO) ein deutlicher Anstieg zwischenmenschlicher Gewalt als Nebenwirkung der Corona-Pandemie deklariert.[5]

Wie die gesellschaftlichen Bedingungen darüber hinaus genauer aussehen, welche die gegenwärtige Lebensführung von Paar- und Familiensystemen flankieren, wird hier unter Bezugnahme auf die Systemtheorie als Referenztheorie kurz beleuchtet. Dabei wird der These gefolgt, dass das Phänomen hochstrittigen Verhaltens nicht ohne eine Kontextualisierung verstanden werden kann.

Die moderne Gesellschaft wird bei Peter Fuchs als ein polykontexturales Kommunikationssystem beschrieben. Damit ist einerseits gemeint, dass sie eine abstrakte Allgemeinheit sozialer Ereignisse, also Kommunikationen, bezeichnet, die aber andererseits in sich nicht einheitlich ist, sondern in soziale Systeme ausdifferenziert und so als polykontextural dargelegt wird. Ihre Form der Pluralität ist also lediglich insofern einheitlich, als dass ihre grundlegende Operation die Kommunikation ist. (vgl. Fuchs 2003, S. 22 ff.)

Jene Systeme, die sich als gesellschaftliche Systeme beschreiben lassen (Recht, Erziehung, Wirtschaft, Kunst etc.), erfüllen eine spezifische Funktion innerhalb der Gesellschaft, ohne dass diese hierarchisch organisiert ist. Die Einzel-

5 https://www.euro.who.int/de/health-topics/disease-prevention/violence-and-injuries/news/news/2020/6/the-rise-and-rise-of-interpersonal-violence-an-unintended-impact-of-the-covid-19-response-on-families (Zugriff am 11.11.2020).

person hat nicht nur die Option, Adresse zahlreicher gesellschaftlicher Systeme zu sein, sie kommt auch nicht umhin, kommunikativ vielfach angesteuert zu werden. Und so ist diese Person vielleicht Kunde einer Bank, Mitglied eines Sportvereins, Mitarbeiter einer Kanzlei, Familienmitglied, Ehemann, Kunde beim Bäcker, Mitglied der katholischen Kirche und Organspender. Und auch dieses Engagement bildet nur einen Bruchteil dessen ab, was in Form pluraler Mitgliedschaften in Organisationen, in Familien- und Freundschaftssystemen oder Interaktionssystemen für heutige Lebensführungen üblich ist (vgl. Luhmann 1996, S. 168 ff.).

Zudem haben sich die Kommunikationswege in den vergangenen Jahren verändert und vervielfacht. Die mediale Verfügbarkeit der Person, die eine Ansteuerung ihrer sozialen Adresse über soziale Netzwerke wie beispielsweise WhatsApp, Facebook oder E-Mail zu jeder Tages- und Nachtzeit ermöglicht, prägt den postmodernen Lebensstil. Die Anzahl der sozialen Kontakte und damit die Häufigkeit der Ansteuerung direkter (face to face), vor allem aber medialer Kommunikationssysteme haben in erheblichem Maße zugenommen und führen zu einer Beschleunigung der Lebensvollzüge.

Es lässt sich leicht schlussfolgern, dass diese Befunde nicht ohne Folgen für die beteiligten Bewusstseinssysteme (psychische Systeme) bleiben.

> »Wenn es aber so ist, daß die moderne Gesellschaft uneinheitlich ist, also keine Einheit in sich hat außer der bloßen Operation der Kommunikation, dann können wir zügig durchschließen, dass das Bewusstsein, das mit solchen Verhältnissen zu tun bekommt ebenso uneinheitlich ist.« (Fuchs 2003, S. 23)

Die psychische Konstruktion eines Selbst oder einer Identität im Sinne einer Einheit scheint so fragwürdig wie schwierig geworden zu sein. Die Idee einer psychischen Mitte des menschlichen Daseins, einer prägnanten Figur oder eines unverwechselbaren »Ichs« als Einheit des Bewusstseins wird mit dieser Theorie aufgehoben.

Das wiederum, so die These von Fuchs, ruft Sozialsysteme auf den Plan, deren Funktion es ist, die Einheit des anderen sozial zu konstruieren.

> »In der Liebe geht es um die EINS des Anderen, um Komplettberücksichtigung des Anderen oder um die Komplettzugänglichkeit des Anderen (auch im Blick auf den Körper) – und zwar genau in dem Moment, in dem diese EINS, diese Komplettheit durch die Differenzierungsform der Gesellschaft außer Kraft gesetzt wird.« (Fuchs 2003, S. 24)

Der andere gewinnt in Intimsystemen eine Art »Höchstrelevanz« und diese wechselseitige Anforderung auf Dauer durchzuhalten, ist hochanspruchsvoll und nicht zuletzt dadurch fragil und krisenanfällig. Die wechselseitige Höchstrelevanz des Anderen erzeugt ein WIR und das System macht deutlich, dass dieses WIR exklusiv und damit in Abgrenzung zu allen anderen Systemen steht. Peter Fuchs formuliert:

> »Es geht irgendwie um die wechselseitige EINS der ZWEI. Wenn das so ist, wenn wir so unterscheiden, unterscheiden wir gleichzeitig ein WIR ZWEI vom Rest der Welt. WIR ZWEI/*und das was sonst noch vorkommt,* das ist offenbar die fundamentale Unterscheidung des Systems.« (Fuchs 2003, S. 43)

Jedem Funktionssystem liegt ein allgemeines, d. h. generalisiertes Kommunikationsmedium[6] zugrunde, das ähnlich eines Verstärkers einen bestimmten Sinn wahrscheinlicher macht. Im Falle von *Intimsystemen* wird Liebe als allgemeines Kommunikationsmedium zugerechnet. Damit ist gemeint, dass alle spezifischen Formen von Intimsystemen (damit sind hier sowohl Paar- als auch Familiensysteme gemeint) eines gemein haben, nämlich, dass das, was jemand tut, vor dem Hintergrund eines Handelns aus Liebe verstehbar wird: Jemand geht in ein klassisches Konzert, obwohl er an der Musik keine Freude hat; jemand verabredet sich mit den Freunden des Partners, auch wenn damit ein anstrengender Abend vorprogrammiert ist; jemand rennt vor dem Geburtstag des anderen stundenlang durch die Stadt, auf der Suche nach dem einen, unübertreffbaren Geschenk.

In welchem Verhältnis stehen nun Intimsysteme, wie sie hier kurz präzisiert wurden, zu Familiensystemen im Kontext moderner Gesellschaften? Dieser Frage soll an dieser Stelle nachgegangen werden, bevor der Bedeutungsspur des Verlusts des Paarsystems durch Trennung und damit verbunden auch einer Irritation des Familiensystems gefolgt wird.

---

6 Unter einem Medium wird in der Systemtheorie für soziale Systeme eine lose Kopplung von Elementen verstanden, die erst durch Formbildung konkretisiert wird. Das Medium eines sozialen Systems ist dabei insofern nicht beliebig, als es zwar allgemeine Zeichen nutzt, diese jedoch nur eine begrenzte Kombinatorik zulassen. Fuchs beschreibt das Verhältnis von Medium und Form wie folgt: »Sie sind konzipiert als invariant homogene Möglichkeitsverknappungen für Formbildung« (Fuchs 2007, S. 238). Dabei wird die Verknappung durch das spezifische System erzeugt. Während für Wirtschafssysteme das Medium Geld als allgemeines Medium angenommen werden kann, ist es für Intimsysteme das Medium Liebe, dass die Kommunikation in bestimmter Weise »verwahrscheinlicht« (vgl. hierzu auch Luhmann 1996, S. 220 ff.; Luhmann 2004, S. 225–228; Fuchs 2004, S. 25-30).

Heute existiert eine Vielfalt an Familienkonstellationen. Regenbogenfamilien, Patchworkfamilien und Pflegefamilien bezeichnen nur einige der Zusammenstellungen, in denen Eltern und Kinder zusammenleben und die eine hohe Varianz in der Einheit des Familienbegriffs andeuten. Den vielleicht kleinsten gemeinsamen Nenner in der Definition von Familie hat Richard von Weizäcker formuliert, als er sagte: »Familie ist da, wo Kinder sind.« Nimmt man diese Definition, so wird deutlich, dass es sich bei Familien insofern um gesellschaftliche Funktionssysteme handelt, als dass sie jede Person betreffen. Man kann sich gegen eine Partnerschaft entscheiden, nicht aber dagegen, in eine Familie hineingeboren zu werden – jedes Kind ist ein Kind von Eltern.

> »So wie man sich dem Wirtschaftssystem, dem Politiksystem, dem Erziehungssystem nicht entziehen kann, so wenig kann man vermeiden, Person in einer Familie zu sein, und oft mehrfach: in einer Herkunftsfamilie und in der eigenen Familie.« (Fuchs 2003, S. 87)

Das bedeutet aber nicht, dass jedes Kind seine Kindheit und Jugend in ein und derselben Familie oder überhaupt in einer Familie erlebt. Dort aber, wo Kindern eine familiäre Berücksichtigung – aufgrund welcher Umstände auch immer – verwehrt bleibt, sind hohe psychische Belastungen sicher zu erwarten.

Diese Lücke zu schließen, behält die Jugendhilfe heute unterschiedlichsten Systemen vor, die familiäres Leben imitieren bzw. die Gründung neuer Familiensysteme in Form von Adoptionsfamilien oder Pflegefamilien unterstützen. Und auch wenn die heutige Familie ab der Geburt durchschnittlich eher in Form einer klassischen Kleinfamilie – bestehend aus zwei Kindern einer Mutter und einem Vater – besteht, sind darüber hinaus alle Formen anzutreffen und verwandtschaftliche Beziehungen unter den Familienmitgliedern kein bestimmendes Merkmal. Und so sind auch die Entscheidungen für *Familienformen* genauso multioptional geworden wie die Lebensweisen, Erziehungsstile, Rollen- und Aufgabenverteilungen innerhalb von Familien.

Gleichwohl lässt sich bei aller Vielfalt die Einheit des Systems Familie in einigen Punkten konkretisieren. Dabei zeigen sich in vielerlei Hinsicht Übereinstimmungen mit der Konstruktion von Paarsystemen, weshalb Peter Fuchs auch das Familiensystem als ein Erbsystem des Intimsystems bezeichnet und umgekehrt bei Intimsystemen von Vorformen des Funktionssystems Familie spricht, weil es erst jetzt nahezu jeden betrifft (vgl. Fuchs 2003, S. 86 ff.). Im Wesentlichen weitet sich die Komplettberücksichtigung und Komplettbetreuung der Person (der EINS des anderen) auf weitere Personen aus, bei denen es sich in der Regel um Kinder handelt. »Das System muss sich mit einer Mehrheit von Personen herumschlagen« (Fuchs 2003, S. 81).

Familien sind demnach eine Erweiterung von Intimsystemen durch Kinder. Und mit steigender Anzahl der Familienmitglieder ist genau diese Funktion der Komplettberücksichtigung des Einzelnen in all seinen Belangen und Bedürfnissen aufrechtzuerhalten, ein großer Anspruch an alle Beteiligten. Auch das Medium, das in der Systemtheorie die Sinnlinie eines Systems vorzeichnet, wird als soziale Reaktion auf den Verlust der Einheit der sozialen Adresse in dieses System hineinkopiert. *Liebe als Medium* macht prinzipiell deutlich, warum in Familien so gehandelt wird, wie gehandelt wird. Eltern werden nicht dafür bezahlt, ihre Freizeit in Indoorspielplätzen zu verbringen oder lange Wartezeiten bei Kieferorthopäden in Kauf zu nehmen – Liebe »verwahrscheinlicht« ein Handeln, das unter Bedingungen egoistischer Motive wegfiele.

Es geht um das WIR des Systems Familie im Gegensatz zum Rest der Welt. Die Grenze des Systems wird überall dort deutlich, wo das WIR sich zeigt und die Operation des Liebens zwischen den beteiligten Personen das System erkennbar werden lässt. Familie als modernes Intimsystem meint hier wechselseitige Höchstrelevanz der Personen in dem Sinne, dass man für alles am anderen aufgeschlossen zu sein hat. Allerdings ist der Körperbezug in Familien deutlich von der Art zu unterscheiden, wie Paarsysteme diesen beispielsweise in Form von Sexualität leben. Die Intimität des Paares unterscheidet sich radikal von der Intimität der Familie. In Familien gehört körperliche Nähe und Zuwendung zum Repertoire des Möglichen. Die Art und Intensität der Ausübung variieren allerdings stark. Der Körperbezug – also die Art, wie Körper im Falle von Partnerschaft auch in Form von Sexualität in das System einbezogen werden – ist in Familien ausgeschlossen bzw. markiert einen radikalen Krisen- und Grenzfall des Systems, sollte er auf diese Art vorkommen. Zwar sind Formen der körperlichen Zuwendung und auch thematischen Bezugnahme auf körperliche Beschwerden üblich, allerdings beispielsweise als Versorgung oder Vermittlung von Geborgenheit. Als weiterer Krisenfall in Familiensystemen der modernen Gesellschaft können alle Mittel der Gewalt als Formen körperlicher Bezugnahme bezeichnet werden.

Familien, so kann resümiert werden, sind heute immer noch ein hoch erfolgreiches System, da sie jeden Menschen in irgendeiner Form erfassen und ihre Neugründung zu einem der gängigen Lebensmodelle gehört. Ihre Funktion wird an dieser Stelle als die Komplettberücksichtigung der »Eins« des anderen verstanden und ist damit die Lösung des Problems polykontexturaler Gesellschaften für Personen, deren Einheitsfähigkeit durch die steigende Komplexität von Gesellschaft gefährdet ist. Und diese Lösung ist Chance und Druck zugleich:

> »Aus der Perspektive, die hier entwickelt wurde resultiert, daß die Familie als Funktionssystem per se riskante Kommunikation betreibt, bedingt

> durch ihre höchst unwahrscheinlichen Anforderungen, die erwarten lassen, daß die beteiligten Bewußtseine unter erheblichen Druck geraten.« (Fuchs 2003, S. 109)

Die Wahl einer Familienform ist genauso multioptional geworden, wie die Formen der *Gestaltung des Zusammenlebens.* Wie intensiv berücksichtigt wird, was den und die anderen angeht, entscheidet das System selbst. Zündet der Vater für das Bestehen einer Mathearbeit seiner 14-jährigen Tochter eine Kerze auf dem heimischen Tisch an oder erinnert die Tochter erst mit einem blauen Brief daran, dass diese Klausur einmal geschrieben wurde – Familien sind hochsinguläre Systeme. Als Person in all den gelebten Facetten und sozialen Bezügen berücksichtigt zu werden, kann – im Sinne eines identitätsstiftenden Moments der kommunikativen Bündelung der EINS – als Geschenk und im nächsten Moment als Kontrolle und Freiheitsberaubung empfunden werden. Die bestehende Auskunftspflicht zwingt zum Reden und damit auch zum Schweigen und beide Seiten können zur psychischen Last werden – die Aufgabe, vieles zu besprechen, genauso wie eine übergroße Last des Verschweigens (vgl. Fuchs 2003, S. 109).

Uli Alberstötter beschreibt mit Hartmut Rosa zudem die zeitliche Beschleunigung eines modernen Familienlebens als Ergebnis allgemeiner gesellschaftlicher Geschwindigkeitssteigerungen in Technik, Transport, Produktion und dann auch Kommunikation (vgl. Rosa 2005).

> »Die zeitliche Verdichtung von Aufgaben in einem immer schneller getakteten Nacheinander von beruflichen und familiären Terminen und das Gebot einer permanenten Verfügbarkeit sind oft begleitet von dem Gefühl, das gehetzte Leben eines Verfolgten zu führen.« (Weber/Alberstötter/Schilling 2013, S. 23)

Weiter erklärt er, dass diese Form der Lebensführung keine Zeit zur Pause, Sondierung und überlegten Planung zukünftiger Schritte zulasse. *Multioptionalität* wird zur Daueranstrengung, da keine gute Gelegenheit zur Entwicklung verpasst werden darf: »Phasen des Stillstands oder des temporären Ausstiegs sind dann nur durch ein erhöhtes Aufholtempo wettzumachen« (Alberstötter 2013, S. 23). Dass diese Bedingungen prinzipiell den Grundbedürfnissen von Menschen zum Beispiel nach Orientierung, Selbstverwirklichung, Anerkennung oder auch Ruhe nicht entsprechen, ist klar auszumachen. Als Folgeproblem von Stress prägen heute auch stressbedingte Krisen und Erkrankungen das Familienleben.

Für Peter Fuchs werden daher im Zuge einer Hochtemporalisierung gesellschaftliche Strukturen begünstigt, die das Tempo drosseln. Zu diesen Strukturen zählt er die Beratung als eine besonders populäre Form – ein »Hansdampf in allen Gassen«, der einen Aufschub im Handeln erzeugt. Der Ratsuchende unterbricht gegenwärtiges Handeln, die Beratungszeit selbst wird zum Aufschub eines riskanten, beschleunigten Handelns zugunsten eines zukünftigen Handelns, das den Rat durchlaufen hat und Orientierung und Verbesserung problematischer Lebenssituationen verspricht. Beratung reagiert also mit der Zeitfigur des Aufschubs auf die Hochtemporalisierung der Gesellschaft. Sie würde aber nicht vielfach nachgefragt werden, wenn sie nur eine zeitliche Geschwindigkeitsabsorption im Sinne einer Pause anböte – sie verspricht, unabhängig von ihren Themen und Inhalten, eine Verbesserung bzw. Sanierung von Lebensumständen (vgl. Fuchs 2010, S. 97 ff.).

Wenn es im Weiteren um Familien geht, die von *Trennung und Scheidung* betroffen sind, ist ein Begründungszusammenhang für das Ereignis der Trennung wahrscheinlich in der per se anspruchsreichen Funktion (Komplettberücksichtigung der EINS des anderen) der Familie als System zu sehen. Die hohe Stör- und Krisenanfälligkeit von Intim- und Familiensystemen sowie die Hochtemporalisierung der Lebensführung können als Bedingungen hoher Trennungs- und Scheidungsraten interpretiert werden.[7]

Schaut man nun ferner auf die Systeme, die entstehen, wenn Eltern sich trennen, zeigen sich neue Themen und Anforderungen für die beteiligten Systeme. Unter dem Begriff »Trennungsfamilie« kann nicht sicher definiert werden, was sich nach der Trennung neu formiert. Eindeutig ist, dass mit der Auflösung der Partnerschaft zunächst einmal auch der Anspruch auf wechselseitige Komplettberücksichtigung der jeweils anderen Person aufgelöst werden könnte. Gleichzeitig bleibt die Elternschaft bestehen und damit könnte die Berücksichtigung der Kinder unstreitig im Vordergrund stehen. Zu klären bleibt allerdings, wieviel und was genau die Eltern voneinander wissen müssen, um innerhalb der Elternschaft ihre Kinder im Blick zu haben.

Umgekehrt bleibt der Anspruch an die Kinder bestehen, ihre Eltern als EINS zu berücksichtigen, was bei einer örtlich vollzogenen Trennung schwerlich umsetzbar ist, denn womöglich findet sich nur ein Elternteil abends wieder ein. Zusätzlich ist das Medium Liebe nicht mehr die alleinige Formvorschrift, die ein kommunikatives Handeln wahrscheinlich macht. Wieder ist die Liebe zwischen Eltern und Kindern unfraglich, aber die Liebe zwischen den Eltern wurde

7 In Deutschland wurden, laut der Daten des Statistischen Bundesamts (Destatis), im Jahr 2019 149.010 Ehen geschieden, dabei gingen aus 74.661 Ehen Kinder hervor und so waren in dem Jahr 122.010 minderjährige Kinder aktuell von der Scheidung ihrer Eltern betroffen. Dabei sind die Trennungen in Familien von unverheirateten Eltern nicht erfasst. Insgesamt steigen in den letzten Jahren die Scheidungsraten an. Demgegenüber nahm die Zahl der Eheschließungen im Jahr 2019 mit einer Anzahl von 416.324 leicht ab.

nun gerade aufgekündigt, wodurch sich die Frage eröffnet, was die Elternschaft ansonsten als System auszeichnet, das weiter kommunikativ aufrecht erhalten bleibt. Das Ende des Intimsystems wirft die Eltern, wenn sie nicht direkt eine neue Partnerschaft eingehen, auf sich selbst zurück. Sie müssen psychisch verkraften, dass diese eine spezifische Art der partnerschaftlichen Berücksichtigung aufgelöst wurde. Die *Fragmentierung ihrer sozialen Adresse* rückt in den Vordergrund und wird es ihnen vielleicht schwer machen, sich psychisch als Einheit zu erleben. Als Eltern haben sie eine Vielzahl von Themen zu besprechen und zu verhandeln, als Paar nicht mehr. Eine durch Trennung zu erwartende psychische Dauerbelastung der Personen wird im Weiteren als zusätzliche Bedingung hochstrittigen Verhaltens noch Beachtung finden.

Uli Alberstötter beschreibt diesbezüglich die sehr unterschiedlich wirkenden Kräfte zwischen dem (gesellschaftlichen und persönlichen) Anspruch der Kooperation auf der Elternebene und denjenigen Gefühlen, die mit einer Trennung verbunden sind. Die Auflösung der Beziehung löst starke Gefühle von Ablehnung, Wut und Hass aus, die anstelle von Kooperation notwendigerweise auf eine prägnante Loslösung vom anderen drängen (vgl. Alberstötter 2013, S. 29 f.). Dies verdeutlich noch einmal, was Eltern durch die gesellschaftlich wirksame Forderung nach Kooperation abverlangt wird. Der hohe gesellschaftliche und damit generalisierte Anspruch an Familien vermindert sich im Regelfall gegenüber Familien in Trennung nicht, eher steigert er sich noch.

Im Konfliktfall kommt hinzu, dass die gemeinsame Familiengeschichte prägte, worüber geredet, aber auch worüber besser geschwiegen wurde. Jedes Familiensystem hat seine eigenen Verschweigemechanismen, Aussparungen und Auslassungen und genau daraus wird womöglich das Kampfmaterial im Falle der drohenden Trennung und im Trennungsfall bezogen. Das, was man sich nie zu sagen getraut hat, um den familiären Frieden zu wahren, gerät jetzt in den Fokus der Kommunikation: »Ich wollte es dir nie so direkt sagen, aber so wie du mit den Kindern umgehst, schädigst du sie in ihrem Selbstbewusstsein …«

Das umfassende Wissen der Familienmitglieder erzeugt eine hohe *Vulnerabilität.* Wie aber diese Verletzlichkeit kommunikativ zum Tragen kommt und inwieweit die Kinder Teil des kommunikativen Konfliktgeschehens werden, regeln Familien in Trennung sehr unterschiedlich. Das WIR (für immer und gegen den Rest der Welt) des Paares wird aufgelöst und steht nun auch für das Familiensystem unbestimmt zur Disposition. Auch die zeitliche Perspektive des Systems verändert sich: Es kann zwar gesagt werden, dass Eltern immer Eltern bleiben, aber mit der Aufkündigung des ursprünglich auf zeitliche Überdauerung angelegten Paarsystems wird dessen Perspektive aufgelöst. Die Schwierigkeit liegt darin begründet, dass das Familiensystem nicht unabhängig von der Trennung des Paarsystems verstanden werden kann und i. d. R. weitreichende

Veränderungen für jedes Familienmitglied und für das System Familie im Ganzen unausweichlich sind.

Heute ist eine hohe Varianz der Lebensformen von Nachtrennungsfamilien zu beobachten. Auf der einen Seite gibt es jene Eltern, die in dichter Kooperation und nach einer Trennungs- und Neuorientierungsphase nahezu unberührt der Tatsache, dass sie kein Paar mehr sind, das Familiensystem weiterführen. Auf der anderen Seite gibt es Familiensysteme, die mit der Trennung der Eltern als Ganzes einen starken Bruch erleben, was wiederum beispielsweise auch eine Trennung der Geschwisterkinder oder eine Trennung von Eltern und Kindern bedeuten kann.

Kommen neue Partner und die Gründung neuer Familiensysteme sogenannter »Patchworkfamilien« hinzu, steigt die Anzahl der Themen, die zu verhandeln und zu vereinbaren sind. Je nach aktuellen Kapazitäten, der Härte der mit der Trennung einhergehenden Verletzungen, der prinzipiellen Verhandlungskompetenzen der beteiligten Eltern und der Komplexität der Sachlage werden diese Aufgaben leichter oder schwerer zu verhandeln sein. Das Ergebnis solcher *Entscheidungsprozesse* sind singuläre Systeme. Alberstötter beschreibt diesen Anspruch an elterliche Kooperation als eine moralisch aufgeladene, gesellschaftliche Forderung, die auf der Basis des Zerrüttungsprinzips, also einer beidseitig verbuchten Verantwortung für das Scheitern einer Ehe, nun auch beiden Elternteilen die umfassende Aufgabe nahelegt, gute Formen elterlicher Kooperation zu entwickeln. Dahinter stehe die Annahme, dass das Wohl des Kindes von der Präsenz beider Eltern abhänge, weshalb ein das Kind unterstützendes Verhalten genau die wechselseitige Ermöglichung der Präsenz des anderen erfordere, die zumindest eine gewisse Kooperation der Eltern voraussetze.

> »Eltern sollen Eltern bleiben – soweit der von außen seitens der Gesellschaft und ihren institutionellen Repräsentanten unisono gestellte und von den allermeisten Trennungseltern ja durchaus verinnerlichte Anspruch an die Gestaltung der Nach-Trennungsfamilie mit der Denkfigur der kooperativen Elternschaft als Leitstern.« (Alberstötter 2013, S. 28 f.)

Nicht zuletzt ändern sich mit dem juristischen Schritt der Scheidung auch die rechtlichen Bedingungen für die ehemaligen Eheleute: Die Familie als steuerrechtlich begünstigte Versorgungseinheit löst sich auf und gleichzeitig steigen mit einer Trennung in der Regel die *Kosten,* da mehrere Haushalte das »Familieneinkommen« belasten. Auch die ökonomische Verschlechterung der familiären Situation kann einen Beitrag zur Erklärung der Frage nach »hochstrittigem Verhalten« leisten. Zum einen kann eine wirtschaftlich existenziell bedrohliche Situation entstehen und zum anderen können auch die wirtschaftlichen Einbußen wohlhabender Personen von diesen als Bedrohung ihres bisherigen Lebensstils empfunden werden. Beides kann den Konflikt der Eltern befeuern.

Zusammenfassend ist für die Situation von Mitgliedern eines von Trennung und Scheidung betroffenen Familiensystems unter aktuellen gesellschaftlichen Bedingungen festzuhalten, dass

- eine Trennung den üblichen hochtemporalisierten und auf »Komplettberücksichtigung« ihrer Mitglieder ausgelegten Lebensstil von Familien weiter beschleunigt,
- darüber hinaus zahlreiche zusätzliche Themen zu verhandeln sind, wie z. B. die Koordination von Beziehungen zwischen den Eltern und den Kindern, zwischen den Kindern untereinander, zwischen den Großeltern und den Kindern etc.,
- der veränderte rechtliche Status und die eventuell erschwerte finanzielle Lage sich manchmal existenziell bedrohlich auswirken,
- die Auflösung der Paarbeziehung mit gleichzeitigem Anspruch der Entwicklung einer intensivierten Elternkooperation einen immensen Druck auf das Elternsystem ausüben kann.

Familie als heute individualisiertes System ist nach einer Trennung auf hoch anspruchsvolle Weise gefordert, einer wechselseitigen Höchstrelevanz ihrer Mitglieder und deren Beziehungen zueinander nachzukommen. Dabei können allein im Kontext der komplexen Aufgabe der Reorganisation Berater und andere Helfer sinnvolle Unterstützungsformen anbieten.

3 Konflikt und Gewalt

Der Auffassung Folge leistend, dass der Konflikt selbst als eine Bedingung »hocheskalierenden Verhaltens« zu verstehen ist, wird an dieser Stelle die Grundstruktur von Konflikten im Sinne einer allgemeinen Theorie von Sinnsystemen dargelegt. Im Vordergrund stehen dabei zunächst soziale Konflikte (im Gegensatz zu psychischen Konflikten) in ihrer Entwicklung und Steigerung zu dem, was in den gängigen Definitionen unter »Hochkonflikt« verstanden wird. Grundlegend ist damit die Dauer des Konflikts und die Aufwendung der Mittel im Konflikt gemeint, die jeweils einer massiven Steigerung unterliegen. Im schlimmsten Falle geht es hier um einen Kampf bis zum Tod.

Doch zunächst einmal stellt sich die Frage nach dem Einstieg in das, was sich kommunikativ als Konflikt ereignet. Niklas Luhmann spricht ausgehend von der Form des Widerspruchs über die kommunikativ immer mitlaufende Möglichkeit zum Konflikt. Widersprüche unterbrechen in der Kommunikation eine Erwartungssicherheit, die auf Zuspruch angelegt ist. »Widersprüche destabilisieren ein System, und sie machen dies an der Unsicherheit des Erwartens erkennbar« (Luhmann 1996, S. 501). Es tritt eine situative Unvereinbarkeit auf, die den Horizont der Anschlussmöglichkeiten des Systems wieder öffnet und nicht zuletzt deshalb werden Widersprüche auch als Motor von Systembewegungen gesehen. Sie pointieren die Möglichkeit von kommunizierten Ausschlüssen und erinnern sozusagen das soziale System an die eine Seite der Unterscheidung von Zustimmung und Ablehnung durch Ablehnung. »Das System immunisiert sich *nicht gegen das Nein,* sondern *mit Hilfe des Nein;* es schützt sich *nicht gegen Änderungen,* sondern *mit Hilfe von Änderungen* gegen Erstarrung in eingefahrenen, aber nicht mehr umweltadäquaten Verhaltensmustern« (Luhmann 1996, S. 507).

Widersprüche haben also sowohl eine für das soziale System alarmierende Funktion als auch eine solche, die Bewegung in Gang setzt und das System aufrechterhält und vor Erstarrung schützt. Starke Konflikte drohen hingegen eher, das System auf Dauer zu zerstören. Was macht in diesem Fall den Unterschied aus? *Stellt man sich einen ehrgeizigen Bergsteiger vor, der sich auf die*

Besteigung des Mount Everest vorbereitet, so wird dieser auf vielfältige Weise Kraft und Ausdauer trainieren. Er wird seine Ausrüstung sorgfältig auswählen und sich hierbei von Fachleuten gut beraten lassen. Außerdem wird er sein Team mit Bedacht auswählen und sich erst dann, wenn alle Vorbereitungen getroffen wurden, auf den Weg machen und in kontrollierter Weise eine Höhenanpassung vornehmen. Er bricht nicht auf, um zu sterben, sondern um zu überleben, und ist motiviert, die Todeszone zu durchsteigen, möglichst den Gipfel zu erreichen und unversehrt zurückzukehren. Er riskiert viel und tut gleichzeitig alles, um das Risiko zu minimieren.

Menschen, die in die Situation von starken Konflikten geraten, sind zunächst einmal psychisch geschwächt. Sie sind nicht motiviert, den Konflikt zu bewältigen, und haben auch sonst kein Ziel vor Augen, für das es sich lohnen würde, das hohe Risiko einzugehen. Dem gesteigerten Risiko steht keinerlei positiver Erfolgswille gegenüber, trotzdem riskieren diese Menschen alles und geraten in Situationen, die manchmal auch tödlich enden. Aber was ist es, dass sie antreibt, den Konflikt und dessen zerstörerische Folgen zu tragen und sogar zu erhöhen? Eine Antwort darauf lautet, dass es der Konflikt selbst ist, der diese Dynamik einer riskanten Erhöhung erzeugt. Wie ein Parasit heftet er sich an die sonst übliche Kommunikation des Elternsystems und bestimmt deren nunmehr konfligierende Kommunikation nach Bedingungen, die eben auf Widersprüchen, Absagen, Negationen, Anklagen und Angriffen beruhen.

»Als soziale Systeme sind Konflikte autopoietische, sich selbst reproduzierende Einheiten. Einmal etabliert, ist ihre Fortsetzung zu erwarten und nicht ihre Beendigung« (Luhmann 1996, S. 537). Ein Widerspruch ist also nicht das Versagen einer Kommunikation, sondern eine Möglichkeit des Anschlusses zwischen Zustimmung einerseits und eben Ablehnung andererseits. Von einem Konflikt hingegen ist dann auszugehen, wenn sich der Widerspruch kommunikativ verselbstständigt. Und zwar so sehr, dass Luhmann von einem eigenen parasitären System ausgeht, das sich an die Kommunikation des Wirtsystems heftet und die Fortsetzung des Diskurses bestimmt.

> »Insofern eignet sich die Metapher der parasitären Existenz von Konflikten; aber das Parasitentum ist hier typisch nicht auf Symbiose angelegt, sondern tendiert zur Absorption des gastgebenden Systems durch den Konflikt in dem Maße, als alle Aufmerksamkeit und alle Ressourcen für den Konflikt beansprucht werden.« (Luhmann 1996, S. 533)

Und doch ist bei dieser realisierten Aufeinanderfolge von Aussage und Widerspruch eine große Beliebigkeit der Entstehung im Spiel und massenweise erfolgt eine Verflüchtigung von kurzen Konfliktepisoden. Genauso, wie zugestimmt werden kann, wird auch abgelehnt und ebenso schnell löst sich der Konflikt als Bagatellereignis auf.

> »Auch Konflikte unterliegen, wir nennen das nicht ›Konfliktlösung‹, einer natürlichen Tendenz zur Entropie, zur Erschlaffung, zur Auflösung angesichts anderer Interessen oder Anforderungen: Man wird es leid, man hört auf sich zu streiten, man geht auseinander, lässt etwas Zeit verstreichen und knüpft bei anderen Themen wieder an.« (Luhmann 1996, S. 534)

Einige Konflikte hingegen, so sie erst einmal entstanden sind, haben eine hohe *Bindungswirkung.* Ihre Aufrechterhaltung ist wahrscheinlicher als ihre Beendigung und ihre Folgen auch insofern weitreichender, da sie weitere Konflikte inspirieren. Die kommunikativen Möglichkeiten schränken sich auf ein Konfliktschema ein und so geraten die scharfe Anklage und der Versuch der Benachteiligung und zwingenden Schädigung des anderen – soweit dies den Eigeninteressen nicht allzu sehr widerspricht – in den Fokus der Kommunikation. Alsdann geht es nicht mehr um kurze Konfliktepisoden, sondern um folgenreiche Konflikte, die ein eigenes System etablieren, das alle Mechanismen der Aufrechterhaltung und Autopoiesis aufbringt. Die Konsolidierung eines Konfliktsystems benötigt im Verlauf eine Steigerung der Konfliktchancen. Als Voraussetzungsbedingungen bedarf es zunächst der Stärke, der Kontroverse standzuhalten.

Hinzu kommt, dass für die Aufrechterhaltung des Konflikts gleichsam eine Steigerung des Einsatzes der Mittel erforderlich ist. Eine Möglichkeit zur Steigerung liegt beispielsweise im Einbezug dritter und weiterer Personen. »Die Wiedereinführung von Erwartungsunsicherheit in den Konflikt schafft speziell für dieses System Strukturbildungsmöglichkeiten, neue Kontingenzen, neue Chancen der Selektion« (Luhmann 1989, S. 540). Die verunsichernde Wirkung dritter Personen hängt über eine gewisse Zeit mit der Frage zusammen, wie diese sich im Konflikt positionieren werden. Auf wessen Seite jemand steht, wessen Partei jemand unterstützt, ob er Freund oder Gegner ist, wird entscheidend. Die einfache Gegnerschaft ist aufgelöst, sobald diese Frage geklärt wurde, und mit der steigenden Anzahl der Personen im Konflikt steigt die Komplexität des gesamten Konfliktsystems. Während Luhmann einerseits von einem Mechanismus der Ermüdung oder auch Erschlaffung von Konflikten ausgeht, können Konflikte über die Form der Steigerung der Verunsicherungen, beispielsweise durch die Steigerung der beteiligten Personen, über lange Zeiträume erhalten bleiben. Das Konfliktsystem dehnt sich dann innerhalb und außerhalb des Familiensystems aus – Familienmitglieder werden ebenso zu Konfliktbeteiligten wie Freunde, Nachbarn, Arbeitskollegen oder professionelle Helfer, Anwälte, Berater u. v. m. Für Personen im Umkreis eines Konfliktsystems scheint es ab einem bestimmten Konfliktniveau anspruchsvoller, sich dem Konfliktgeschehen zu entziehen, als umgekehrt mitzuwirken.

Dennoch erklärt die neuerliche Verunsicherung durch den Einbezug mehrerer Personen in den Konflikt nicht hinlänglich, wie es zu dauerhaften Kriegssituationen kommen kann. Eine weitere Argumentationsmöglichkeit bietet der Blick auf das Wirtssystem des Konflikts. Dieses gibt vor, worüber und in welcher Weise bislang gesprochen und was aber auch nicht angesprochen oder an welchen Stellen üblicherweise geschont bzw. verschwiegen wurde und was bislang Achtung oder Missachtung erfuhr. All dieses Wissen kann im Konfliktfall genutzt werden, um die alten kommunikativen Grenzen zu verlassen oder zu verletzen.

Wer in der Geschichte des Wirtssystems *Vertrauen* erwies, handelte so, als ob die Zukunft sicher bzw. positiv eingegrenzt wäre. Negative Entwicklungsmöglichkeiten wurden mit Blick auf eine ohnehin unkalkulierbare Zukunft durch Vertrauen ausgeschlossen. »Der vertrauensvoll Handelnde engagiert sich so, als ob es in der Zukunft nur bestimmte Möglichkeiten gäbe« (Luhmann 1989, S. 20). Das wiederum ermöglichte in der Vergangenheit ein abweichendes Handeln und erzeugte Spielräume und Optionen. Wenn beispielsweise der eine Partner dem anderen vertrauensvoll die Betreuung der Kinder überließ, war es ihm dadurch möglich, sich der Arbeit oder seinem Hobby zu widmen. »Einer vertraut dem anderen vorläufig, dass er unübersichtliche Lagen erfolgreich meistern wird, also Komplexität reduziert, und der andere hat auf Grund solchen Vertrauens größere Chancen, tatsächlich erfolgreich zu sein« (Luhmann 1989, S. 26).

Vertrauen fungiert also auch wie ein positiver Motor in eine ungewisse Zukunft. Im Prozess der Trennung wirkt oft das Vertrauen in eine gemeinsame Geschichte, in der es neben den Erfahrungen von widersprechender Kommunikation auch viel Übereinstimmung und Vertrauen in erfahrungsgemäße Zustimmung gab, mit Beginn der Etablierung eines dauerhaften Konfliktsystems wie ausgehebelt. Zum einen ist der Konflikt ein sich steigernder Prozess des Entzugs von Vertrauen bis hin zum deutlichen und verbalisierten Misstrauen. Dieser gipfelt beispielsweise in Formulierungen wie: »Dir traue ich keinen Zentimeter über den Weg.« Auf der anderen Seite ist die Verschärfung des Konflikts aber auch ein Prozess der Verunsicherung bis hin zu Formen von Drohungen. Formulierungen wie »Dann wirst du schon sehen, was mit dir passiert …« lassen den Boden unter den Füßen des anderen unsicher werden und verweisen im radikalen Gegensatz zu vertrauensvollen Kommunikationsformen auf unkalkulierbare und darin aber wiederum kalkulierbare negative Folgen.

Die *Drohung* selbst ist in diesem Zusammenhang zwar keine Gewaltausübung, sondern »lediglich« die Androhung oder Andeutung eines Handelns, welches negative Folgen für den Bedrohten haben würde, so es zur Ausübung käme. Auf diese Weise bedeutet eine Drohung aber auch Macht, weil sie es schafft, ein bestimmtes Handeln zu »verwahrscheinlichen« und manchmal auch durchzusetzen. Insofern reduziert Drohmacht bestimmtes Verhalten im Vergleich zu anderen Verhaltensalternativen und stellt einen Kontrollversuch seitens der drohenden Person gegenüber dem Bedrohten dar. Der Bedrohte wird dadurch sein Denken und Handeln auf die Verhinderung von Leid ausrichten und sich womöglich umfassend absichern, beispielsweise durch die Aktivierung weiterer Unterstützer, durch neue gerichtliche Anstrengungen, durch Alarmanlagen usw. In jedem Fall sorgen die Mechanismen von wechselseitiger, sich verschärfender Androhung zukünftiger Schäden für den Einsatz von Energie, die sich nicht auf die Erweiterung der Möglichkeiten, sondern auf die Verhinderung von Leid durch Sicherungsmaßnahmen seitens des Bedrohten fokussiert.

Insgesamt liegt der Wahl der Mittel innerhalb von hocheskalierenden Systemen eine Steigerung zugrunde. Immer mehr Personen und immer problematischere Informationen werden in das Konfliktgeschehen einbezogen, Drohungen nehmen zu und verschärfen inhaltlich zunehmend den Konflikt. Im Eskalationsfall wird auf jeden Widerspruch mit einem Widerspruch reagiert, das Maß der Kränkung wird dabei potenziert und solange keine der Konfliktparteien aufgibt, handelt es sich nach Simon um einen symmetrischen Eskalationsverlauf (vgl. Simon 2010, S. 85 ff.).

Diese Prozesse der Steigerung werden durch verschiedene Autoren meist in Stufenmodellen dargelegt, von denen hier die von Uli Alberstötter, Fritz Simon, Friedrich Glasl und Heinz Messmer angeführt werden.

Beginnend mit dem dreistufigen Modell von Alberstötter (2004, S. 90–99) bieten sie an dieser Stelle eine gute Orientierung im Hinblick auf das Ausmaß der Eskalation:

Drei Stufen der Eskalation in Elternkonflikten:

Stufe 1

- Zeitweilig gegeneinander gerichtetes Reden und Tun.
- Fähigkeit zur Konfliktlösung ist (noch) vorhanden.
- Einsicht in eigene Anteile.
- Kinder bleiben »im Blick«.
- »Kind braucht Vater und Mutter.«

Stufe 2

- Zunahme verletzenden Verhaltens und Ausweitung des Konfliktfeldes.
- Spaltung (gut – böse, Freund – Feind, Opfer – Täter).
- Gefahr der Eskalation (massive Vorwürfe und Anklagen).
- Verlust des Einfühlungsvermögens.
- Massive Einbeziehung der Kinder.
- Professionelle »Helfer«.

Stufe 3

- Chronischer Beziehungskrieg – Kampf um jeden Preis.
- Extreme Gefühle (Wut, Hass, Ekel).
- Tiefes Rachebedürfnis.
- Verleumdung (z. B. psychische Krankheit, Missbrauch), Drohung, Gewalt.
- »Programmierung« der Kinder.
- Im Extremfall: Mord/Totschlag.

Während in der ersten Stufe das Handeln beider Konfliktparteien noch auf der Basis eines Bewusstseins darüber fußt, dass die Kinder beide Eltern gleichermaßen brauchen und die Beteiligten auch die eigenen Anteile im Konflikt anerkennen, ist die zweite Stufe von massiven Anklagen und Vorwürfen geprägt. Hier wird versucht, die Kinder und auch andere Personen in den Konflikt einzubeziehen. Auf der dritten Stufe ist die Kommunikation davon geprägt, dass die Eltern ihrer Verzweiflung Ausdruck verleihen. Begegnungen werden (auch zum Selbstschutz) vermieden. Finden aber Kontakte statt, sind es Kontakte von Gegnern, die ihre wechselseitige Verachtung, ihren Ekel, Hass und ihre Rachegefühle offenlegen. Dem gegnerischen Elternteil werden Vorwürfe gemacht, die ihn als Person diskreditieren und damit vernichten sollen. Behauptungen des Kindesmissbrauchs, der psychischen Unzurechnungsfähigkeit oder gewaltvoller Übergriffe werden zum Schaden des anderen angeführt. In dieser Stufe steigt auch die Belastung unbeteiligter Dritter (hier beispielsweise die der Kinder). Was dem anderen schadet wird zum Kriterium des Handelns, auch wenn die negativen Folgen den Handelnden selbst schädigen. Kinder können in dieser Stufe eines Krieges nicht ausreichend wahrgenommen werden, sie werden sogar eher als Mittel im Kampf eingesetzt.

Friedrich Glasl entwickelt ein Stufenmodell, das sich nicht allein auf hocheskalierende Elternsysteme, sondern generell auf Konfliktsysteme (z. B. schulische oder berufliche) als ein Modell abwärtsführender Stufen einer zunehmenden Eskalation bezieht. Gleichsam kann dieses Modell aber auch, so die Stufen in

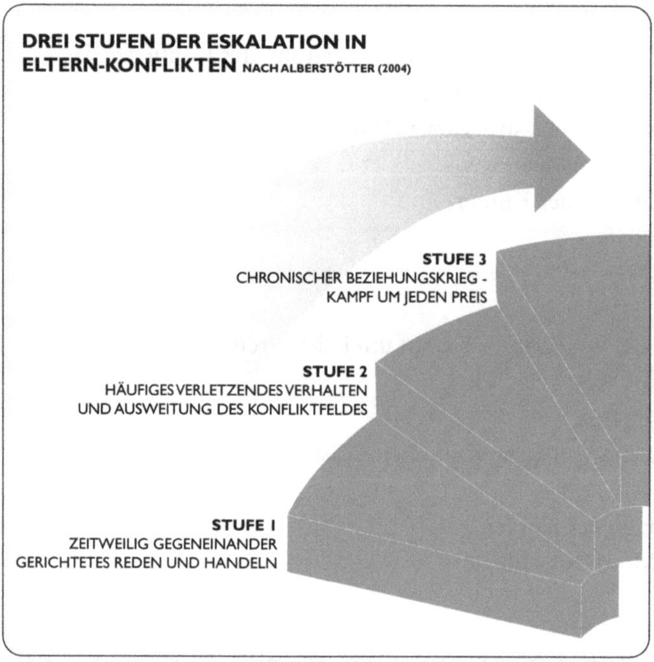

Abb. 2: Drei Stufen der Eskalation in Eltern-Konflikten nach Alberstötter

ihren umfassenden Merkmalen und deren Zusammenspiel erfasst werden, dem Berater/Mediator zur Konfliktbestimmung dienen. So kennzeichnet das Konzept, dass beispielsweise in der dritten Eskalationsstufe die Mechanismen des Konflikts die Beteiligten auch psychisch okkupieren, weshalb eine Moderation durch unbeteiligte Dritte zunehmend sinnvoll wird, um den Konflikt beilegen zu können. Glasl schreibt über die Konfliktparteien: »Sie werden zu Gefangenen des eigenen Gefühlszustandes und können sich kaum noch einfühlen in das, was in den anderen vorgeht« (Glasl 2015, S. 105). Das Modell von Glasl kann Beratern, Mediatoren und anderen Helfern zur Orientierung in der Frage dienen, ob sie ihre Hilfe bereits oder noch sinnvollerweise anbieten können und möchten, je nachdem, in welcher Stufe der Konflikt angelangt ist.

Auf der Handlungsebene weist hier jede Stufe im Vergleich zur vorherigen erhebliche Unterschiede auf, die von einer Kommunikation begleitet werden, die immer weniger sachliche Argumente miteinander verknüpft.

Stattdessen werden Feindbilder konstituiert, Drohkulissen aufgebaut und die Ausübung physischer und verbaler Gewalt nimmt zu. Ab der fünften Eskalationsstufe, so Glasl, meinen die Konfliktparteien die eigentlichen destruktiven Absichten des anderen zu durchschauen: »Im Gegner werden nur noch die gefährlichen und moralisch verwerflichen Schattenseiten gesehen, nämlich der negative ›Doppelgänger‹« (Glasl 2015, S. 109). Glasl erläutert, dass er bislang als

Abb. 3: Die neun Eskalationsstufen nach F. Glasl

externer Berater in denjenigen Fällen zu Rate gezogen wurde, deren Konflikte maximal den Anfang der sechsten Eskalationsstufe erreicht hatten. Das entspricht auch einer Beratungspraxis, die überwiegend dann aufhört mit beiden Parteien gemeinsam in einem Raum zu arbeiten, wenn die Ausübung physischer Gewalt zum Alltag der Konfliktparteien gehört, wie es Glasl ab der siebten Eskalationsstufe beschreibt (vgl. Glasl 2015, S. 96 ff.). Formen wie Shuttle-Mediation, bei der die Parteien nicht mehr persönlich aufeinandertreffen, gehören dann noch zu den Möglichkeiten der Praxis, um weiteren Schutz zu gewährleisten.

Fritz Simon legt seinen Überlegungen das Stufenmodell von Glasl zugrunde, unterscheidet allerdings innerhalb des Modells zwischen Momenten, die sich auf der Ebene sozialer oder psychischer Systeme ereignen. Weiter entwickelt er ein Schema, das die Betonung der Sinndimensionen sozialer Systeme im Sinne Niklas Luhmanns entlang der neun Eskalationsstufen differenziert (vgl. Luhmann 1984, S. 112 ff.). Während sich der Sinn des Systems auf niedriger Eskalationsstufe deutlich mehr über die Sachdimension definiert, nimmt diese im steigenden Konflikt immer weiter ab, wohingegen parallel dazu die Beziehungsdimension an Bedeutung für die Spezifizierung der Kommunikation zunimmt. Insgesamt schreibt auch Simon von einer zunehmenden Beschleunigung der (Entscheidungs-)Prozesse, mit fortschreitender Eskalation im Hinblick auf die zeitliche Sinndimension (vgl. Simon 2010, S. 91).

Abb. 4: Gewichtung der Sinndimensionen bei Eskalationen nach F. B. Simon

Heinz Messmer differenziert ebenfalls in einem, hier aber aufsteigenden, Prozessstufenmodell, das sich an jeweils spezifischen Sinninhalten einer Widerspruchskommunikation orientiert. Dabei hebt er die Emergenz jeder einzelnen Stufe heraus. Jede Stufe kann als eigener Systemtypus eines Konflikts verstanden werden, der sich von den übrigen unterscheidet, sich aber in die darüberliegenden steigern kann. Diese möglichen Steigerungen werden allerdings nicht als gleichförmige Prozesse verstanden, sondern als sprunghaft, regressiv oder auch plötzlich voranschreitend beschrieben. Dabei nimmt jede Stufe die vorherige in sich auf.

Während die Konfliktepisode den Konflikt als stetig aufkommendes Bagatellereignis versteht, kann sich ein Sachkonflikt als Unvereinbarkeit zweier thematischer Standpunkte durchaus über einen längeren Zeitraum erstrecken. Allerdings regt die Unnachgiebigkeit der Gegenpartei zur Differenzierung der eigenen Annahme – auch im positiven Sinne einer Affirmation – an. »Seine Breite, Tiefe und Dauer erfordern demgegenüber ein Mindestmaß an Fremdreferenz, weil sich die Konfliktbeteiligten ansonsten nicht sinnhaft verständigen könnten« (Messmer 2003, S. 284).

Der Beziehungskonflikt, als die nächste Stufe der Steigerung, ist nun nicht mehr vorrangig auf eine Schädigung der Kooperation bei themenbezogenem

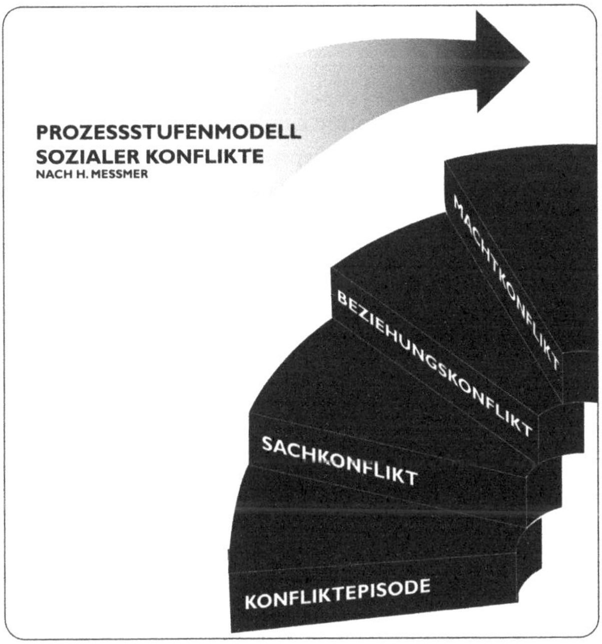

Abb. 5: Prozessstufenmodell sozialer Konflikte nach H. Messmer (2003)

Widerspruch aus, sondern greift, wie der Titel vermuten lässt, eben die Beziehung selbst an, indem Schuldzuschreibungen der anderen Person gegenüber formuliert werden. Dem anderen wird die Schuld zugeschrieben, Verursacher eines unerfreulichen, oft komplexen Sachverhalts zu sein, der von einer festgelegten Norm abweicht. Anschuldigungen dieser Art provozieren zunächst Rechtfertigungen und – so das Konfliktsystem sich stabilisiert – auch Gegenanschuldigungen. »Manifeste Beziehungskonflikte beruhen typischerweise auf einer symmetrisch strukturierten Anschuldigungskommunikation, mit der sich die Beteiligten wechselseitig die Schuld an ihrer Misere attestieren« (Messmer 2003, S. 287). Während sich der Beziehungskonflikt also vorrangig auf das Verhalten oder auch die soziale Identität konzentriert, besteht der Sinn der vierten Konfliktstufe darin, die eigenen Interessen durchzusetzen.

Der Machtkonflikt ist eine Form der Auseinandersetzung, bei der zunächst Drohungen als Mittel der Wahl zur Durchsetzung der Interessen des Drohstellers gegenüber dem Bedrohten gewählt werden. Dabei ist wichtig, dass der Bedrohte annimmt, dass der Drohsteller seine Drohung im Ernstfall durchsetzen kann und nicht bloß mit dem Säbel rasselt. In dieser Stufe läuft alles darauf hinaus, dass der Bedrohte nachgibt und passiven Widerstand leistet, indem er sich vor der Bedrohung schützt und gegen sie rüstet oder aber zur Gegendrohung ausholt. Im letzten Fall werden mitunter beide Parteien zügig motiviert, Techniken anzuwenden, die den Widerstand des anderen brechen und dessen Unterwerfung erzwingen sollen.

> »In diesem Sinne ist die Drohkommunikation die letzte Stufe einer sich intensivierenden Konfliktsituation vor der Inanspruchnahme physischer, direkt oder indirekt auf Körper (und Geist) des anderen zielenden Ausübung von Gewalt.« (Messmer 2003, S. 288)

Macht und Gewalt

Drohungen und *Machtausübung*, auch in Form der Anwendung von Gewalt, gehören zum schwierigen Handlungsrepertoire hocheskalierender Elternsysteme. Beratung und Mediation machen es sich dann auch zur Aufgabe, die Beteiligten dabei zu unterstützen, Drohungen und Gewaltausübungen ein Ende zu setzen. Dies dadurch, dass alternative Kommunikationsformen entwickelt werden, die allen Systemmitgliedern ausreichend Schutz bieten sollen. Auch für das Mediations- oder Beratungssystem selbst braucht es dann in der Regel eine erhöhte Aufmerksamkeit hinsichtlich der Frage, wie hierbei allen Beteiligten (inklusive des Beraters/des Mediators) ausreichend Schutz geboten werden kann, um sich sicher zu fühlen. Nur so können weitere Themen überhaupt bearbeitet werden.

Zudem schließen zahlreiche Beratungseinrichtungen es aus, mit Elternsystemen zu arbeiten, in denen aktuell Gewalt stattfindet oder in denen Formen massiver Gewaltausübung stattgefunden haben. Damit positionieren sich diese Einrichtungen in Fragen des Gewaltschutzes und stellen auf eine andere Weise den Schutz der von massiver Gewalt oder Missbrauch betroffenen Eltern und Kindern in den Vordergrund. Solange der elterliche Kontakt als akute Bedrohungsquelle aufgefasst wird, konzentrieren sich die Hilfen meist auf individuelle therapeutische Angebote zur Verarbeitung traumatisierender Erlebnisse und auf die beraterisch-therapeutische Hilfe der Eltern, die körperliche Gewalt ausüben. Innerhalb von Konfliktfällen dieser Eskalationsstufe ist die elterliche Kooperation zunächst nicht das wesentliche Interventionsansinnen, da der Schutz vor Wiederholung von Gewalttaten hierfür stabil gewährleistet sein muss. Alexander Korritko beschreibt unter dem Thema »Kinder als Zeugen häuslicher Gewalt. Umgang um jeden Preis oder Neuanfang ohne Angst?« Bedingungen eines Neuanfangs infolge massiver Gewaltausübung, die auch zu Kriterien der Wiederaufnahme von Elternberatung bzw. Mediation erklärt werden können (Korritko 2013, S. 256–272). Dabei ist zunächst einmal der Befund ausschlaggebend, dass Kinder als Beobachter von Gewalt gegenüber einem Elternteil im schlimmsten Fall eine Entwicklungstraumatisierung erleben. Der psychischen Situation sowohl der Kinder des von Gewaltausübung betroffenen als auch der psychischen Stabilität des gewalttätig gewordenen Elternteils muss das Setting der Hilfeleistung unbedingt angemessen Rechnung tragen. Was das genauer bedeutet, wird im Folgenden präzisiert.

Doch zuvor wird der Blick hier noch einmal geweitet. Wird der Fokus auf das Phänomen der Macht gelegt, um zu klären, wovon im Falle hochstrittigen Verhaltens auszugehen ist, handelt es sich dabei allgemein gesprochen zunächst einmal um Formen der Einflussnahme. Insofern ist es eine Kommunikation, die durch Entscheidung reduzierte Komplexität hinterlässt. Jemand schränkt durch sein Handeln und seine Entscheidung die Möglichkeiten einer anderen Person in gewisser Hinsicht ein, ermöglicht dadurch aber auch anderes Handeln. Im Sinne der Systemtheorie Luhmanns kann Macht somit auch wie folgt verstanden werden: »Jeder komplexe Weltentwurf setzt einflussnehmende Kommunikation voraus« (Luhmann 2013, S. 53).

Einfluss wird dann zur Macht, wenn er über die Einzelsituation hinaus zu einer erwartbaren und damit zeitlich generalisierten Autorität wird. Dann kann der Beeinflusste sich ggf. auch in einer für ihn unkritischen Haltung sicher fühlen. Hier schließen sich also Macht und Vertrauen nicht aus – erhöhte Komplexität erfordert sogar ein Vertrauen in die Entscheidungsfähigkeit des anderen. Familien oder andere komplexe soziale Systeme wie Organisationen kämen ohne eine einflussnehmende Kommunikation im Sinne einer Führung nur schlecht aus. In diesem Fall bilden Systeme Strukturen aus, deren einflussnehmende Kommunikation nicht über Gewaltandrohung, sondern über Plausibilisierung und Herausbildung von Erwartungshaltungen und Rollenmustern der Protagonisten entwickelt wird.

> »Macht ist nach all dem keineswegs ein nur sporadisch auftretender Wille, der sich im Befehl und im Brechen von Widerstand äußert. Was so erscheint, ist nur eine von vielen Möglichkeiten, von latenter Systemmacht Gebrauch zu machen, und gewiss nicht immer die effektivste.« (Luhmann 2013, S. 86)

Hier billigt die eine Seite die Machtposition der anderen. Welche aber ist dann jene Macht, die sich schädlich über ein System legt?

Im Kontext eines elterlichen Systems, das sich in einem auf Dauer gestellten Krisen- und Konfliktmodus befindet, ist Macht nicht (oder vielleicht nicht mehr) in akzeptierte Strukturen gegossen und an akzeptierte Personen gekoppelt, sondern unterliegt einer Kommunikation, die sich aus wechselseitigem Widerspruch speist. In hohem Tempo werden Entscheidungen getroffen, über die keine Einigkeit bei den Verantwortlichen besteht. An die Stelle von Entwicklung und Plausibilisierung der Entscheidungsprämissen und Entscheidungen tritt oft eine spontane und scheinbar willkürliche Form der Entscheidungsfindung. Es handelt sich also um eine diffuse, auf die eigenen Vorteile bedachte und dabei gegen den anderen gelenkte Einflussnahme. Genau darin liegt der entscheidende Unterschied zu Formen generalisierter Macht. Dazu kommt, dass der andere nicht als Machthaber akzeptiert und schon deshalb dessen Entscheidungen als Angriff und Provokation erlebt werden. Macht, die an anderer Stelle eine Ordnungsleistung erbringt, wird hier zum Öl im Feuer des Konflikts. Ein weiteres Risiko liegt in den hier gemeinten Fällen nicht in einem Zuviel an Macht, sondern umgekehrt in einer fehlenden strukturierenden Einflussnahme durch die verantwortlichen Eltern. Die Macht der »Nichtentscheidung« bezüglich der Versorgung, Betreuung oder Förderung der gemeinsamen Kinder kann – im Sinne einer negativen Entscheidungsleistung – schwierige Folgen für diejenigen haben, die mit dem Ergebnis leben müssen.

In beiden Fällen von Machtgebrauch im Konflikt, dem der »mandatsfreien« Entscheidung und der Nichtentscheidung, besteht überdies ein Zeitproblem. Im ersten Fall wird womöglich überhastet und ohne Abstimmung mit dem anderen Elternteil als Verantwortungsträger entschieden. Im zweiten Fall wird die Nichtentscheidung, also der Aufschub, zum Störfaktor. Eltern, die sich nicht vereinbaren und entscheiden können, welche weiterführende Schule ihr Kind in Kürze besuchen soll, haben beispielsweise mit der Folge zu rechnen, dass keine Anmeldung bei gleichzeitiger Schulpflicht vorliegt. Synchronisation von Handlungen und Rechtzeitigkeit werden hier zum Problem (vgl. auch Luhmann 1988, S. 83 ff.).

Zuletzt soll nun *physische Gewalt* als ein Grenzfall von Macht durch Zwang und als Element hochstrittigen Verhaltens beleuchtet werden. Dabei ist die Gewalt nicht irgendein Grenzfall machtbezogener Kommunikation, sondern jenes Erzwingungshandeln, das am Ende steht und einen Wechsel von einer Kommunikation, die noch alternative Verständigung zulässt, zu einem Handeln, das als Erzwingungshandeln Alternativlosigkeit erzeugt.

Während auch wechselseitige, einflussnehmende Macht dem jeweils anderen noch Wahlmöglichkeiten lässt, zwingt der Einsatz physischer Gewalt ihn, etwas Bestimmtes zu tun. Die Ausübung physischer Gewalt stellt also Zwang dar. Somit übernimmt hier (anders als in Formern machtgesteuerter Kommunikation) der Ausübende die Verantwortung für den Prozess, nämlich indem er keine Verhandlungsspielräume mehr lässt (vgl. Luhmann 1988, S. 9). »Bei Zulassung physischer Gewalt werden Konflikte entweder gar nicht erst gewagt, oder, wenn sie ausbrechen, relativ rasch und einfach entschieden« (Luhmann 1996, S. 539).

Auch in der Mediation und Beratung setzt die Ausübung physischer Gewalt den Möglichkeiten des Verhandelns Grenzen. In dem Falle, dass ein Elternteil

Gewalt als Mittel gegen das andere Elternteil ausübt und der passive Elternteil nicht im Sinne einer sich aufschaukelnden Eskalation zur gewaltvollen Gegensanktion ausholt, sondern versucht der Gewalt zu entkommen, sie aktiv abwehrt oder immer wieder erduldet, ist der Krisenfall der Gewalt ein Hinweis auf eine klare Grenze der Mediation. Bei dem, was oft unter häuslicher Gewalt zusammengefasst wird, geht es um einen asymmetrischen Prozess der Gewalt: Einer kämpft gegen den anderen, aber vielleicht nicht nur gegen den anwesenden anderen, sondern gegen die Situation oder seine »Dämonen der Vergangenheit«. Werden Kinder zu Zeugen physischer Gewalt durch beispielsweise Prügelattacken oder Vergewaltigungen, sind sie Betroffene von Gewalt. Auch die Identifikation von Folgen wie blauen Flecken, blutigen Lippen oder zerstörten Einrichtungsgegenständen sowie auch nur das zurückbleibende Klima von Gewalt machen Kinder zu Beobachtern und Betroffenen.

Eine wesentliche Voraussetzung für eine gelingende Unterstützung von Kindern stellt die Verantwortungsübernahme des ehemals gewalttätigen Elternteils für sein Handeln dar.

> »Das Kind muss nicht aus sich selbst heraus klären, welcher der beiden Elternteile Recht hat, sondern erfährt eindeutig, wer die Verantwortung für die erlebte Gewalt trägt und dass Gewalt keine angemessene Lösung von Konflikten darstellt.« (Korritko 2013, S. 267)

Die Reue, die Verantwortungsübernahme, Veränderungswille und die erworbene Fähigkeit zum gewaltfreiem (Kommunikations-)Handeln sind jene Bedingungen, die von Seiten des zuvor gewaltausübenden Elternteils gegeben sein müssen, um im Folgenden aus der Perspektive von Helfersystemen Hilfskonzepte sinnvoll zu veranlassen, die eine Unterstützung der elterlichen Kooperation wieder verfolgen. Davor liegt die Arbeit desjenigen mit sich selbst, der Gewalt ausgeübt hat. Im Sinne von Stephan Marks geht es für eine Person, die unter Gewissensscham leidet, um eine Begegnung, ein Aushalten und Durcharbeiten der eigenen Beschämung: »Wenn wir uns tatsächlich schuldig gemacht haben, dann ist es in der Tat angebracht, die Schamgefühle anzunehmen, auszuhalten, daraus zu lernen, uns zu entschuldigen und die begangene Schuld wiedergutzumachen« (Marks 2015, S. 159).

Für die Seite der Kinder und des von Gewalt betroffenen Elternteils wird es innerhalb der helfenden Prozesse zunächst darum gehen, ihre Sicherheit und im Weiteren auch ihre Heilung herzustellen und zu unterstützen. Alexander Korittko präzisiert hierzu: »Häusliche Gewalterfahrungen von Kindern müssen daraufhin überprüft werden, ob und welche Aus- und Nebenwirkungen sie auf die Umgangssituation haben« (Korittko 2013, S. 268). Dazu bedarf es sowohl richterlicher Entscheidungen, psychologischer Gutachten und Jugendamtsmitarbeiter in der Wahrnehmung ihrer Rolle des Wächteramtes als auch parteilicher Helfer wie z. B. Berater und Psychotherapeuten.

Mediation ist allerdings auf Symmetrie angelegt. Im Prozess ist es dem Mediator zwar immer wieder möglich, Asymmetrien auszutarieren, um seine Allparteilichkeit und auch Neutralität gegenüber den Inhalten zurückzuerlangen, Fälle asymmetrischer häuslicher Gewaltausübung bedürfen allerdings des Schutzes der Beteiligten. Mediation hingegen braucht die Freiheit, die beteiligten Klienten angemessen herauszufordern, um neue Lösungsschritte zu entwickeln. Bildlich gesprochen: *Der Bergführer wird seine Kunden nicht auffordern, mit schweren Verletzungen den Abstieg gemeinsam zu probieren, sondern die Bergrettung rufen.*

Die Asymmetrie der einseitigen Gewaltausübung kann durch den Mediator nicht in einem auf Symmetrie und Balance fußenden Prozess ausgeglichen werden. Mediation kann erst dann wieder zum Mittel der Wahl werden, wenn die zuvor gewaltausübende Person die Verantwortung für das Verhalten der Vergangenheit übernimmt und die geschehenen Taten bereut. Auch muss der andere Elternteil genügend Vertrauen in die neue Situation haben, dass er sich auf einen gemeinsamen Prozess einlassen kann und dieser Prozess darf dem Genesungsprozess der Kinder nicht im Wege stehen, sondern muss diesen unterstützen. Das herauszuarbeiten, setzt eine gute Vorbereitung des Mediationsprozesses mit den beteiligten Personen voraus.

Geht man von *symmetrischen Eskalationen* aus, die in kriegerischen Episoden, im Sinne wechselseitiger Androhungen oder in Form der Unterstellung von Gewalt und Drohungen das bisherige Zusammenleben der Klienten prägen, ist es für den Mediator deutlich schwerer auszumachen, ob Mediation noch als geeignetes Mittel gelten kann. Wenn physische Gewalt in der Geschichte des Ehe- oder Elternsystems im Sinne wechselseitiger Gewaltausübung vorkam und mit der Mediation alternative Handlungsformen verhandelt und vereinbart werden sollen, braucht es die unbedingte Bereitschaft der Klienten, eine sich von Gewalt und Macht unterscheidende Kommunikationsform einführen und etablieren zu wollen.

Die bislang ausgeübte Macht zwischen den Klienten ist keine legitimierte oder akzeptierte Macht. Eltern können zwar Entscheidungsbereiche, die elterliche Sorge betreffend, aufteilen und die Verteilung der Entscheidungsbereiche kann auch Gegenstand der Mediation sein, allerdings besteht insbesondere bei gemeinsam sorgeberechtigten Eltern die gesetzlich vorgeschriebene Aufgabe darin, Entscheidungen gemeinsam zu verantworten. Wird ein Machtgefälle aufgebaut, das im Krisenfall den einen zu etwas zwingt, was der andere möchte und dann wieder umgekehrt, steht im laufenden Mediationsprozess dessen Fortsetzung infrage. Im günstigsten Fall können sich die Medianten darauf einigen, dass sie die Mittel der Macht und vor allem der Gewalt für den weiteren Prozess ausschließen und sich stattdessen darauf verständigen, die Verantwortung für die gemeinsam anstehenden Verhandlungen zu übernehmen. Das kann in einigen Fällen bedeuten, dass vorherige, einseitig getroffene Entscheidungen zurückgenommen und deren Gegenstände zum Thema der Verhandlungen in der Mediation werden. Eltern, in deren Konfliktgeschichte die Mutter den Kontakt zwischen dem gemeinsamen Sohn und dem Vater vereitelte, während der Vater die Zahlungen des Kindesunterhalts einstellte, wären beispielsweise aufgefordert, diese Entscheidungen neu zu überdenken. Die Fragen nach der Gestaltung des Umgangs als auch die Verhandlungen um Geld würden innerhalb der Mediation nun wieder mögliche Verhandlungsthemen darstellen.

Nur unter der Bedingung eines ausreichenden Gefühls von Schutz der eigenen Person werden die prozessbeteiligten Eltern in der Lage sein, konstruktive Veränderungsschritte zu wagen. Dies hängt sicherlich von der Eskalationsstufe des Konflikts und der psychischen Verfassung der Beteiligten ab. Genauso von Bedeutung ist aber, was der Mediator anbietet. Auch er als Person legt fest, ob er sich selbst ausreichend vor physischer Gewalt geschützt und frei fühlt, den Prozess der Beratung/Mediation zu gestalten. Dies wiederum ist sicher zum einen von der Bedrohungslage, aber auch von den psychischen Bedingungen des Mediators abhängig. Fühlt er sich bedroht und tritt seinen Klienten voller Angst entgegen, wird er den Prozess nicht stabil und somit hilfreich gestalten können. Wendet sich die Gewaltandrohung oder Ausübung derselben gegen den Mediator, wird in der Regel damit bestimmt, dass Mediation nicht länger als Instrument dienen kann.

Im Kontext der Arbeit mit hocheskalierenden Elternsystemen kommt es häufiger vor, dass auch die Helfer als parteilich empfunden werden und dann jedes Mittel im Konflikt auch gegen sie gerichtet wird. In diesen Fällen steht nunmehr der Schutz des Mediators an erster Stelle. Einrichtungen, in denen Angriffe auf die Fachkräfte vorkommen, halten in der Regel heute für Bedrohungssituationen ein ausgereiftes Schutzkonzept vor, das Notfallknöpfe, Fluchtwege und helfende Kollegen einplant.

Mediation im Kontext drohender Gewalt hat also zu klären, ob:

1. Der institutionelle Kontext einer Mediation zustimmt oder andere Verfahrenswege favorisiert.
2. Die Institution ein Schutzkonzept vorhält.
3. Die Klienten sich im Prozess ausreichend sicher und geschützt fühlen.
4. Sie die Kinder in ihren Entwicklungs- und Genesungsprozessen befördert, oder diesen entgegensteht.

5. Die Klienten einem Mediationsverfahren zustimmen und sich auf (gewaltfreie) Veränderungsprozesse einlassen können.
6. Ehemals gewaltausübende Personen Verantwortung für ihre Taten übernehmen und Reue empfinden.
7. Der Mediator die durch Gewalt entstehenden Asymmetrien im Prozess der Mediation wieder austarieren kann.
8. Der Mediator sich sicher und geschützt fühlt.
9. Der Mediator sich frei fühlt, den Prozess allparteilich zu gestalten, weil er den Schutz der Klienten ausreichend gesichert sieht.
10. Der Mediator zuversichtlich ist, dass die Mediation ein hilfreiches Mittel darstellen kann.

Ob alle Ebenen (Institution, Eltern und Mediator) bereit sind, einer Mediation zuzustimmen, ist meist das Ergebnis eines Entscheidungs- und manchmal auch Aushandlungsprozesses. Im Falle der Einigkeit aller beteiligten Personen kann ein Beratungs-oder Mediationskontrakt den Ausschluss von Gewalt während des Prozesses zum Gegenstand haben, um auch darüber die Sicherheit und Freiheit für den bevorstehenden Prozess zu unterstützen.

Konflikte werden hier als eigener Systemtyp verstanden und insofern selbst als Bedingung ihrer Möglichkeit gesehen. Hocheskalierende Elternsysteme sind demnach Systeme, deren Kommunikation sich in Widersprüchen verfängt. *Diese Form der Widerspruchskommunikation ist vergleichbar mit schlechtesten Wetterbedingungen in schroffer Höhe. Natürlich stellt sich für den Bergsteiger die Frage, wie er körperlich, mental und gemäß seiner Ausrüstung zur Bewältigung dieser Wegbedingungen ausgestattet ist, aber erst einmal sind die Wetterbedingungen und die Wegbeschaffenheit so gegeben, wie sie eben sind.* Es hilft daher wenig, die Klienten streng aufzufordern, den Konfliktschauplatz zügig zu verlassen – sie hängen in einer schwierigen Passage fest. Meist ist das Verlassens der konfligierenden Gefahrenzone ein sehr kleinschrittiger und mühevoller Prozess, der eine wohlwollende Führung und Wissen um die Schwierigkeiten des Abstiegs verlangt. Dabei bleibt es die Verantwortung der Eltern, als Klienten zu klären, ob sie sich zutrauen, mithilfe der Mediation zunehmend auf eine Konfliktkommunikation, auf die Mittel von Zwang, Macht und Gewalt zugunsten von Verhandlung und Vereinbarung zu verzichten. Aber auch der Mediator seinerseits muss klären, ob er sich innerhalb seiner Institution zuständig und als Person bereit und in der Lage fühlt, mit den Klienten Wege zu erarbeiten, die ihnen den Abstieg in eine lebensfreundlichere Umgebung ermöglichen.

4 Soziale Ausweitung der Konflikte

Im sozialen Umfeld hocheskalierender Elternsysteme sind über die Dauer des Konflikts viele der Systeme und deren Mitglieder, denen die Eltern zudem angehören, aufgefordert, sich zu positionieren. Das können Mitglieder professioneller Systeme, aber auch die der Kernfamilie, die der Herkunftsfamilie, die von Freundschaftssystemen, die von Nachbarschaftssystemen und die von beruflichen Systemen sein. Der zuvor beschriebene Mechanismus starker Konflikte äußert sich dann so, dass die Personen im Umfeld sich ebenfalls für den einen und gegen den anderen positionieren müssen und demgemäß zu Freund oder im schlimmsten Falle Feind werden. Bei starken und langanhaltenden Konflikten wird eine Polarisierung der umgebenden Systeme im Kontext des Elternsystems immer wahrscheinlicher. Zum einen nimmt die Gegnerschaft zwischen den Eltern, inspiriert durch die umgebenden Konflikte, weiter an Fahrt auf, da laufend Informationen angespült werden, die diese speisen. Zum anderen entstehen in den Systemen der Umgebung weitere Konflikte, die dann zum Futter der Ausweitung der elterlichen (Gegen-)Positionen werden. Mitunter ist es im Mediationsprozess sogar so, dass die Eltern alternative Regelungen zum Konflikt entwickeln, die Herkunftsfamilie ihre Konflikte aber nicht ruhen lässt und dadurch die Regelungen gar nicht erst erfolgreich eingesetzt werden können.

Doch was heißt das im Kontext umgebender familiärer und/oder freundschaftlicher Systeme und professioneller Systeme genauer? Und welche Konsequenzen hat dieses Wissen für die Konstruktion des Mediationssystems?

Familien- und Freundschaftssysteme im Umfeld des Elternsystems

Je nachdem, wie viel Nähe zu einem der Elternteile oder den Kindern besteht und wie stark die persönliche Betroffenheit von den Folgen, die der elterliche Konflikt für die Menschen in den beispielsweise anverwandten Systemen auslöst, ausgeprägt ist, entstehen in diesen Systemen neue Themen, die auch wieder in konfligierender Kommunikation münden können. Zur Verdeutlichung der Ausweitung der Konfliktfelder dient folgendes Beispiel:

Die Eltern (Maria und Günther Lehmann) von Sabine Schulz haben seit der Trennung ihrer Tochter von ihrem Mann Thorsten Schulz ihre drei Enkelkinder nicht mehr gesehen. Frau Schulz hat nach einem Streit ihre Sachen gepackt und hat die gemeinsame Wohnung verlassen. Am Folgetag hatte Herr Schulz das Schloss ausgetauscht und die Kinder erst einmal zu seinen Eltern gebracht. Frau Schulz bittet einen befreundeten Nachbarn, sie zum Haus ihrer Schwiegereltern zu begleiten, um die Kinder abzuholen und sich selbst zu schützen. Beide stehen vor dem Haus der Schwiegereltern und die Schwiegermutter öffnet die Tür, die Situation eskaliert.

Im weiteren Verlauf haben die (Groß-)Eltern beider Seiten miteinander starke Auseinandersetzungen, der Nachbar mit Herrn Schulz, die Kinder mit den Großeltern mütterlicherseits usw. Im Laufe der Zeit kommen immer mehr schwerwiegende Konfliktfelder hinzu. Die Themen und Handlungen im Kontext der elterlichen Auseinandersetzungen motivieren weitere Konflikte geradezu. Ein Konfliktnetz zieht sich über die soziale Landschaft. Dort, wo bislang vielleicht überwiegend eine zustimmende Kommunikation vorherrschte, gibt es eine Aufforderung zur Positionierung. »Wir können das so nicht stehen lassen.« ist vielleicht die Reaktion der Großmutter, die bislang die Betreuung der jüngeren Kinder gewährleistet hat und diese nun nicht mehr sieht.

Eine mögliche professionelle Haltung an dieser Stelle könnte sein, die Themen und Konflikte der das Elternsystem umgebenden Systeme zurückzustellen oder zu ignorieren und nur die unmittelbaren Themen des Elternsystems selbst zu mediieren, da vor allem dieses System Stärkung erfahren soll. Zu diesem Zeitpunkt soll aber einer anderen Auffassung gefolgt werden. Die zahlreichen Konflikte in der Umgebung des Elternsystems haben manchmal die Kraft, ganze Vereinbarungen zu torpedieren. Eine Intervention des Mediators könnte daher die Einladung an die Eltern sein, zu prüfen, ob es Anliegen und Themen weiterer Personen gibt, die in der Mediation eine Bedeutung finden sollen. Es geht dann um den Einbezug der Themen, die andernfalls als Konflikte anderer sozialer Systeme die Vereinbarungen der Eltern gefährden können. Eine weitere Intervention könnte darin bestehen, die Eltern dazu anzuregen, herauszuarbeiten, mit welchen für sie relevanten Schlüsselpersonen sie beispielsweise eine Vorvereinbarung überprüfen müssten, um am Ende eine stabile Vereinbarung entwickeln zu können.

Zusammenfassend steht an dieser Stelle also eine Arbeitsform des indirekten Einbezugs von Personen bzw. deren Bedürfnissen und Themen im Fokus, mit dessen Hilfe die Eltern in ihrem Bewusstsein für diese »äußeren« Anliegen gestärkt und auch ihr Bewusstsein dafür, zu entscheiden, inwiefern und für welche Anliegen sie sich in der Mediation öffnen wollen, geschärft werden soll.

Gleichzeitig wird hier für alle Beteiligten der Mediation transparent, welche »äußeren« Themen entschieden keine Berücksichtigung im Prozess finden sollen.

Professionelle Systeme im Umfeld des Elternsystems

Eine weitere Quelle der Befeuerung elterlicher Konflikte kann der Einbezug zahlreicher Professionen in die Regelung der auftretenden Fragen darstellen. Helfer aktivieren sich und Helfer werden von den Eltern hinzugezogen. Je länger die Konflikte der Eltern bereits andauern und je stärker die hierbei zum Einsatz kommenden Mittel sind, desto mehr werden (oder fühlen sich) Helfer oder parteiliche Vertreter aufgefordert, Verantwortung zu übernehmen. Ist diese Art der Verantwortungsübernahme nicht an passender Stelle kommuniziert und abgestimmt, kommt es nicht selten zu Konflikten zwischen den beteiligten professionell Tätigen, bis hin zu ganzen Institutionen und zu Konflikten zwischen verschiedenen Professionen.

Eine wesentliche Hintergrundbedingung solcher Konflikte ist die Tatsache, dass sich hochstrittige Elternsysteme zwischen Interventionen von Freiwilligkeit und Kontrolle, also Unfreiwilligkeit bewegen. Zudem wird die Komplexität gesteigert, indem immer mehr Helfer, parteiliche Vertreter und Begutachter entweder durch die bereits beteiligten Systeme (z. B. durch das Jugendamt, durch die Schule, durch das Gericht etc.) oder durch die Eltern selbst einbezogen werden. Es entwickelt sich eine hochkomplexe Landschaft der beteiligten Disziplinen und ihrer Institutionen und somit auch Personen. Diese erfüllen Aufgaben,

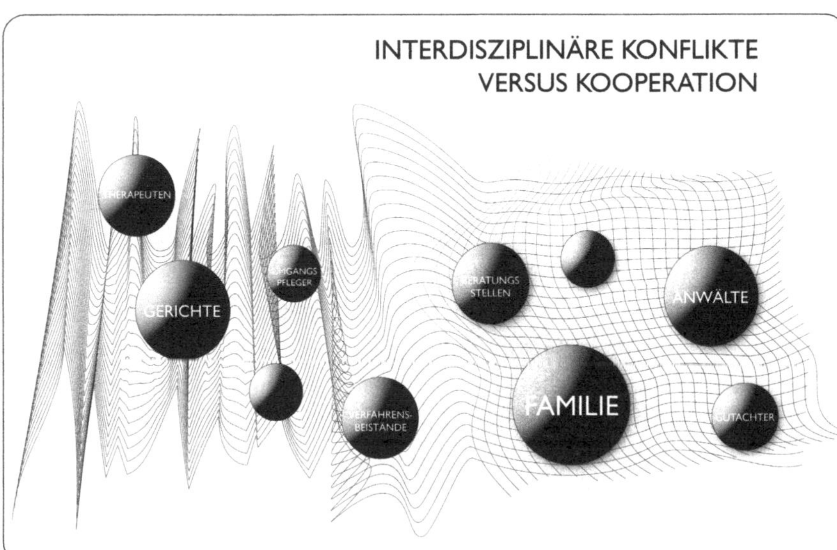

Abb. 6: Interdisziplinäre Konflikte versus Kooperation

die aus der Perspektive der Eltern als Angebote freiwilliger Hilfe oder als Kontrolle und Verordnung eingeschätzt werden. Das Jugendamt als Institution, die sowohl freiwillige Angebote macht als auch ein kontrollierendes Wächteramt ausübt, ist hier in einer besonderen Rolle. Schaut man auf den Gegenstand von Beratung und Mediation, so mag für die Eltern der Grad der Freiwilligkeit von Terminen beim Jugendamt oder in der Beratungsstelle verschwimmen. Und auch diejenigen Mediatoren und Berater, die mit Klienten in gerichtsnahem Kontext arbeiten, haben mitunter zu klären, bis zu welchem Grad ihre Klienten die Intervention zu dieser Zeit als freiwillig einschätzen.

Im Schaubild ist hier nur eine Institution für jede Profession aufgeführt, wohlwissend, dass sich hinter jeder Profession noch deutlich mehr Institutionen und Personen verbergen können. Nicht selten werden mehrere Beratungsstellen angefragt: Wenn im Rahmen der einen Einrichtung die Beratung gescheitert ist, wird eine nächste aufgesucht; ein Anwalt wird nach einer Gerichtsverhandlung, die von dem beauftragenden Elternteil als gescheiterte Verhandlung eingeschätzt wird, durch eine neues Mandat und einen neuen Anwalt ersetzt; Therapeuten der Kinder gelten als parteilich, weshalb die Therapien beendet werden; Beratungen finden in zwei Beratungsstellen parallel statt usw. Aber auch professionell für die Familie tätige Helfer verabschieden sich, weil sie sich parteilich oder von den Konflikten verbrannt oder ausgebrannt fühlen. Hinzu kommt, dass auf einer Zeitlinie betrachtet innerhalb der Institutionen die personellen Zuständigkeiten wechseln und nicht selten kommt es auch zu Umzügen der Eltern und ihrer Kinder, weshalb sich auch darüber Zuständigkeiten der beteiligten Jugendamtsbezirke ändern. Es erwächst mitunter eine Komplexität, die manchmal weder für die Professionen noch für die Eltern und schon gar nicht für ihre Kinder überschaubar ist.

Die Aufrechterhaltung und Erhöhung von Konflikten durch eine parteiliche Vereinnahmung von Personen greifen nicht nur in persönlichen Bezügen, sondern machen auch vor den professionell Tätigen rund um die Familie nicht halt. Unter Bedingungen starker Konflikte wird kaum ein tätiger Richter, Berater, Jugendamtsmitarbeiter, Lehrer, Logopäde – und die Liste könnte noch weiter ausgeführt werden – von den elterlichen Parteien als neutral aufgefasst werden. Das kann den Umstand begünstigen, dass sich – ähnlich wie bereits für erweiterte Familiensysteme beschrieben – die Parteilichkeit auf das Verhältnis der professionell Tätigen ausweitet, weshalb es auch hier zu starken Konflikten kommen kann. Diese Systeme schaffen in diesem Fall ihre ganz eigenen Konflikte, die dann die soziale Umgebung des Elternsystems prägen. Streitende Professionen und Professionelle sind auch in anderen Zusammenhängen nicht selten, haben aber im Kontext konfligierender Elternsysteme eine erhöhte Wahrscheinlichkeit. Eigentlich ist es aber genau hier besonders wichtig, dass die beteiligten Fachkräfte ihre Leistungen entschieden untereinander abstimmen, um den erhöhten Anforderungen der Konflikte dieser Elternsysteme zu begegnen. Eine reflektierte Haltung der Fachkräfte, wie sie hier für den Kontext der Beratung und Mediation angeregt wird, wäre auch für alle übrigen Professionen, die mit diesen starken Konfliktdynamiken in Kontakt kommen, hilfreich, um mit einem angemessenen Abstand zu den Konflikten sinnvoll an Lösungen mitwirken zu können.

Daneben gibt es einen hohen Bedarf an struktureller Abstimmung der Professionen und deren prinzipiellen Verantwortlichkeiten in ihren Rollen. Nach dem Vorbild des Cochemer Modells des Familienrichters Jürgen Rudolph und seinem Team werden heute in zahlreichen Bezirken erfolgreiche Formen der Kooperation im Zirkel von Jugendämtern, Beratungsstellen, Jugendhilfeanbietern, Anwälten, Richtern, Verfahrens- und Umgangspflegern und Gutachtern praktiziert und konzeptionell weiterentwickelt. Die Definition, Erklärung und wechselseitige Anerkennung der verschiedenen Rollen im Trennungs- und Scheidungssystem können zusätzlich helfen, zur Deeskalation und einer gelingenden Lösungsfindung beizutragen. Neben den strukturellen Ausdifferenzierungen einer interdisziplinären Kooperation braucht es ausreichende Kapazitäten, um das individuelle Vorgehen in den betreffenden Fällen abzustimmen und zu vereinbaren.

Insgesamt geht es darum, nicht in einen Konflikt über die unterschiedlichen Rollen zu geraten, sondern die Unterschiede für gelingende Gesamtprozesse zu nutzen, die ein einheitlich abgestimmtes Vorgehen und den Eltern damit Sicherheit im Prozess anbieten.

Die drei Aspekte von Haltung, struktureller Rahmung und fallbezogener Abstimmung werden im Kapitel 10 zur Gestaltung der interprofessionellen Kooperation umfassender mit Blick auf ihre Konsequenzen für die Rolle und das Handeln des Mediators beleuchtet.

5 Psychische Bedingungen hochstrittiger Eltern

Im Kontakt zu hocheskalierenden Elternsystemen kommen selbst eingefleischte systemisch arbeitende Berater der Frage wieder näher, wer von beiden Eltern – kausal betrachtet – das größere Problem hat. Okkupiert erst einmal der Konflikt das Beratungs- oder Mediationssystem und wird auch der Berater als Konfliktpartei angefordert, mag es schwerfallen, die Konflikte nicht an die beteiligten Menschen zu koppeln und diese als Problemfälle zu markieren. Gleichwohl soll es hier genau darum gehen, die psychischen Irritationen der Klienten in Verbindung und im Unterschied zu den starken Konflikten als soziale Ereignisse zu beleuchten. Die Systemtheorie entwickelt diese Differenz von Psyche einerseits und (Konflikt-)Kommunikation andererseits und ermöglicht es, den Blick auf die inneren Konflikte zu konzentrieren, ohne Personen oder Psychen mit einem pathologischen Schatten zu überziehen. Mit den Mitteln der Systemtheorie nach Peter Fuchs wird hier auf die Konstruktion des Selbst als System geschaut, um im Weiteren auch eine Idee davon zu entwickeln, was sich psychisch ereignet, wenn der Anteil von konfligierender Kommunikation im Umfeld der Psyche diese nur auf eine bestimmte Weise irritiert. Und da es sich um eine Wechselbeziehung sozialer und psychischer Systeme handelt, wird wiederum die Frage aufgeworfen, welche psychischen Bedingungen die Kraft haben, soziale Konflikte zu inspirieren oder sogar zu befeuern.

So wie es auf der Ebene sozialer Systeme Personen sind, die eine konstante Figur im System unterstellen, ist es auf der psychischen Ebene so etwas wie das Sinnsystem des Selbst. Spricht jemand von sich selbst, ist die innere Struktur des Selbst gemeint, die den Menschen auf der Ebene der Psyche zu einer geschichtsfähigen Figur macht. Man ist ein »Jemand« mit einer bestimmten Vergangenheit, einer Gegenwart und einer innerlich antizipierbaren Zukunft – das Selbst beschreibt eine innere *Langfristfigur.* Diese Struktur erinnert sich und schafft so ein Gefühl von Konstanz und Konsistenz oder auch eine Form, die durch Zeit getragen wird. Diese Art der psychischen Geschichtsschreibung ist bei Fuchs wie ein »Innen-Sprechen« (2010, S. 91), das aus einer Verkettung von Beobachtungen zweiter Ordnung besteht, die wie eine übergreifende »Referentialität« wieder ansteuerbar sind und sich als identifizierbar in ihren markanten Strategien darstellen.

Im deutlichen Unterschied zu Subjektbegriffen, die daran geknüpft sind, dass es eine Steuerung oder gar einen Steuermann im System gibt, nutzt Fuchs für diese innere Struktur vielmehr das Bild einer Zwiebel ohne Kern. »Dabei meint ›identitär‹ nicht das Durchhalten einer ›Selbigkeit‹, sondern eher die mnemotechnische Gruppierung stets wandelbarer Arrangements dessen, was einem *zustößt,* um einen ›roten Faden‹ herum« (Fuchs 2010, S. 82). Das System des Selbst erzeugt eine narrative Identität. Identität ist dabei aber lediglich als eine sich stetig wandelnde Erzählspur gemeint. Der innere Erzähler, das »Ich«, wird dabei mit verfasst, und zwar einmal als jemand, dem etwas zustößt, und dann als der Erzähler der Erzählung. Wie bei jedem Sinnsystem geht es auch bei der Idee eines Systems des Selbst um die Frage nach seiner Funktion. Es stellt sich die Frage, für welches Problem bzw. welche interessierende Phänomenalität das System des Selbst als Lösungsschema gedeutet werden kann. Peter Fuchs sieht die Funktion dieses psychischen Systems darin, die massive Wahrnehmungsflut zu organisieren und in eine Ganzheit bzw. Einheit zu fassen.

> »Diese Funktion ist eingespannt in die Zeitdimensionen der Vergangenheit, der Gegenwart und der Zukunft und kann gedeutet werden als Lösung des Problems, wie sich die ungeheuerliche Vielfalt dessen, was psychische Systeme erleben, erlebt haben und an Erleben antizipieren, zusammenschließen läßt zu einer (adressablen) Einheit.« (Fuchs 2010, S. 82)

Das dahinterstehende Problem ist also die Schwierigkeit, eine konsistente Einheit wie ein ansteuerbares »Ich« überhaupt zu erzeugen. Das Selbst, hier als Subsystem des psychischen Systems gedacht, ist dann jene Stelle, der es zufällt, die Komplexität und Vielheit der eingehenden Wahrnehmungsflut zu reduzieren.

Zum einen scheint mit der Idee einer Ausdifferenzierung des Systems »Selbst« eine psychische Problemlösung gefunden zu sein, zum anderen kommen diesem innerpsychischen Prozess soziale Anforderungen entgegen. Insbesondere soziale Systeme, wie zum Beispiel Familien und Organisationen, sind auf die Unterstellung einer Einheit der Person angewiesen. Das System erzeugt Adressen und Personen, die wieder ansteuerbar sind, die Verträge unterschreiben und wieder auflösen können, denen ein gewisses Spektrum an Verhaltenserwartungen zugeschrieben wird, die eben heute in etwa so sind, wie man sie gestern erlebt hat. Man spricht mit jemandem, den man auch wiedertreffen kann und es ist nicht beliebig, wer einem System Ehe seine Adresse liefert – man heiratet eben nur die Person, die man heiratet. An sie ist die Erwartung gekoppelt, dass sie sich mehr oder weniger entwickeln soll und darf, aber in ihren Grundzügen wiedererkennbar bleibt. Im Falle eines stark konfligierenden Trennungsprozesses wurden diese Erwartungen bereits enttäuscht und demgemäß fallen dann Sätze wie diese: »Du bist nicht mehr der Mensch, den ich damals kennengelernt habe.«

Und nicht nur die Kommunikation zwischen den Ehepartnern bzw. den Eltern ist konfliktreich geworden. Je nach sozialem System und je nachdem, ob der andere Freund und Verbündeter im Konflikt oder Gegner und Feind ist, werden entweder neue Konflikte entfacht oder das Konfliktgeschehen vorrangig im Eltern- und Familiensystem thematisiert und möglicherweise werden Strategien entwickelt. Im Laufe der Zeit steigt die Zahl der »Parteinehmer« und auch die der Gegnerschaften – Kinder, Eltern, Arbeitskollegen, Vorgesetzte, Jugendamtsmitarbeiter, Ärzte und Anwälte etc. müssen sich für eine Seite entscheiden, wodurch zahlreiche neue Konfliktsysteme entstehen. Weite Teile des sozialen Feldes der betroffenen Eltern sind dann in ein Konfliktgeschehen getaucht, das sich radikalisiert. *Bildlich gesprochen gibt es für die Eltern ab dem Zeitpunkt der Trennung einen Wetterumschwung, der nun den Aufstieg in immer schwierigeres Gelände problematisch macht. Der Nebel und der einsetzende Regen verschlucken den Weg und verunsichern die nächsten Schritte. Auch der glatte und glitschige Boden droht den Gehenden mit Absturzgefahr und die einsetzende Kälte setzt ihnen zu.*

Das Selbst als psychische Konstruktion speist sich aus der Beobachtung von hier meist konfligierenden Kommunikationen verschiedener sozialer Kontexte und wird auf diese Weise sozial inspiriert. Die permanente Fremdbeobachtung von Widerspruchskommunikationen führt zwar psychisch nicht in den Konflikt, wird aber in einer bestimmten Weise das Narrativ provozieren. Peter Fuchs schreibt über den Zusammenhang:

> »Jedes psychische System mag ein Solitär sein, aber jede Information, die in ihm zirkuliert, ist der sozialen ›Alienation‹ unterworfen. Oder anders: Psychische Systeme können (auch sich selbst) nichts sagen, was nicht Sage wäre, also *Allgemeinheit statt originärer Privatheit.*« (Fuchs 2010, S. 90)

Der interne Mitteilungshandelnde, das »Ich« wenn man so will, beschäftigt sich dann damit, wie er kommunikativ die nächsten Züge ausführen möchte, ob er jetzt zum Anwalt gehen soll, weil er seine Kinder längere Zeit nicht gesehen hat, wie er dann das Gespräch mit dem Anwalt vorbereitet und ob er nun seiner Frau den Unterhalt nicht mehr auszahlt usw. Die Selbsterzählung wird durch die vielen konfligierenden sozialen Systeme unter Entscheidungsdruck gesetzt. Wenn es im Sozialen zu handeln gilt, bricht sich eine Eile zwar nicht zwingend psychisch Bahn, trotzdem provozieren der soziale Handlungsdruck und die Verunsicherungen die Geschichtsschreibung der Binnenwelt hochgradig. Soziale Verunsicherungen, die spätestens mit einer Drohkommunikation ins Spiel kommen, werden womöglich mit psychischen Gegenstimmen oder anderen Absicherungen beantwortet oder inspirieren einfach nur Gefühle von Angst.

Fallbeispiel Familie Weber

Manuela (41 Jahre, Erzieherin) und Christoph Weber (43 Jahre, Anlageberater) leben seit 13 Jahren zusammen und haben vor neun Jahren geheiratet. Nachdem ihr gemeinsamer Kinderwunsch lange unerfüllt blieb, ist Manuela vor fünf Jahren im Zuge einer Kinderwunschbehandlung sehr schnell schwanger geworden. Ihre heute vierjährigen Zwillinge Jakob und Lasse haben aufgrund ihrer etwas verfrühten Geburt einen leicht erhöhten Förderbedarf.

Die Familie zieht nach der Geburt der Kinder aus der Stadt in eine Doppelhaushälfte in einem nahegelegenen Dorf, die sie käuflich erwerben. Nachdem Christoph aufgrund der bereits bestehenden Belastungen zunächst dagegen ist, verständigen sich Manuela und Christoph vor einem Jahr auf eine erneute Kinderwunschbehandlung. Insgesamt ist die Familie mit dem Hauskauf finanziell sehr belastet und auch das Familienleben fordert beide Eltern manchmal sehr heraus. Manuela findet, dass Christoph sie in den Behandlungen und auch mit den Kindern nicht ausreichend unterstütze, und Christoph sieht seine beruflichen Anstrengungen zu wenig von Manuela gewürdigt. Um sich etwas mehr am Ort einzubringen und Kontakte zu knüpfen, lässt sich Christoph in den Elternrat im Kindergarten wählen. Die Aufgabe macht ihm viel Freude. Hier lernt er Lisa Schumann (37 Jahre) kennen, die als alleinerziehende Mutter von Marie schon länger in dieser Funktion im Elternrat mitwirkt. Christoph und Lisa verlieben sich ineinander und gehen eine Beziehung ein, die sie zunächst verdeckt leben. Als Manuela etwa nach vier Monaten durch eine Bekannte auf die Möglichkeit einer Außenbeziehung von Christoph aufmerksam gemacht wird, konfrontiert Manuela ihn und er eröffnet ihr die Geschehnisse der letzten Monate. Jetzt folgt eine Phase des Versuchs, die Ehe zu retten. Christoph trennt sich von Lisa und Manuela lässt sich auf eine gemeinsame Paarberatung mit Christoph ein. Die Paarberatung scheitert nach wenigen Wochen. Im Zuge einer starken Auseinandersetzung zieht Christoph aus und kommt zunächst bei seinen Eltern unter. Lisa und Christoph nehmen wieder Kontakt zueinander auf.

Blickt man einmal nur auf die Situation von Manuela, beschreibt sie in der Einzelberatung nun Folgendes:

Sie habe einen Schock erlitten und könne sich nicht mehr genau entsinnen, was sie in den Tagen, nachdem sie Christoph konfrontierte, gesagt oder getan habe. Körperlich gehe es ihr schlecht, weil sie die Hormone der Kinderwunschbehandlung abrupt abgesetzt habe. Momentan falle es ihr sehr schwer, sich gut um die Kinder zu kümmern und alle Termine wahrzunehmen, zumal Christoph das gemeinsame Auto sehr viel nutze und ihr nicht immer ein Auto zur Verfügung stehe. Die Kinder würden deutlich machen, wie sehr sie den Vater vermissen und dass sie ihn sehen wollen. Da der Umgang im Moment noch nicht geregelt sei, würde es ihr schwerfallen, darauf gut zu reagieren, und es mache sie auch wütend. Im Hinblick auf die Finanzen sei alles ungeregelt und auch ihren beruflichen Wiedereintritt habe sie eigentlich auf eine Zeit nach der Geburt eines weiteren Kindes verschoben. Einen neuen Plan und neue Absprachen gebe es noch nicht, was ihr Angst mache. Es falle ihr schwer, Christoph zu sehen, und ohne ihn sei es auch unerträglich. Sie habe Probleme, den Kindergarten zu betreten, weil sie dort der neuen Freundin von Christoph begegnen könnte. Laufend kämen neue Aufgaben auf sie zu: Sie müsse einen Termin mit der Anwältin machen, ein Bankgespräch stünde aus, die Leiterin der Kindertageseinrichtung habe sie zu einem Gespräch gebeten etc.

Parallel zu den vielen sozialen Anforderungen, in denen Manuela Stellung beziehen, Angriffe abwehren oder Lösungen entwickeln muss, hat ihre bisherige innere Narration eine unerwartete und schmerzhafte Wendung erfahren, vielleicht sogar einen Bruch erlitten. Die Fortsetzung der Geschichte läuft wahrscheinlich unter anderen Überschriften, nachdem das System der Partnerschaft in der sozialen Umwelt aufgekündigt wurde. Ihre »Selbstdefinition« wird um die Trennung ihrer Partnerschaft und Scheidung ihrer Ehe erweitert werden und die zukünftige psychische Geschichtsschreibung in Korrespondenz zum sozialen Geschehen neue Bedeutungen erfahren.

Wenn es sich bei psychischen und sozialen Systemen jeweils um Sinnsysteme handelt, die auch Sprache nutzen, um spezifischen Sinn zu entwickeln, so sind sie zwar gekoppelt, indem sie sich wechselseitig ihre Komplexität zur Verfügung stellen, Kognitionen und Kommunikationen bleiben aber Operationen der jeweiligen Systeme von Psyche und Sozialem. Sinnbasiertes Prozessieren bedeutet aber für das innerpsychische System des Selbst zudem noch, dass es Bedeutungen im eigenen Sinne zuschreibt, interpretieren kann und somit Sinn verstehen kann, der sozial angetragen wird. »Das Besondere psychischer Systeme ist, dass sie im Unterschied zu sozialen Sozialsystemen Sinn nicht einfach nur streuen, sondern Sinn zu lesen verstehen« (Fuchs 2010, S. 214). Dies beschreibt nur die Form psychischer Prozesse. Alles, was sich dann psychisch genau ereignet, und wie genau sich Prozesse nach einer Trennung innerpsychisch auswirken, bleibt mit aller Vorsicht und vor allem Vagheit zu beschreiben, da man hier erneut auf die spezifischen Erzählungen von Menschen in Trennungsprozessen angewiesen ist und sich dadurch wieder auf eine soziale Beobachtungsebene begeben werden muss. Die Frage bleibt jedoch bestehen, als was Trennung auf der Ebene von Psyche allgemein gedeutet werden kann, wenn – sozial betrachtet – ein auf Dauer gestelltes hochstrittiges Verhalten zu beobachten ist.

Trennung und Trauer

Ehesysteme, so wurde bereits im Kapitel 1 über die Bedingungen von Gesellschaft für hocheskalierendes Verhalten beschrieben, sind jene komplexen sozialen Systeme, die auch heute kaum an Popularität verlieren und das, obwohl nahezu jede zweite Ehe wieder geschieden wird. Angelegt sind sie aber nicht als kurzfristige Lösung gegen Einsamkeit, sondern als ein auf Dauer gestelltes System, als ein »wir zwei für immer«. Wird dieses »immer« enttäuscht, indem Ehe- und Partnerschaftssysteme wieder aufgelöst werden, stellt sich die Frage, welche psychischen Folgen antizipierbar sind. Zur Klärung dessen, wird hier noch einmal mit Peter Fuchs ein Blick auf die gesellschaftliche Funktion von Intimsystemen geworfen, um damit in einem nächsten Schritt erklären zu können, welche psychischen Folgen jene sozialen Entscheidungen einer Trennung mit sich bringen.

> »Wenn es aber so ist, dass die moderne Gesellschaft polykontextural ist, also keine Einheit in sich hat, außer der bloßen Operation der Kommunikation, dann können wir zügig durchschließen, dass das Bewusstsein, das mit solchen Verhältnissen zu tun bekommt, ebenfalls *uneinheitlich* sein müsste.« (Fuchs 2003, S. 23)

Daraufhin folgert Fuchs, dass Intimsysteme die Funktion der Bündelung des anderen zu einer Einheit vorsehen. Die Erwartung ist dann diejenige, dass jemand für alles am anderen aufgeschlossen zu sein hat. Man kennt die Vorlieben und Abneigungen des anderen bis ins Detail, weiß, welches Essen gemocht und welcher Fußballverein verabscheut wird, weiß, wann sich der andere wo und mit wem zu welchem Zweck verabredet hat und wann er wiederkommt. Fuchs spricht, so wurde bereits beschrieben, diesbezüglich von der »Komplettberücksichtigung der Person« oder auch von einer auf Dauer gestellten »Höchstrelevanz« des anderen. Liebe als allgemeines Kommunikationsmedium, innerhalb dessen Intimsysteme ihre spezifischen Formen ausdifferenzieren, ist also wie eine Art Folgeerscheinung sozialer Differenzierung zu lesen, die einerseits eine Fragmentierung der sozialen Adresse erzeugt und andererseits auch dem Bewusstsein nur Fragmente anbietet (vgl. Fuchs 2003, S. 111).

Dem auf diese Weise strapazierten Bewusstsein und System des Selbst wird mit Intimsystemen eine Bündelung der Vielheit zur Einheit entgegengesetzt.

Jemand liebt, kennt, berücksichtigt und bündelt mich in all meinen Lebensäußerungen, sozialen Bezügen und auch meinem Körper, und zwar auf Dauer. Dadurch muss ich mich nicht immer wieder vor dem anderen und vor mir selbst neu erklären. Diese gelebte Exklusivität für den anderen ist ein wechselseitiges Arrangement, das dann zu einem »Wir im Unterschied zum Rest der Welt« verbunden ist, wodurch sich die Exklusivität auch auf dieses Wir ausweitet (vgl. Fuchs 2003, S. 43). Es muss kaum erwähnt werden, dass diese wechselseitige Höchstrelevanz auf Dauer nur schwer durchzuhalten ist und dieser Systemtypus, der so nah an den beteiligten Psychen konzipiert ist, sich als äußerst krisenanfällig darstellt. Sicherlich gibt es über die Dauer ein »mehr oder weniger« dessen, was man vom anderen wissen, akzeptieren und beachten kann, gleichwohl bleibt der Totalitätsanspruch erhalten, der vorgibt, dass man nicht nur die eine oder andere Eigenschaft des anderen lieben kann, sondern prinzipiell für alles an ihm aufgeschlossen zu sein hat. Von Liebe ist dann nicht mehr die Rede, wenn jemand formuliert: »Ich liebe deine Augen und deine Art, wie du dich um unsere Kinder kümmerst, aber deine Stimme ertrage ich kaum.«

»Die Anforderung den Anderen in seiner Totalität (also auch mit seinen Idiosynkrasien) zu lieben, ist extrem anspruchsvoll und extrem belastend« (Fuchs 2003, S. 29). Das Alleinsein als Lebensform ist deshalb nicht weniger belastend, denn dann steht der Person für die Bündelung ihrer sozialen Eindrücke niemand konstant gegenüber.

Betrachtet man also die Konstruktion von Paarsystemen, dann wird deutlich, dass im Falle einer Trennung eine Rechtfertigungssituation entsteht, die erfragt, warum die Ehe nicht hielt, was sie versprach. Weiter erzeugt die Aufkündigung des Systems eine Leerstelle – niemand wartet mit dem Essen, niemand fragt nach den Ergebnissen des letzten Arztbesuchs, niemand kümmert sich um die Frage nach dem Ziel des nächsten Urlaubs. Mehr noch ist mit der Trennung eine sich fortsetzende Berücksichtigung des anderen in all seinen Bezügen als kommunikativer Krisenfall zu verstehen. Es darf also den anderen ab jetzt nichts mehr angehen, wie die aktuellen Befunde des letzten Arztbesuchs aussehen.

Auch für die Familie handelt es sich um eine Programmänderung, die mit dem Verlust des Wir als Familie einhergeht. Und da Intimsysteme eben gerade als eine Antwort auf das Problem einer fragmentarischen Adresse und eines ebensolchen Selbst zu lesen sind, kann eine Trennung als scharfe soziale, aber auch psychische Ruptur empfunden werden. Das Selbst verliert die Bündelung im sozialen Außen, fällt zurück in eine Situation von überfordernder Vielheit. Die Spur der bislang üblichen inneren Erzählweise wird verlassen, die Exklusivität der eigenen Person durch die Augen des anderen wurde gekündigt, ein elementarer Geschichtsstrang endet und oft wird die Abwesenheit des vertrauten anderen psychisch als Schmerz empfunden. Je nachdem, wie eine Person die innere Geschichte verfasst, wird diese sehr unterschiedlich ausfallen und kann zwischen extremer Trauer und Erlösung nach einer längst überfälligen Entscheidung variierend empfunden werden. In Fällen größter Trauer beschreiben Klienten, dass eine Trennung einem Verlust einer Person durch deren Tod gleichkommt oder den Schmerz noch übersteigt, weil die Person, von der man getrennt sei, ja eben noch lebe, es also keinen hinreichenden Grund für eine Trennung gebe. Auch in der Literatur werden Trauerprozesse des Verlusts durch Trennung und des Verlusts durch den Tod in ihrer Bedeutung für die psychische Verarbeitung oft analog beschrieben (vgl. hierzu Jarratt 2006).

Im Kontext eines Todesfalls endet der Trauerprozess des Sterbenden natürlich mit dem Tod. Der Trauerprozess von Personen im Umfeld eines sterbenden Menschen beginnt oft vor oder mit dem Sterbeprozess und verdichtet sich nach dem Tod zu einem Abschiedsprozess. Im Falle einer Trennung, die nicht einvernehmlich geschieht, kann der Trauerprozess der sich trennenden Person ebenso schon weit vor der Trennung begonnen haben und ist auch hier keinesfalls mit dem Ereignis der Trennung abgeschlossen. Verena Kast beschreibt die psychischen Reaktionen auf den Verlust eines Menschen in einem Phasenmodell gemäß ihrer Erfahrung in der Arbeit mit Trauernden, wobei festzu halten bleibt, dass hier zwar ein Verlauf skizziert wird, diese emotionalen Phasen aber auch lang anhaltend und wiederkehrend auftreten können (vgl. Kast 2008). In der Übertragung der wesentlichen emotionalen Aspekte, die bei Kast in Trauerphasen gefasst werden, auf den Kontext des Verlustes einer Person durch Trennung werden ähnliche Gefühlsäußerungen konstatiert. Im Folgenden werden diese eher als mögliche, fluide Phasen und Gefühlsanteile im Verlauf einer Trennung und nicht als unentrinnbare Stufen im Prozess der Trauer interpretiert:

Emotionale Phasen der Trauer bei Trennung und Scheidung

1. Ein Schock der Gefühle im Vollzug der Trennung

- Die Aussprache der Trennung löst mitunter einen »Gefühlsschock« aus.
- Der Verlust kann nicht realisiert werden, erscheint empfindungslos.
- Die körperlichen Reaktionen reichen über alle Symptome eines Schockzustandes (hoher Puls, massive Unruhe, Schlaflosigkeit, Übelkeit ...).

2. Ein Gefühlschaos bricht auf

- Auf den emotionalen Schock folgt das Chaos der Gefühle: Wut, Traurigkeit, Angst und Niedergeschlagenheit stellen sich ein.

- Dem getrennten Partner wird die Schuld an der Trennung oder Zerstörung der Partnerschaft zugeschrieben.
- Die Person richtet Schuldvorwürfe an sich selbst, nicht alles zum Erhalt der Partnerschaft getan zu haben.

3. Ein Such- und Trennungsprozess beginnt

- Während der Verarbeitung eines Verlustes durch Trennung sucht die Person mitunter die gemeinsamen Orte, Geschichten, Bilder und Menschen der Vergangenheit auf.
- Ein anderer Weg ist, dass die getrennte Person den ehemaligen Partner persönlich anspricht oder anschreibt und auf diese Weise in die Verarbeitung einsteigt.
- Eine Idee ist hier, dass diese Formen des Suchens und Aufsuchens die Person auf ein Weiterleben ohne den Partner vorbereiten.

4. Neue Möglichkeiten des Selbst- und Weltbezugs entstehen

- In der vierten Phase ist der Verlust durch die Trennung akzeptiert und wird weiter integriert. Der ehemalige Partner und die gemeinsame Geschichte werden zum Bestandteil der eigenen Lebensgeschichte.
- Die Person beginnt, das eigene Leben wieder in die Hand zu nehmen und zu gestalten. Der Selbstwert und das Vertrauen in die eigene Person wachsen.
- Beziehungen zu anderen gewinnen wieder an Bedeutung. Auch neue Beziehungen und Partnerschaften können eingegangen werden.

Im Falle von Trennung und Scheidung kommt es zu Äußerungen von Betroffenen, die die Bandbreite der Gefühle von Depression und einem »nicht wahrhaben wollen« bis hin zu massiver Wut in Verbindung mit Schuldzuschreibungen und Anklagen dem anderen gegenüber, großer Traurigkeit und Gefühlen von Freude über die Möglichkeit zu neuen Lebensplanungen abdecken können.

In der Betrachtung der psychischen Verfassung des Einzelnen innerhalb einer von Trennung betroffenen Familie wird sich diese, aller Wahrscheinlichkeit nach, von denen der übrigen Systemmitglieder unterscheiden. Jedes Mitglied durchläuft auf hochindividuelle Weise die emotionalen Phasen von Trauer. Kinder werden oftmals zeitlich versetzt in den Trennungsprozess einbezogen und verarbeiten die Trennung ihrer Eltern unter den Bedingungen einer Situation der Abhängigkeit von ebendiesen. Das, was zuvor als sicher und zuverlässig galt, gerät ins Wanken und insofern stehen sie in unmittelbarer Abhängigkeit zu dem, wie ihre Eltern die Trennungs- und Nachtrennungsphase emotional verarbeiten und sozial gestalten.

In der Mediation ist von dieser emotionalen Ungleichzeitigkeit aller unmittelbar und mittelbar beteiligten Personen auszugehen. Die anspruchsvolle Aufgabe besteht für den Mediator darin, die emotionale Verfassung der Beteiligten zu registrieren, ohne sie kommunikativ tiefergehend aufzugreifen bzw. mit den Beteiligten offen zu bearbeiten. Er tariert den Prozess aus und berücksichtigt die aktuellen Kompetenzen und Grenzen der Beteiligten. Zeitweise wird er den Prozess verlangsamen, damit beide Klienten sich angemessen behaupten können, ein anderes Mal wird er ermutigen, den nächsten Schritt zu gehen und dann wieder wird er eventuell den Prozess unterbrechen, weil er merkt, dass an diesem Tag keine gut überdachten Vereinbarungen getroffen werden können. Die Bedeutung der emotionalen Verfassung der Klienten für die Prozessgestaltung wird im 7. Kapitel mit jeder Phase der Mediation genau expliziert. Die Rolle der psychischen Verfassung der Kinder wird im Kapitel 11 hinsichtlich ihres Einbezugs in den Mediationsprozess aufgegriffen.

Nachstehend wird hier für den Kontext hocheskalierender Elternsysteme der These gefolgt, dass intensive emotionale Äußerungen auch noch nach langer Zeit wiederkehren und aktualisiert werden. Dabei ist denkbar, dass bestimmte Umstände – anders als bei Kast in der 4. Phase beschrieben – eben nicht akzeptiert und integriert werden können. Im Gegenteil ruft möglicherweise die zufällige Begegnung eines Mannes mit dem neuen Lebensgefährten seiner Exfrau so gegenwärtige Gefühle von Wut auf seine Exfrau hervor, als hätte sich die Trennung nicht schon vor fünf Jahren zugetragen. Während man sich in der Literatur heute weitgehend einig darüber ist, dass Trauer eine gesunde Reaktion auf Verluste ist, beschreiben Petra Rechenberg-Winter und Esther Fischinger auch solche Formen der Trauer, deren Bedingungen erschwert sind, sodass sie von »verkomplizierten Trauerverläufen« sprechen, die sich über einen längeren Zeitraum erstrecken (vgl. Rechenberg-Winter/Fischinger 2018, S. 39 ff). In den Vorbereitungen zum ICD 11 wurde anhaltender, prolongierter, pathologischer oder auch komplexer Trauer als Krankheitsbild unter dem Begriff der anhaltenden Trauerstörung ein neuer Platz eingeräumt. Damit werden Trauerprozesse in den Blick genommen, die in Folge des Todes einer bedeutsamen Person im Umfeld des Trauernden eine Dauer von einem Jahr bei Erwachsenen und einem halben Jahr bei Kindern bei ähnlicher Intensität der Gefühle übersteigen. Entlang anderer Trauermodelle wird eine abweichende Interpretation des Faktors Zeit vorgenommen, nämlich immer dort, wo mit Blick auf eine gelingende oder auch gesunde Trauer eher von Veränderungsprozessen ausgegangen wird, die nie enden.

In dem Modell von Ruthmarijke Smeding, auf das hier mit Rechenberg-Winter und Fischinger Bezug genommen wird, nimmt die Trauer beispielsweise einen in ihren Phasen wiederkehrenden, spiralförmigen Verlauf. Zwi-

schen Gefühlen von untröstlicher Trauer und Zurückgewandtheit und Phasen, die vermitteln, die Belastungen ertragen zu können und weiter auch aktiv in die Zukunft zu schauen, wird hier ein infiniter Prozess beschrieben. »Dieser Prozess führt nicht zu einem Ende, vielmehr lernen Menschen, mit der sich beständig verändernden Trauer zu leben« (Rechenberg-Winter/Fischinger 2018, S. 35). Für die Einschätzung, ob es sich um einen verkomplizierten Trauerverlauf handelt, ist also weniger die konkrete zeitliche Dauer, sondern die Intensität der Trauerreaktion in Verbindung mit der Zeit entscheidend. Als eindeutiger Befund kann gewertet werden, dass ein Verlust unter erschwerten Bedingungen zu verstärkten emotionalen Einzelaspekten (z. B. erhöhter Aggressivität) führen kann, die sich gegenüber gesunden Trauerverläufen über einen längeren Zeitraum manifestieren. Darüber hinaus skizzieren die Autorinnen weitere Bedingungen eines erschwerten Verlaufs, von denen hier nur einige Erwähnung finden (vgl. Rechenberg-Winter/Fischinger 2018, S. 41):
- gewaltsame Todesumstände wie Mord, Suizid oder Unfall,
- unklare Verlustsituationen (z. B. Verschwinden einer Person),
- unvorbereiteter, plötzlicher Verlust,
- mehrfache, existenzielle Verlusterfahrungen,
- eingeschränktes soziales Leben, wenige relevante Bezugspersonen,
- fehlende konstruktive, kommunikative Verarbeitungsmöglichkeiten,
- (mit-)verschuldete Todesursache,
- psychische Labilität oder psychische Vorerkrankung,
- vorhergehende belastete oder auch ambivalente Beziehung zu der verstorbenen Person.

Bezüglich der durch Trennungen erlebten Verluste können einige ähnliche Zusammenhänge für die Möglichkeit sehr strittiger Verläufe angenommen werden. Einige Klienten berichten, dass ihre Trennung dem Verlust durch den Tod einer nahestehenden Person nahezu gleicht. Und die Überlegungen gehen hier dahingehend weiter, dass hochstrittige Eltern eine Form komplizierter, prolongierter Trauer durchleben. Dafür können nachfolgende Übertragungsmomente ausgemacht werden:
- Klienten berichten von plötzlichen, für sie nicht zu erwartenden Trennungen. Hinzu kommt, dass ihnen keine Erklärungen als hinlängliche Begründung für die Trennung zur Verfügung stehen – das Trennungsereignis kann nicht akzeptiert werden.
- Dramatische, beispielsweise durch Gewaltausbrüche begleitete Trennungsumstände erschweren die Trennung.
- Die Beziehung zum ehemaligen Partner war schon vor der Trennung hochbelastet und das Vertrauen in den anderen reduziert.

- Es ist von einem geringen Selbstwertgefühl und einer als gering erlebten Selbstwirksamkeit auszugehen.
- In einigen Fällen kann eine psychische Erkrankung oder eine durch Trennung ausgelöste traumatische Krise Einfluss auf das Geschehen nehmen.
- Trennungen rufen vorherige Verlusterfahrungen wach und aktualisieren deren Bedeutungen.
- Parallele Verlusterfahrungen können auch eine Bedingung strittigen Verhaltens sein, wenn zum Beispiel eine Person im Trennungsprozess den Tod einer anderen nahestehenden Person erlebt oder Verluste in anderen, die Existenz sichernden Bereichen verkraften muss (Verlust des Arbeitsplatzes, Verlust der Wohnung).
- Als besonders schwerwiegend wird parallel zur Trennung der Verlust oder der drohende Verlust des Kontakts zu den gemeinsamen Kindern erlebt.
- Scham und Schuldgefühle werden empfunden, weil es nicht gelungen ist, die Beziehung und u. U. auch die Ehe zu erhalten, vielleicht auch, weil man sich als Ursache für die Trennung erlebt.

Setzt eine Trennung bei Eltern einen komplizierten Trauerverlauf in Bewegung, leistet die Mediation bestenfalls einen Beitrag zur – zumindest anteiligen – Bewältigung dieser Prozesse bei den beteiligten Eltern. Der Weg besteht darin, dass eine wirkliche Trennung und ein Abschied unterstützt werden, und zwar auch, indem die verbindenden Konflikte zugunsten einer vereinbarenden Kommunikation weniger werden. Umgekehrt kann ein Grund für die Unmöglichkeit der Konfliktbeilegung in der Mediation sein, dass die Eltern in der Arbeit indirekt aufgefordert werden, sich von den Konflikten und somit von den letzten sich aufeinander beziehenden Kommunikationserfahrungen zu lösen und das wiederum kann als zu schmerzhaft empfunden werden.

Selbstvertrauen und Vertrauen

Generell bedeuten dramatische Verluste durch Trennungen so weitreichende Veränderungen, dass die Betroffenen auf der Ebene des Vertrauens in die eigene Person als auch auf der Ebene des Vertrauens in den anderen massive Erschütterungen erfahren. Systemisch betrachtet steht dann ein irritiertes Selbstvertrauen in Korrespondenz zu einem verunsicherten oder auch verloren gegangenen Vertrauen in den ehemaligen Partner. Hocheskalation ist dann sowohl als eine Antwort auf als auch eine Bedingung für einen erschwerten Trauerprozesses zu verstehen. Die sich fortsetzenden Konflikte sorgen zwar nicht kausal für konkrete psychische Verletzungen, schaffen aber eine soziale Umgebung, die den Selbstwert der Person vorstellbar herabsetzt und die ein Vertrauen in die Stärken der eigenen Person angreift. Das hocheskalierende kommunikative Trennungsgeschehen, das vielleicht mehrfache Verlusterleben und die Angst vor weiteren Einbußen können die betroffenen Personen in psychische Krisenzustände bringen, die sich – da auch von einer Steigerung des sozialen Konfliktgeschehens auszugehen ist – innerlich ausweiten. Ein solcher auf Dauer gestellter psychischer Krisenzustand könnte für die betroffene Person, aber auch in der Folge durch das kommunikative Verhalten für die soziale Umgebung leicht mit bestimmten Formen psychischer Erkrankungen zu verwechseln sein. Erst einmal können diese Krisenzustände aber auch unabhängig von psychischen Erkrankungen als Krisenzustände interpretiert werden. Parallel dazu mag es Personen geben, die von psychischen Erkrankungen betroffen sind und dann mit einer Trennung einen verkomplizierten Trauerverlauf durchleben. Ungeachtet der Frage, in welcher konkreteren Art von psychischem Krisenprozess sich die Klienten bewegen, wird es in der Mediation nicht darum gehen, ein psychotherapeutisches Handeln zu integrieren. Dennoch hat das Wissen um die psychischen Verletzungen und Krisen der Klienten für den Mediator Folgen für sein Handeln, wie es im Laufe dieses Kapitels noch zusammenfassend beschrieben wird.

Umgekehrt hängt das Vertrauen in den anderen nach Franz Petermann von dem Grad des empfundenen Selbstvertrauens, hier auch Kompetenzgefühl genannt, ab (vgl. Petermann 2013, S. 122). In den anderen zu vertrauen, ist demnach mit einem risikobehafteten Vorschub vergleichbar, da Vertrauen auch enttäuscht werden kann. Ist dies wiederholt der Fall, ist auch das Vertrauen bald erschöpft. Der Prozess des Verlusts des Vertrauens äußert sich also sowohl in einem Verlust des Vertrauens in den anderen als auch einem Verlust des Selbstvertrauens, weil der Angriff des anderen nicht nur auf die Beziehung, sondern auch auf das Selbstkonzept zielt.
Petermann beschreibt drei Phasen des sozialen Vertrauensverlusts:

- »Zerstören einer vertrauensvollen Kommunikation,
- Wahl bedrohlicher Handlungen und
- gezielter Vertrauensbruch« (Petermann 2013, S. 120).

In der ersten Phase werden die Entscheidungsspielräume des anderen zu Gunsten der Durchsetzung eigener Bedürfnisse eingeschränkt. In der zweiten Phase wird das Handeln dem anderen gegenüber willkürlich und in der dritten Phase wird dem anderen mit Zynismus und Geringschätzung seiner Person und Kompetenzen begegnet (vgl. Petermann 2013, S. 121 f.).

Ein Vertrauensaufbau in der Mediation bedeutet demnach umgekehrt, einen Prozess zu gestalten, der darauf achtet, dass der Fokus auch auf das Verstehen der Bedürfnisse des anderen gerichtet wird, was insbesondere in der Stufe der »Interessen und Bedürfnisse« angeregt wird. Hier ist der Mediator aufgefordert, die

Klienten nach dem Prinzip von wechselseitiger Auseinandersetzung des einen Klienten mit den Bedürfnissen des anderen durch den Prozess zu führen. Im Weiteren geht es darum, dem unkalkulierbaren und willkürlichen kommunikativen Handeln der Klienten explizit eine hohe Transparenz und Klarheit im Prozess entgegenzusetzen. Dies tut der Mediator, indem er sein Handeln erläutert und viel Wert auf die Frage legt, ob er verstanden wurde, indem er sich selbst an Absprachen hält und indem er eine Struktur anbietet, die den kommunikativen Prozess der Klienten aus der Diffusion und Willkür hinein in konkrete Aussagen steuert. Folgende Fragetechniken zielen beispielhaft auf eine solche Konkretion:

»Was genau meinen Sie, wenn Sie sagen, dass Sie anbieten, das Haus zu finanzieren, wie muss ich mir das vorstellen?«; »Wie würden Sie das Thema genau benennen, für das Sie hier Vereinbarungen verhandeln möchten?«; »Welches Bedürfnis steht für Sie hinter dem, was Sie gerade als Wunsch formuliert haben?«.

Insgesamt geht es auf einer nicht-therapeutischen Ebene darum, den prolongierten und verkomplizierten Trauerprozess zu verflüssigen. Das bedeutet nicht, die auftretenden starken Gefühle zu ignorieren oder zu bagatellisieren, aber sie auch nicht vertieft zu erfragen. Der Mediator ist gefordert, die starken Gefühle wahrzunehmen und mit auszuhalten, um dann immer wieder auf einen zukunftsorientierten Veränderungsprozess zu fokussieren. Mediation ist keine Therapie und registriert doch die emotionale Verfassung der beteiligten Klienten im prozessualen Vorgehen mehr als vielleicht in Mediationen vor dem Hintergrund geringerer Strittigkeit. Die Einfühlung und Achtsamkeit des Mediators sind hier ebenso wichtig, wie die gleichzeitige Wahrung der Verantwortung für den Prozess und dessen Struktur. Die als existenziell empfundene Bedrohtheit der Klienten, das hohe Misstrauen und Gefühle von Ohnmacht erfordern ein Verhalten des Mediators, das den Mangel an Orientierung durch Sicherheitssignale ausgleicht. Der Weg in die Mediation ist deshalb ein Weg in ein Vertrauen der Klienten in die eigene Person, in die Person des anderen Klienten, in den Mediator und auch in den Prozess der Mediation selbst. Dieses Vertrauen aufzubauen, bleibt nach einer Historie, die Misstrauen und Unsicherheit begünstigte, anspruchsvoll und braucht Zeit. Petermann geht davon aus, dass ein solches Vertrauen in den anderen mit einem Vertrauen in die eigenen Fähigkeiten gleichzusetzen ist, und folgert weiter: »Dabei wird unterstellt, dass Vertrauen nicht ausschließlich in Gesprächen ›suggeriert‹, sondern durch erlebte Kompetenz im Handeln aufgebaut werden muss« (Petermann 2013, S. 133).

Der Mediator als Bergführer geht in sicherem Schritt voran, erklärt die aktuellen und zukünftigen Erfordernisse im Verhalten und bestärkt seine Kunden, ihre Fähigkeiten wieder zum Einsatz zu bringen.

TEIL 2
Abstiegsbewegungen

6 Mediation oder Beratung – eine Verortung des Interventionssystems

Bei jeder Beratung geht es im Sinne Kurt Ludewigs um die Erweiterung der Möglichkeiten der Klientinnen (vgl. Ludewig 2009, S. 114). Dabei unterliegt der hier gemeinte Veränderungs- und Lernprozess der Besonderheit, dass es sich bei den Lernenden um Mitglieder eines Konfliktsystems handelt. Die durch die starken sozialen Konflikte verursachten inneren und sozialen Verunsicherungen und Ängste stellen für die beabsichtigten Entwicklungsprozesse eine große Herausforderung und manchmal auch eine Grenze dar. Ergebnisse aus der Hirnforschung belegen den Umstand, dass unter Bedingungen von Stress, von welchem im Zusammenhang mit starken Konflikten auszugehen ist, Lern- und Veränderungsprozesse erschwert werden (vgl. hierzu bspw. Spitzer 2002, S. 171).

Demnach geht es in diesem Fall unbedingt um einen Prozess, der konstant ein Klima von Sicherheit und Wertschätzung vermittelt. Die überdauernden sozialen und inneren Konflikte, die Trauerprozesse und die Verunsicherung durch den Prozess der Beratung selbst müssen erst so reduziert werden, dass sich das Klientinnensystem auf die neuen Entwicklungsaufgaben in kleinen Schritten einlassen kann.

Mediation ist nach diesem Verständnis eine Form der Beratung, die in besonderem Maße den Bedürfnissen der Klientinnen nach Schutz und Sicherheit entgegenkommt. Dies geschieht unter anderem durch die hier besonders konsequent eingehaltene Struktur des Prozesses in klar voneinander abgegrenzten Phasen. Die Rede ist dann auch von einem Grundbauplan der Mediation: Vorlaufphase, Themensammlung, Interessen/Bedürfnisse/Bedeutungen, Optionen, Angebotsverhandlung, Vereinbarung, Bilanzierung. Die Ansätze zur Veränderung stellen gegenüber den Momenten, die in Beratungen generell einen Platz finden können, keinen Unterschied dar, die Art, wie die Arbeitsweise entlang dieser Struktur allerdings erfolgt, durchaus.

Im beraterischen Handeln wird der Fokus ebenso intensiv auf die Fragen nach den Bedürfnissen oder tieferen Bedeutungen gerichtet. Das Vorgehen legt keinen besonderen Ort fest und so zieht sich die Arbeit im Hinblick auf die Bedürfnisse mitunter fluide durch den gesamten Prozess der Beratung. Ein weiterer essenzieller Unterschied von Beratung im Allgemeinen und Mediation ist, dass Beratung sich nicht immer Verhandlungen und Vereinbarungen zum Ziel setzt. Anliegenentwicklungen im Kontext von Systemischer Beratung in Mehrpersonensystemen haben einen größeren Spielraum gegenüber themenbezogenen Verhandlungen in der Mediation. Doch gerade auf Regelungen und Vereinbarungen kommt es in der Arbeit mit konfligierenden Systemen an. Die starken Konflikte verhinderten in der Vergangenheit, dass es den Eltern gelang, eigenverantwortlich gemeinsame Entscheidungen zu treffen, die eine Basis für die Fortsetzung der gemeinsamen Erziehungsverantwortung darstellen.

Mediation wird also zum beraterischen Mittel der Wahl. Sie hält jene Struktur aufrecht, entlang derer das System seine Aufmerksamkeit ausrichten kann. Diese bietet auch bei erneut aufflammenden Konflikten ein Seil zur Sicherung des Prozesses, das die Mediatorin aufnimmt, indem sie an die Struktur und aktuelle Fragestellungen erinnert.

Doch es ist nicht lediglich die Struktur, die den Erfolg der Arbeit sichert. Die Gestaltung des emotionalen Prozesses ist hier ein wesentliches Moment. Das diesbezügliche Hintergrundwissen der Gestaltung dieser Ebene speist sich weniger aus der Literatur der Mediation als vielmehr aus den Quellen Systemischer Therapie, Beratung und Prozessführung insgesamt. Sicherlich geht es in der Mediation nicht um einen therapeutischen Prozess, aber im günstigsten Fall um tiefergehende Veränderungen, die qualitative Unterschiede für die Lebensführung der Einzelnen und des ganzen Familiensystems begünstigen. Der Systemische Beratungsprozess folgt dabei den Prinzipien einer zukunftsorientierten Anliegenentwicklung, die die Klientinnen in den Kontakt mit einer positiven Entwicklung bringen. Fragen wie »Stellen Sie sich vor, die Sitzung war hilfreich und Sie gehen hier raus, woran würden Sie merken, dass es hilfreich war?«, »Was wäre dann anders?«, »Woran würden andere merken, dass sich bei Ihnen etwas positiv verändert hat?« stellen eine Verbindung zu einer konstruktiven Veränderungslandschaft her, die auch eine Veränderung der emotionalen Landschaft einbezieht. Gefühle, die sich im Vergleich zu denjenigen Gefühlen unterscheiden, die mit andauernden Trauerprozessen und starken Konflikten einhergehen (wie zum Beispiel Gefühle von Angst, Scham, Hilflosigkeit und starker Traurigkeit), werden wieder in den Blick genommen. In der Mediation wird dieser emotionale Entwicklungsprozess zwar nicht direkt erfragt, dadurch ist er hier aber nicht weniger von Bedeutung.

Die Arbeit an Vereinbarungen ist aber nur dann von tragender Wirkung, wenn die Vereinbarungen am Ende willentlich geschlossen und darin emotional gestützt sind. Um den Gesamtprozess der Veränderung, die mit der Mediation angestoßen werden soll, zu verdeutlichen, lohnt sich der Blick in die aktuelle systemische Forschung Otto Scharmers. Mit der Theorie U, wie er sie nennt, entwickelt er ein Modell konstruktiv initiierter Veränderung, das gleichermaßen für die Felder moderner Führung, Prozessgestaltung, Coaching und Therapie von Bedeutung ist. Scharmer beschreibt einen Lernprozess, der im Ganzen einen Prozess der Öffnung in Richtung eines Selbst darstellt, welches nicht nur ist, was es geworden ist, sondern auch, was es werden will. Es handelt sich also um einen Prozess, der sich von Gewohnheiten löst und sich in Verbindung mit einer positiven zukünftigen Vision von einem Selbst bringt. »Dieses Selbst oder diese Person ist unsere höchste Zukunftsmöglichkeit« (Scharmer 2015, S. 69).

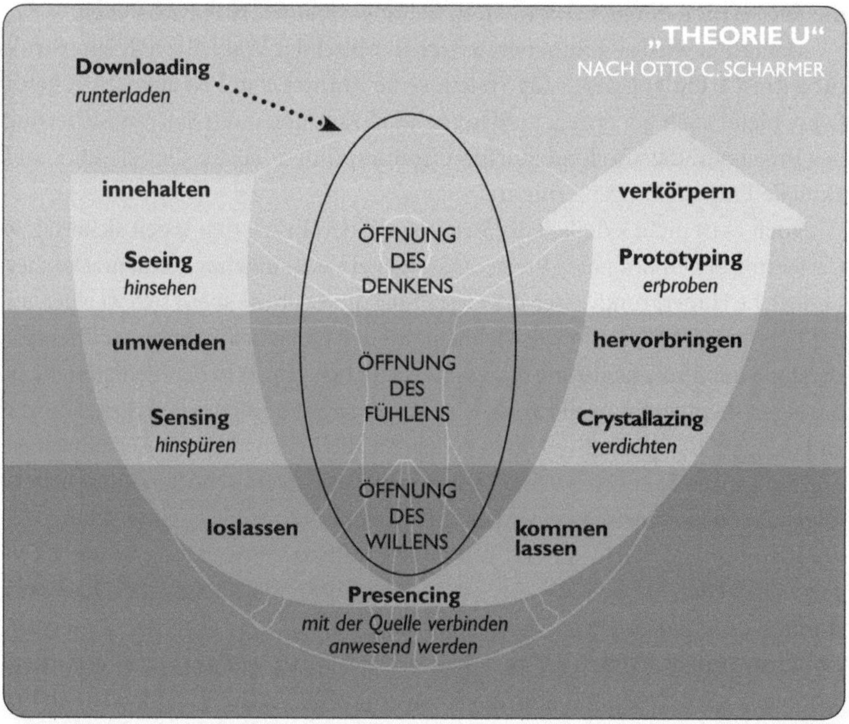

Abb. 7: »Theorie U« nach Otto C. Scharmer

Scharmer beschreibt den Prozess entlang eines U's linksseitig hinab »durch die Erkenntnisräume des Runterladens (Downloadings), Hinschauens (Seeings), Hinspürens (Sensings) bis zum tiefsten Punkt des Anwesendwerdens (Presencings)« (Scharmer 2015, S. 65). Dabei ist das Downloading eine Art des Zuhörens auf dem Weg zur Erkenntnis, die jemandem das bereits bekannte Wissen bestätigt.

Der zweite Schritt ist das Zuhören bzw. Sehen, eine Form der Beobachtung von Dingen, die außerhalb der Beobachterin und deren Wissensradius liegen, als ein Erkennen von Unterschieden.

Der dritte Erkenntnisraum beschreibt das empathische Zuhören, jemand beginnt die Situation durch die Augen einer anderen Person zu sehen und kommt so zu einer neuen Perspektive. Dabei wird eine neue Qualität der Beziehung im Zuhören aufgemacht, indem die Zuhörerin sich auf die Art der Äußerungen des Gegenübers einlässt.

Den vierten Schritt des Modells beschreibt Scharmer als ein schöpferisches Zuhören im Hinblick auf ein Potenzial, das nunmehr gehoben wird. Prescencing ist die Veränderung eines Selbst durch die sensuelle Verbindung mit einem zukünftigen Selbst. Hier geht es um die Öffnung einer Quelle der Kreativität, der Energie und Inspiration, die aus einem Selbst ein neues Selbst in seinen relevanten Möglichkeiten schafft. Presencing ist eine Wortschöpfung, deren Bedeutung sich aus den Begriffen von presence, »gegenwärtig machen«, und sencing, »erspüren«, zusammensetzt. Es beschreibt einen inneren Ort, von dem aus Zukünftiges wahrnehmbar wird. Er ist Ausgangspunkt des Prozesses der Konzentration auf Erkenntnisräume der Verdichtung und Kristallisation einer Vision und Intention, der Erprobung des Neuen und zuletzt darauf, das Neue in die Welt zu bringen, es in Formen zu gestalten und zu verkörpern. Dieser tiefgreifende Prozess der Veränderung wird mit drei sozialen Techniken unterlegt, die zuerst als eine Öffnung des Kopfdenkens, dann als eine Öffnung des Herzdenkens und zuletzt als eine Öffnung des Willens beschrieben werden. Übertragen auf den Prozess der Mediation ist es die Aufgabe der Mediatorin, für alle Ebenen passende Techniken und Räume der Ermöglichung von Veränderungsprozessen zu erzeugen. Dabei bezieht sich die Ermöglichung sowohl auf ein individuelles als auch ein soziales Lernen, das die Mediatorin selbst nicht ausnimmt (vgl. Scharmer 2015, S. 67 f.). Im Gegenteil schließt das Mediationssystem im Kontext hocheskalierender Eltern sie als Mitglied eines Veränderungs-und Lernprozesses unbedingt mit ein.

Weiterführend bezieht sich Otto Scharmer auf Francisco Varela, wenn im Verlauf des tiefgreifenden Erkenntnisprozesses drei Schwellen überwunden werden müssen, nämlich die des Innehaltens, der Umwendung und des Loslassens. Doch was bedeutet diese Art der Erkenntnisprozessbeschreibung, die sich vom Lernen als Korrektur des vorherigen Denkens unterscheidet, für die Praxis der Mediation?

In der Mediation ist es oft sehr schwer, an die Ressourcen des Downloadings heranzukommen. Die letzte Zeit der gemeinsamen Geschichte des Elternsystems ist geprägt von Trauer und Konflikten und die letzten Lernerfahrungen bestätigen die Eltern meist nur in ihrem Misstrauen. Während sich in anderen Kontexten – wie Uwe Michalak es beispielsweise für Supervisionsprozesse beschreibt – die Erzeugung einer prozessualen Balance zwischen den Polen von

Bestätigung und Vision, auch im Sinne einer Nachhaltigkeit der Veränderung, bestätigt, ist die Quelle der Bestätigung von Ressourcen der Vergangenheit in Fällen der Hochstrittigkeit vor allem in den ersten Phasen des Prozesses schwer auszumachen (vgl. Lüschen-Heimer/Michalak 2019, S. 112). Der Blick in die Vergangenheit stellt einen Blick ins Auge des Konflikts dar. Und daher gilt es hier in besonderem Maße, eine Lockerung von der Konfliktgeschichte zu unterstützen. Die Schwelle des Loslassens ist hoch und umso deutlicher und klarer muss die Hinwendung zu einem neuen Fokus durch die Mediatorin transportiert werden. Diese muss umgekehrt ein Gefühl dafür entwickeln, wie schwer es für das Klientinnensystem sein muss, aus den Verunsicherungen des Konflikts und der Trauer in ein visionäres und damit auch noch nicht vertrauensvoll implementiertes Denken zu wechseln.

Insgesamt kann in diesem Fall das Verhältnis des Klientinnensystems zur Mediatorin mit dem Verhältnis der Co-Autorenschaft im Sinne Michael Whites verglichen werden (vgl. hierzu z. B. White/Epston 2009, S. 89). Auch die Mediatorin ist Teil des Erkenntnisprozesses, sie stellt sich gleichsam zur Verfügung und auch sie taucht als ein anderes Selbst aus dem Prozess wieder auf. Und die hierbei zu etablierenden Fähigkeiten einer Öffnung im Denken, Fühlen und des Willens sind nicht nur als Ziel eines Lernens der Klientinnen aufzufassen, sondern nehmen die Mediatorin oder Beraterin nicht aus: »Diese Sensorien müssen nicht nur auf der individuellen Ebene, sondern auch auf der kollektiven Ebene ausgebildet und kultiviert werden« (Scharmer 2015, S. 68).

Reinhold Messner schreibt über die Situation der Beobachtung seiner Kletterpartnerinnen in schwierigen Passagen und gefährlichen Situationen: *»Ich war ganz diese anderen. Meine Hände, mein Verstand, meine Gefühle mussten nicht dirigiert werden, sie machten automatisch das nach, was diese anderen zu tun hatten«* (Messner 2014, S. 117). Die Rollen und Aufgaben sind verschiedene, die Beobachterin beobachtet und fühlt mit, die Kletterin klettert. Der Prozess der Mediation ist eine Co-Produktion, die nur dann gelingen kann, wenn jede ihre Rolle annimmt und vor allem die Mediatorin ein tiefes Verstehen für die »schwierigen Passagen« ihrer Klientinnen entwickelt. Sie weiß um die Schwellen, sie kennt die Struktur, sie hat Prozesserfahrung, die sie anbietet, und sie ist auch emotional offen für den Prozess. *Als Bergführerin ist sie mit im Gelände, aber für sie liegen die Herausforderungen nicht darin, den Abstieg selbst und im Alleingang zu bewältigen, sondern die Prozesse der Kundinnen soweit zu verstehen, dass sie ihnen die passende Sicherung und Ermutigung anbieten kann.* Das Wagnis des Abstiegs aus den Konfliktzonen gründet sich in der Mediation dann auch auf ein wechselseitiges Zu- und Vertrauen zwischen dem Klientinnensystem und der Mediatorin. Bis hierher können für die Prozessführung im Überblick schon folgende Aufgaben ausgemacht werden:

- Orte schaffen, die es den Klientinnen ermöglichen, das Verharren in Gewohnheiten – vor allem des Konfliktgeschehens (Downloading) – zu verlassen.
- Orte schaffen, die ein gemeinsames Beobachten (Seeing) ermöglichen, was die aktive Einladung der Mediatorin zur Fokussierung auf die Wahrnehmungen und noch konkreter auf Themen, Bedürfnisse, Visionen der anderen bedeutet.
- Beziehungen zu den Klientinnen aufzubauen und zu halten. Das umfasst hier auch, sich als Person für die Prozesse der Klientinnen zu öffnen – eine Co-Autorin im Veränderungsprozess zu werden, nicht aber des Konfliktsystems.
- Orte schaffen, die den Klientinnen ein Hinspüren (Sensing) ermöglichen.
- Orte schaffen, die es der Mediatorin selbst ermöglichen, hinzuspüren und zu verstehen.
- Orte schaffen, die der Verbindung eines Selbst mit seinem zukünftigen gestärkten Selbst, einem Selbst mit einer erhöhten Präsenz, Raum bieten.

Der Mediationsprozess bietet ein Struktur und einen Rahmen, die Mediatorin zeigt die Wegführung an, kennzeichnet die schwierigen Stellen, versucht im tieferen Sinne zu verstehen, lenkt die Aufmerksamkeit auf den nächsten zu gehenden Schritt, ermutigt nicht umzukehren und sich mit ihr in den unbekannten Wegabschnitten sicher fortzubewegen.

7 Haltung der Mediatorin

Das Herzstück einer gelingenden Beratung oder Mediation bildet die Haltung der Mediatorin. Mit der Haltung ist jedoch kein starres Muster gemeint, sondern eine fortwährende Entwicklungsaufgabe.

Es wurde zuletzt erläutert, wie die vermittelnde Rolle einer Systemischen Mediatorin hier grundlegender definiert wird. Neutralität gegenüber den Ideen der Klientinnen und eine geschärfte Allparteilichkeit in der Haltung und im Handeln prägen den Prozess. Das auf bestimmten Annahmen fußende methodisch-didaktische Können und Handeln sowie die psychische Sicherheit lassen in der Mediation das erkennen, was sich situativ als die »Haltung der Mediatorin« ausflaggt. Bleibt man bei der Metapher einer anspruchsvollen Bergbesteigung, deren Bergführerin aufgefordert ist, ihre Kunden hinab in sicheres Gelände zu führen, wird zunächst die psychische Ausrüstung der Bergführerin genauer bestimmt. Daher kommt der mentalen Vor-und Nachbereitung auf den Prozess, neben der Aneignung von Hintergrundwissen (wofür der erste Teil des Buches umfassendes Material bietet) und Wissen zur Prozessgestaltung, hier die größte Bedeutung zu.

Die Arbeit mit hocheskalierenden Elternsystemen birgt prinzipiell eine erhöhte Gefahr, professionelle Helferinnen aus dem inneren Gleichgewicht zu bringen. Die zuvor erläuterten psychischen Verunsicherungen der Klientinnen und ihr Verhalten im Konflikt fordern die Mediatorin permanent in ihrer Haltung und ihrem Handeln heraus. Welchen individuellen Herausforderungen sie sich stellen muss und welches Klientinnenverhalten sie aus der inneren Spur zu werfen vermag, hängt von ihrer Persönlichkeit, ihrer psychischen Verfassung und ihren kommunikativen Möglichkeiten ab.

Der Prozess der Weiterentwicklung einer Haltung ist an viele Momente der Reflexion gekoppelt, die für eine gelingende Arbeit von großer Bedeutung sind. Einige wesentliche Haltungsmomente werden im Folgenden dargelegt. Die Leitfragen am Ende eines jeden Abschnitts beabsichtigen, eine ressourcenorientierte Suche nach den Fähigkeiten und den Möglichkeiten der Mediatorin im Prozess anzuregen.

7.1 Selbst-Vertrauen

> »Zu den höchsten Prinzipien zählt das der Sicherheit. Damit ist jedoch nicht die krampfhafte, durch künstliche Hilfsmittel erreichte Korrektur eigener Unsicherheit gemeint, sondern jene primäre Sicherheit, die bei jedem Kletterer auf der richtigen Einschätzung seines Könnens im Verhältnis zu seinem Wollen beruhen soll.« (Messner 2018, S. 32)

In der Arbeit mit hocheskalierenden Elternsystemen wird die Mediatorin mitunter selbst angeregt, zur Konfliktpartei zu werden. Die Bandbreite der Anregungen reicht von schwachen Versuchen der Vereinnahmung zur einseitigen Parteinahme über Beschuldigungen der Parteinahme für die Gegenpartei bis hin zu massiven Anklagen und Drohungen. Gemeint sind Sätze wie: »Sie sind doch auch Mutter, Sie können doch sicherlich verstehen, dass ich mir Sorgen um meinen Sohn mache.«, »Ist doch klar, dass Sie sich als Frau von dem Gerede meines Mannes um den Finger wickeln lassen.«, »Wenn Sie hier gleich nichts unternehmen, mache ich Sie verantwortlich, wenn das Ganze wieder vor Gericht landet.«.

Mögliche spontane Gegenreaktionen könnten beispielsweise in Form einer Gegenanklage, schroffer Zurückweisung oder in einer Demonstration von Überlegenheit geäußert werden und so einen gelingenden Mediationsprozess verhindern. Anstelle dessen ist es für die Mediatorin wichtig, die bei ihr ausgelösten Emotionen zu identifizieren, um die Wahl zwischen Handlungsoptionen entwickeln zu können. Im Sinne eines »Containings« (Bion 1997) kann sie dann äußern, was sie mit Blick auf den Prozess und die Klientinnen für eine hilfreiche und förderliche Reaktion hält. Die Selbstreflexion in Bezug auf eigene Gefühle, beispielsweise aus dem Spektrum der Angst, ist für die Arbeit mit Menschen, die unter Bedingungen starker Konflikte kommunizieren, unerlässlich. »Werde Dir bewusst, dass Du wählst!«, sagt Kurt Ludewig (1997, S. 79) mit Blick auf das therapeutische Handeln in seiner Gesamtheit.

Übertragen auf den hier relevanten Kontext, hat die Mediatorin die Freiheit anders zu handeln, als es die spontane Reaktion auf einen Angriff in Form eines Gegenangriffs nahelegen würde. Ihre Selbstreflexion als Quelle zur Stärkung des Selbstvertrauens ist aber auch in erweiterter Hinsicht von Bedeutung. Hazel Findlay schreibt, »dass die größten Herausforderungen eines Kletterers weiterhin in ihm selbst liegen« (Findlay 2018, S. 133). Die Kenntnis der eigenen psychischen Verfassung ist ein schwer zu fassendes Moment, da es vielmehr einen fortlaufenden Prozess darstellt. Der Begriff der »mentalen Stärke«, wie sie als Voraussetzung für Bergführerinnen postuliert wird, hebt nicht auf den Prozess ab, sondern spricht eher von etwas, das das Ergebnis eines Prozesses ist. Für die Mediatorin kann es bedeuten, sich einem Prozess der Reflexion zu widmen, der klärt, was sie im Kontakt zu (auch starken) Konflikten ausmacht. Der Blick in die eigene (Familien-)Geschichte erzählt, welche Konfliktkultur mit welchen Konfliktverläufen der Person bekannt sind und welche Rolle sie dabei selbst eingenommen hat. Noch genauer könnte es darum gehen, zu hinterfragen, wie sie sich, zum einen aus der Position einer Beobachterin von Konflikten, zum anderen als eigene Konfliktpartei und somit direkt im Feuer des Konflikts stehend, verhalten und gefühlt hat. Eine weitere Frage betrifft die mit den Konflikten wach werdenden Grundbedürfnisse (Sicherheit, Wertschätzung, Unversehrtheit etc.) ihrer Person. Hier geht es darum, zu beleuchten, welche Bedürfnisse im Wesentlichen eine Rolle spielten und inwiefern sie selbst oder ihre soziale Umgebung darauf eingegangen sind. Daraus lassen sich dann Antworten auf die Frage ableiten, welche Umstände die Mediatorin auch im Hier, Jetzt und Heute der Beratungssituation braucht, um ihrem Bedürfnis nach beispielsweise Schutz zu entsprechen.

Weiter lohnt es sich, zu hinterfragen, wie die Mediatorin sich aktuell selbst in Konflikten erlebt: entweder wieder als Beobachterin oder als Konfliktpartei. Welche Formen der Mitteilung von Konfliktkommunikation sind ihr geläufig und welche innerhalb ihrer Handlungsrepertoires eher unüblich? Welche Angriffsformen sind ihr vertraut, welche fordern sie zum Gegenangriff heraus oder beängstigen sie und was lässt den Konflikt wieder enden? All diese Fragen können in ihrer Beantwortung einen Beitrag zur Klärung dessen leisten, was die Mediatorin im Hinblick auf ihre Haltung und darauf fußend dann auch auf ihr Verhalten entwickeln kann, um im Speziellen für die Arbeit mit konfligierenden Systemen gut ausgestattet zu sein. Sie beziehen sich auf die Beobachterinnenperspektive der Mediatorin, deren individuelle Eindrücke darüber entscheiden, ob sie von einem Hochkonflikt ausgeht. Dieser entsteht also erst im Auge der Beobachterin und ist kein Phänomen an sich.

Virginia Satir (2009) macht deutlich, dass der Selbstwert eines Menschen in direkter Korrespondenz dazu steht, wie dieser sich im Konfliktfall zeigt. Sie entwickelte vier Reaktionsmuster, die bei drohendem Konflikt die eigene »Schwächung« verbergen sollen. Dabei beschreibt sie, dass die Stärke der Ausprägung der Reaktion vom Grad der Ausprägung des Selbstwerts abhängt: Je schwächer der Selbstwert (grundsätzlich und aktuell) verfasst ist, desto stärker ausgeprägt ist das Reaktionsmuster. Gemeint sind folgende vier Muster (vgl. Satir 2009, S. 71):

1. Beschwichtigung (placate) – die andere soll nicht ärgerlich werden.
2. Anklage (blame) – die andere soll sie als stark wahrnehmen.
3. Rationalisierung (compute) – sie festigt ihren Selbstwert durch große Worte.
4. Ablenkung (distract) – die Bedrohung wird ignoriert.

Dieses Schema, soweit man es nicht als starre Typologie auffasst, kann als Instrument zur Reflexion des eigenen Verhaltens im Konflikt hilfreich sein, um zu klären, welches Verhalten man dem Gegenüber anbietet. Für die Entwicklung des Verhaltens kann es weiter darum gehen, den eigenen »fünften Typ«, den Satir als die »fließende«, »kongruente« Kommunikationsform beschreibt, zu entwickeln. »[D]ie Stimme spricht Worte, die mit dem Gesichtsausdruck, der Körperhaltung und dem Ton der Stimme zusammenpassen« (Satir 2009, S. 78 f.).

Beziehungen, deren beteiligte Personen diese Kommunikationsform wählen, sind, so schreibt Satir, »leicht, frei und ehrlich« (Satir 2009, S. 79). Der Selbstwert drückt sich eben gerade dadurch aus, dass die Person in der Lage ist, Kritik zu hören, ohne sich abgewertet zu fühlen. »Unter den fünf Kommunikationsformen hat nur die ›fließende‹ eine Chance, Brüche zu heilen, Stagnationen innerhalb einer Beziehung zu durchbrechen oder Brücken zwischen Menschen zu bauen« (Satir 2009, S. 79). Im Übertrag auf die Mediation fühlt sich die Mediatorin in der Lage nach verbalen Angriffen durch die Klientinnen davon abzusehen, im Gegenzug mit anklagendem, ausweichendem, rationalisierendem oder beschwichtigendem Verhalten zu reagieren. Die Neutralität der Mediatorin gegenüber den Ideen, Problemerklärungen, Wertehaltungen, Meinungen und Lösungen des Klientinnensystems ist als Haltungsmoment aus dem Kontext der Systemischen Beratungstheorie hier von besonderer Bedeutung (vgl. Schlippe/Schweizer 2003, S. 119 ff.). Auf der inhaltlichen Ebene ist sie also nicht zur Gegenposition aufgefordert, weil sie inhaltlich nicht oder nur in besonderen Situationen (z. B. wenn die Ideen der Klientinnen das Kindeswohl in Frage stellen) mitwirkt. Wird beispielsweise ihre Art der Prozessgestaltung kritisiert, kann sie im kongruenten Reaktionsmuster ein anderes prozessuales Vorgehen anbieten oder sich freundlich positionieren, indem sie in der Gestaltung des Prozesses das tut, was sie tut. Das meint, sie kann dann das Vorgehen noch einmal erklären oder sich ggf. für ein Versäumnis im Prozess beispielsweise wie folgt entschuldigen: »Es tut mir leid, ich merke, da habe ich mich unklar ausgedrückt. Eigentlich wollte ich Sie nur fragen, ob Sie bereit sind, nun auf die Optionen zu schauen?«

»Der Mut, mich der Angst zu stellen, und der Egoismus, die Fahne nicht nach dem Wind zu hängen, haben mir erst den Weg frei gemacht« (Messner 2014, S. 74). Diese Aussage trifft insofern für den Bergsteiger Messner gleichermaßen wie für die Mediatorin zu, da sie in ihrer Prozessgestaltung in der Arbeit mit hocheskalierenden Elternsystemen viel deutlicher in die Verantwortung und Souveränität gehen muss als in Fällen mit geringerem Eskalationspotenzial. Umgekehrt lehnt sie noch deutlicher die Verantwortung für eine inhaltliche

Positionierung ab und zeigt sich neutral gegenüber den Ideen des Klientinnensystems. *Als die sichernde Bergführerin einer Dreierseilschaft spurt sie in vielen kurzen Schritten den Weg durchs Firngelände.* Bei laufender prozessualer Sicherung sind die Klientinnen hier allerdings gefordert, ihre nächsten Schritte selbst zu setzen.

Leitfragen zur Selbstreflexion

- Nehme ich mir grundsätzlich Zeit zur Reflexion der eigenen Emotionen - vor, während und nach dem Prozess der Mediation?
- Wer bin ich als Beobachterin von Konflikten? Wie verhalte ich mich? Was bedroht mich?
- Welche Ressourcen habe ich als Konfliktbeteiligte, die zur Beendigung des Konflikts und zu Lösungen beitragen?
- Welche Unterstützungssysteme kann ich zum Austausch, zur Entlastung, zur Reflexion und zur Entwicklung nutzen? Beispiele: Intervisionsgruppe, Supervisionsgruppe, Kollegialer Austausch, Fort- und Ausbildung.
- Welche persönlichen Ressourcen und Strategien habe ich zu meiner Entlastung? Wie führe ich mein Leben außerhalb meines Arbeitskontextes und was tue ich zu meiner Entlastung?

7.2 Konfliktverstehen

> »Ein kluger Bergsportler prüft vor einer Tour daher nicht nur sorgfältig die Wettervorhersagen und -berichte, sondern arbeitet auch daran, das Wetter selbst gut beurteilen zu können.« (The Mountaineers 2018, S. 585)

Zum einen geht es für die Mediatorin darum, den Konflikt als kommunikatives Phänomen verstehen zu können, um zum anderen dann in der konkreten Situation der Beratung zu einer Einschätzung der Situation zu kommen.

Mit dem Konfliktverstehen ist hier ein ganz grundsätzliches Wissen im Sinne einer Feldkompetenz über Konflikte als kommunikative Ereignisse (auch in Differenz zu psychischen Konflikten) gemeint, wie sie im Kapitel 2 ausführlicher dargelegt wurden: Kenntnisse über den Prozess der Entstehung, die Dynamiken und Steigerungsmechanismen, die Aufrechterhaltung und die Option der Beendigung eröffnen der Mediatorin Denk- und Handlungsspielräume. Sie kann ihre Neutralität gegenüber den Positionen der Klientinnen halten, ohne sich in eine (moralische) Position von Überlegenheit zu begeben oder sich einseitig zu positionieren und dabei selbst zur Konfliktpartei zu werden.

In Folge eines Paradigmenwechsels, der mit der Systemtheorie vollzogen wurde, ist nicht mehr das Subjekt Ausgangslage kommunikativer Ereignisse, sondern die Kommunikation selbst, in die Form von selbstreferenziellen Systemen gegossen, wird zur relevanten Einheit. Die Autopoiesis und Selbstreferenzialität sozialer Systeme trifft auch dann zu, wenn es sich um Konfliktsysteme handelt. Im Konfliktfall beginnt die Kommunikation ihre Aufrechterhaltung über die Form des Widerspruchs zu konstituieren. Der widersprochene Widerspruch, also die doppelte Negation innerhalb einer Kommunikation, reicht aus, um von einem Konflikt zu sprechen. Die Konfliktkommunikation setzt sich dann wie ein parasitäres System an die sonst mögliche Kommunikation und zieht zu dieser Zeit alle Aufmerksamkeit auf sich. »Als soziale Systeme sind Konflikte autopoietische, sich selbst reproduzierende Einheiten, einmal etabliert, ist ihre Fortsetzung zu erwarten und nicht ihre Beendigung« (Luhmann 1996, S. 537). Nicht also der »Streithahn« sorgt für die Fortsetzung des Konfliktes, sondern das Konfliktsystem selbst. Da nun Widerspruch anstelle von Zustimmung das übliche Mittel zur Fortsetzung der Kommunikation wird, ist die Verunsicherung der beteiligten Personen unausweichlich. Sätze wie »Ich kann ja sagen, was ich will, du findest es immer unangemessen.« machen deutlich, dass das Schema des Konflikts greift. Kurt Ludewig formuliert aus den Reihen der systemischen Beratungsliteratur einen verwandten Ansatz, wenn er schreibt, dass »Problemsysteme« eigenständige Sozialsysteme im Umkreis von Problemen seien (vgl. Ludewig 1997, S. 116). Die Kommunikation kennt dann kein anderes Thema als das Problem und kann hierin zusätzlich noch die Form des Konflikts annehmen.

So wenig, wie eine Bergführerin also das Wetter ändern kann, geht es für die Mediatorin darum, den Konflikt der Klientinnen aufzulösen. Vielmehr ist es im Kontext des Mediationssystems nötig, eine alternative Kommunikation zum Konflikt zu etablieren und dabei dem Konflikt angemessen zu intervenieren.

Genau wie die Bergführerin, die gemäß der Wetterlage Entscheidungen über die Suche nach einem Unterschlupf, die Beschleunigung oder die Verlangsamung des Schritttempos trifft, bezieht auch die Mediatorin die aktuelle Situation im Konflikt in ihr Handeln ein. Ermutigt sie, den nächsten Schritt zu gehen, oder rät sie zur Pause und Erholung?

Das hängt davon ab, wie sie den Konflikt und die Verfassung der beteiligten Personen einschätzt. Dafür braucht es ihre Neugier, verstehen zu wollen, wie der Konflikt sich aktuell äußert und welche Mittel zu seinem Fortbestand eingesetzt werden, damit sie einschätzen kann, welches beraterische Vorgehen sie für sinnvoll erachtet, um eine sichernde Kommunikation neben der konfligierenden Kommunikation etablieren zu können. Mit Luhmann wurde formuliert, dass jeder Konflikt aus Negationen besteht, die mit Negationen beantwortet werden. Im Falle starker Konflikte handelt es sich, wie Fritz Simon (2010, S. 19 ff.) darlegt, um eine Steigerung der Aspekte einer wechselseitigen Negation der anderen Position. Steigerung insofern, als sich beispielsweise eine Anklage auf weitere Personen, Sachverhalte oder weiteres Verhalten der anderen Akteurin ausdehnt. Zwar finden Konflikte in der kommunikativen Gegenwart statt, ihre Themen beziehen sich jedoch fast immer auf die Vergangenheit – gemäß der Logik, wer in der Vergangenheit einen Fehler gemacht hat, muss in der Zukunft einen Preis dafür zahlen. Starke Konflikte haben also einen symmetrischen Verlauf, in dem die Parteien von Moment zu Moment wechselseitig mitgehen und erhöhen müssen. Mit dem Konflikt erfolgt ein ständiger Angriff auf die beteiligten Psychen (vgl. hierzu auch Kapitel 2). Gleichzeitig gibt der Konflikt eine Sicherheit für das kommunikative Verhalten, weshalb Angebote der Mediatorin, außerhalb des Konflikts nach einem gemeinsamen Weg zu suchen, auf die strittigen Parteien zunächst verunsichernd wirken können.

Als ergänzendes Hintergrundwissen kann hier, wie in Kapitel 2 ausführlicher dargelegt, das Stufenmodell von Uli Alberstötter (2006, zit. n. Bundeskonferenz für Erziehungsberatung 2013, S. 5) eine Orientierung mit Blick auf das Maß der Strittigkeit bieten:

»**Stufe 1:**
Zeitweilig gegeneinander gerichtetes Handeln und Tun

Stufe 2:
Verletzendes Agieren und Ausweitung des Konfliktfeldes

Stufe 3:
Beziehungskrieg – Kampf um jeden Preis«

Die dritte Stufe illustriert, welche Gefahren bei hochstrittigen Systemen für die beteiligten Personen, und damit sind in Folge auch deren Kinder gemeint, entstehen können. Die Mediatorin ist in den Höhen des Konflikts aufgefordert zu klären, ob die Klientinnen ausreichend voreinander und vor sich selbst geschützt sind, um weiterarbeiten zu können und ob auch sie selbst sich sicher und geschützt fühlt. »Zum Kampf gehören zwei. Er beginnt nicht dann, wenn einige Menschen andern das Leben nehmen, sondern dort, wo sie ihr eigenes riskieren« (Creveld, zit. nach Simon 2004, S. 24).

Der Grad der Risikobereitschaft und die Stärke der eingesetzten Mittel im Kampf korrespondieren bei den sehr strittigen Parteien nicht mit einer inneren Stärke oder Fähigkeiten, die im Falle des Verlusts den Schaden regulieren könnten. Vielmehr wird manchmal lebensbedrohlich viel riskiert – übersetzt:

Bei schlechten Wetterbedingungen bewegen sich diese Bergsteigerinnen in Höhen, für die sie weder konditionell noch materiell gut ausgerüstet sind. Die Bergführerin wird hier spürbar in die Situation gebracht, zu entscheiden, ob sie den Abstieg mit diesen Kundinnen macht oder ob sie die Bergrettung um Hilfe bittet. Auch die Mediatorin sollte mit den Klientinnen prüfen, ob es die Möglichkeit der Entwicklung kleiner Schritte, heraus aus den »Todeszonen«, gibt. Andernfalls sollte sie versuchen, in aller Ruhe mit den Beteiligten Wege zu beleuchten, die außerhalb der gemeinsamen Beratung/Mediation liegen (z. B. Einzelberatung, Therapie, Gerichtsprozess etc.).

Es sei hier auch noch auf jene Fallverläufe hingewiesen, die in der Eskalation enden. Diesbezüglich geht es auch darum, zu klären, welche praktischen Hilfen der Mediatorin zur Verfügung stehen. Können alle beteiligten Personen den Raum verlassen, ohne Hürden überwinden zu müssen (Fluchtwege)? Stehen der Mediatorin Kolleginnen zur Seite, die sie im Notfall, wie beispielsweise bei einer körperlichen Auseinandersetzung der Klientinnen, hinzuziehen kann? Welche Mittel und Möglichkeiten bestehen, um Deeskalationshelferinnen in den Raum zu holen? Die Mediatorin sollte in diesem Kontext, bevor sie in diese Art von schwierigen Situationen gerät, ein Sicherheitskonzept für das Klientinnensystem und sich selbst entwickelt haben. Dazu zählen zum Beispiel die Beachtung von Fluchtwegen für alle Beteiligten, vielleicht die Installation von Notknöpfen, um Kolleginnen herbeizurufen, die Anwesenheit von Kolleginnen, die zur Unterstützung hinzugezogen werden können, die Regelung der Anfangs- und Abschlusssituationen, indem zum Beispiel die Klientinnen zeitlich versetzt eintreffen und aufbrechen, um sich gegenseitig aus dem Weg gehen zu können etc.

Leitfragen zur Selbstreflexion

- Übernehme ich die Prozessverantwortung?
- Erkenne ich als Mediatorin eine Differenz zwischen mir und dem Konfliktsystem oder bin ich Konfliktpartei?
- Bin ich neugierig im Hinblick auf den Konflikt?
- Fühle ich mich im Prozess ausreichend geschützt und was kann ich zu meinem Schutz tun?
- Welche Schutzmaßnahmen brauchen die Klientinnen, um arbeitsfähig zu sein?
- Wie sieht mein Sicherheitskonzept im Eskalationsfall aus?

7.3 Vertrauen wecken

> »Ohne jegliches Vertrauen aber könnte [der Mensch] morgens sein Bett nicht verlassen. Unbestimmte Angst, lähmendes Entsetzen befielen ihn.« (Luhmann 1989, S. 1)

Das Vertrauen der Klientinnen in sich selbst und das Gegenüber leidet über die Dauer des Konflikts. Eine kommunikative Verunsicherung setzt insofern ein, als wechselseitige Zustimmung nicht erwartbar ist und der Konflikt immer neue Ablehnungen und Absagen hervorbringt. Zu dem Zeitpunkt, da die Klientinnen in die Mediation kommen, ist das Konfliktgeschehen bereits weit fortgeschritten und die Lebensbedingungen sind erschwert. Mit einer Trennung ergeben sich oft große Veränderungen in ihrer Lebensführung, wie beispielsweise Wohnungswechsel und damit einhergehende Besuchskontakte mit den Kindern, finanzielle Einschränkungen, manchmal der Verlust einer Arbeitsstelle, schulische Probleme der Kinder u. v. m. Diese sozialen Geschehnisse stehen vorstellbar in Korrespondenz mit den psychischen Verfassungen der beteiligten Personen.

Für die Mediation kann dies bedeuten, dass es auf Seiten der Klientinnen wenig oder kein Vertrauen in die andere Konfliktpartei, in den Prozess und in die Mediatorin gibt. Auch wenn es eine Entscheidung der Klientinnen für die Teilnahme am Prozess geben sollte, heißt dies nicht, dass sie dem System der Mediation anfänglich überhaupt trauen. Das Ziel der Mediation ist es, den Klientinnen einen Rahmen zur Entwicklung getragener Vereinbarungen bereitzustellen. Von »Metastabilität« ist mitunter die Rede, wenn es um jenes Vertrauen des Klientinnensystems in die Person und Kompetenz und damit in die Prozessverantwortung der Mediatorin geht. Die Ermöglichung dieser Art von Stabilität hängt von vielen Faktoren ab. Im Falle hocheskalierender Elternsysteme ist mit einer höheren Fragilität des Vertrauens zu rechnen. Umso mehr braucht es Signale der Mediatorin, dieses zu unterstützen, damit sich die Klientinnen überhaupt auf einen Veränderungsprozess einlassen können. Insgesamt hat sie damit zu rechnen, dass der Vertrauensaufbau trotz aller Bemühungen gelegentlich Rückschläge erfährt oder der Prozess sogar aufgrund dessen, dass ein Vertrauen in sie als Mediatorin und/oder den Prozess und/oder in die eigene Wirksamkeit nicht zustande kommt, abgebrochen wird.

Bevor nachfolgend betrachtet werden soll, was die Mediatorin tun kann, um diesen Prozess der Vertrauensbildung zu unterstützen, richtet sich der Blick zuvor auf eine systemtheoretische Erläuterung, wie Vertrauen als kommunikative Möglichkeit verstanden werden kann.

Vertrauen ist jenes kommunikative Moment, das zukunftsgerichtet in eine Art Vorleistung tritt. Die vertrauende Person handelt so, als ob die Zukunft sicher bzw. positiv eingegrenzt wäre.

»Der vertrauensvoll Handelnde engagiert sich so, als ob es in der Zukunft nur bestimmte Möglichkeiten gäbe« (Luhmann 1989, S. 20). Umgekehrt schließt diese Handelnde durch Vertrauen, mit Blick auf eine komplexe und unkalkulierbare Zukunft, bestimmte (negative) Entwicklungsmöglichkeiten aus und fungiert somit als Mechanismus der Handlungssteuerung von der Gegenwart in eine ungewisse Zukunft.

»Einer vertraut dem anderen vorläufig, dass er unübersichtliche Lagen erfolgreich meistern wird, also Komplexität reduziert, und der andere hat auf Grund solchen Vertrauens größere Chancen, tatsächlich erfolgreich zu sein« (Luhmann 1989, S. 26). Dabei ist Vertrauen letztendlich immer unbegründbar und bleibt ein Wagnis. Ohne aber dieses Wagnis einzugehen, hat die Person keine Möglichkeiten, sich in Bewegung und Handlung zu bringen.

Für die Wanderin, die sich bereits im schwierigen Gelände befindet, bliebe nur die Möglichkeit, auf dem Felsen zu verharren, aber auch diese Variante könnte im schlimmsten Fall tödliche Folgen haben.

Der Mediationserfolg ist ohne die Entwicklung eines prinzipiellen Vertrauens der Beteiligten in den Prozess selbst, in die Mediatorin und in die Verhandlungspartnerin nicht denkbar. Doch wie ist es der Mediatorin möglich, diese Vertrauensebenen zu fördern und im Prozess zu etablieren? Entgegen des, zwischen den Klientinnen oft üblichen, kommunikativen Einsatzes einer Drohmacht »Wenn du das tust, dann musst du damit rechnen, dass ich …« geht es hier eher um ein starkes Signal von Sicherheit. Die Mediatorin macht ihr Vorgehen im Prozess in hohem Maße transparent. Sie erläutert die Schritte ihres Handelns in einer für die Klientinnen anschlussfähigen und nachvollziehbaren Weise. Sie strukturiert den Prozess in viel höherem Maße, als es vor dem Hintergrund geringerer Strittigkeit erforderlich wäre, was einmal mehr ein beraterisches Vorgehen entlang der Prozessstufen der Mediation in seiner besonderen Eignung betont. Auf diesem Weg entwickelt die Mediatorin ihr Handeln und den Prozess und lässt nur dort, wo sie es als sinnvoll erachtet, prozessuale Verhandlungsspielräume zu. Unter Umständen verhandelt sie die Dauer der Sitzungen oder Aspekte, die aus Sicht der Klientinnen in einen Arbeitskontrakt aufgenommen werden sollen. Auch ist es für den Prozess sinnvoll, zu verhandeln, wie und an welcher Stelle oder ob Anwältinnen überhaupt in den Prozess eingebunden werden.

Dabei ist es wichtig, dass die Mediatorin sich selbst an die von ihr gesetzten oder verhandelten Strukturen hält.

Insbesondere, solange bei den Klientinnen wenig Vertrauen in den Prozess herrscht, definiert sie diesen also sehr bestimmt. Sie trifft Entscheidungen über die Schritte im Prozess, die Gestaltung des Settings (z. B. darüber, wer im Raum wo sitzt), über Balance und Wechsel der Redeanteile und über seine kommunikativen Ab- und Rückversicherungen, wie z. B.: »Ist Ihnen das Vorgehen bis hierher verständlich?«; »Können Sie sich auf einen nächsten Schritt einlassen?«; »Für heute würde ich noch einen Schritt weitergehen, ist das für Sie in Ordnung?«.

Die Mediatorin als Seilführerin im schwierigen Gelände führt ihre Kundinnen am kurzen Seil, spurt die nächsten Schritte und entscheidet über die Route und das Tempo. Dabei hat sie die aktuellen Fähigkeiten und Möglichkeiten ihrer Klientinnen im Blick. Sie ist auch eine Trainerin, die zeigt, wie man den nächsten Schritt setzen kann, und ermutigt, ihn auch tatsächlich zu gehen. Mit ihrer Zuversicht und ihrem Zutrauen stellt die Mediatorin dem Misstrauen, der Verzweiflung und der Unsicherheit ihrer Klientinnen die Idee der Chance auf einen erfolgreichen Beratungsabschluss entgegen. Die Signale der Zuversicht sind gegenüber einem Klientinnensystem, das im Konflikt viele Entmutigungen erfahren hat, ein unverzichtbares Moment.

Der Abstieg über schwierige Passagen erfolgt langsam und bedacht und die Bergführerin erklärt, worauf es bei den nächsten Schritten ankommt, um sicher die Stelle durchsteigen zu können. »Jetzt ist es von Bedeutung, dass Sie ganz genau überlegen, welche Themen in Ihrem Alltag eine Rolle spielen, für die es neue Regelungen braucht.«

Die Mediatorin lenkt die Aufmerksamkeit immer wieder auf die Erfordernisse der Situation, um sie gut bewältigen zu können, auch sie ist langsam und bedacht und würdigt die kleinen Erfolge im Prozess. »Ich möchte Sie jetzt gerne noch einmal einladen, zu schauen, welche Themen für Sie außerdem von Bedeutung sind …«; »Heute ist es Ihnen gelungen, eine Reihe von Themen zu benennen, für die Sie Regelungen entwickeln wollen, und Sie haben sich auch schon darauf einigen können, mit welchem Thema Sie beginnen möchten.«. Dadurch machen die Klientinnen Ausnahmeerfahrungen zur sonst konfligierenden Kommunikation. Der Mediationsprozess selbst ist wie ein Trainingsprozess, in dem die Klientinnen sich darin üben, den Fokus auf das jeweils zu erarbeitende Thema zu lenken, sich mit ihren Themen und Interessen zu behaupten und sich selbst in kleinen Schritten in Bewegung zu versetzen.

Leitfragen zur Selbstreflexion

- Habe ich mich auf den Prozess vorbereitet und habe ich eine Idee vom Vorgehen im Prozess?
- Sorge ich meinen Klientinnen gegenüber für ein hohes Maß an Transparenz im prozessualen Vorgehen?
- Wie unterstütze ich eine vertrauensvolle Atmosphäre?
- Kann ich die Klientinnen dazu ermutigen, die nächsten Schritte zu tun?
- Wertschätze ich die kleinen Schritte und Erfolge des Klientinnensystems?

7.4 Neutralität

> »Engel können in diesem Sinne so locker beobachtet werden wie zum Beispiel die Liebe. Denn die Beobachtung erzeugt, was sie beobachtet.« (Fuchs 2004, S. 14)

Die Neutralität der Mediatorin gegenüber den Meinungen, Forderungen oder Lösungen der Klientinnen ist ein wesentliches Haltungsmoment in der Systemischen Beratung und Therapie (vgl. Palazzoli 2003, S. 121 f.). In der Arbeit mit Mehrpersonensystemen rückt dieses Moment umso mehr in den Vordergrund, da der Kampf um die eine richtige Konstruktion von Wirklichkeit immer dort auftritt, wo Menschen aufeinandertreffen. In der Mediation strittiger Eltern stehen die Wirklichkeitskonstruktionen auch im Zuge des Konflikts einander oft unvereinbar gegenüber und werden in ihrer Unterschiedlichkeit eher noch aneinander geschärft. Nicht selten werden Mediatorinnen aufgefordert, die eine oder andere Sichtweise parteilich mit zu vertreten: »Sehen Sie es nicht auch so, dass Kinder in dem Alter noch nicht ›Harry Potter‹ schauen sollten?« oder »Merken Sie nicht, dass meine Exfrau psychisch labil ist?« oder »Wie würden Sie es denn regeln, wenn Sie in der Situation wären?«.

Die starke Verunsicherung der Klientinnen ist in nachvollziehbarer Weise Anlass dafür, dass sie eine Bestätigung ihrer Sichtweise im Außen suchen. Mehr noch als in jeder anderen Beratung ist hier aber die absolute inhaltliche Abstinenz der Mediatorin gegenüber den Konstruktionen der Klientinnen gefragt.

Diese inhaltliche Neutralität beginnt mit der Erläuterung der eigenen Rolle am Anfang der Mediation und zieht sich als Haltung durch all ihre Phasen. Die ausgeprägt achtsame Zurückhaltung der Mediatorin gegenüber der Einladung einer inhaltlichen Positionierung mag auf Klientinnen wie kühle Distanziertheit wirken, kann aber auch immer wieder von der Mediatorin freundlich erläutert werden: »Sie wissen ja, dass ich mich zu Ihren Themen inhaltlich nicht äußere, andernfalls würde die Gefahr bestehen, dass Sie mich als parteilich mit nur einer Seite verstehen würden.«

Die Mediatorin unterstützt zwar die Klientinnen darin, eine beidseitig getragene und passende Regelung für ihre gemeinsamen Kinder und sich selbst zu entwickeln, ohne dabei aber selbst eine Idee von einer »guten« Regelung mitzuführen. Sie äußert sich nicht zu den Einstellungen, Meinungen, Forderungen oder Angeboten der Klientinnen, wohl aber prozessual. Ist sie aufgrund ihrer Erfahrungen skeptisch, ob die vom Klientinnensystem entwickelten Lösungen auch tragfähig sind, kann sie die Klientinnen darum bitten, sie auf ihre Umsetzbarkeit hin zu prüfen, oder ihnen eine Zeit zur Erprobung der Vereinbarungen vorschlagen. Dann aber spricht sie beide Parteien gemeinsam an, verdeutlicht mögliche Varianten im Prozess und überlässt die Entscheidung über die Wahl der Variante wieder den Klientinnen.

Eine Besonderheit in der Mediation hochstrittiger Elternsysteme stellen auch wiederkehrende Einwände dar, in denen die Vorbedingung der Mediation zum Thema gemacht wird, etwa weil eine Seite betont, dass die andere das Kindeswohl gefährde oder weil eine Person die gemeinsame Arbeit in der Mediation als zu belastend empfindet. Die Neutralität als Mediatorin bedeutet dann, auch gegenüber einer möglichen Beendigung neutral eingestellt zu sein und lediglich das Thema der Fortführung oder Beendigung und ggf. auch der Alternativen zur Mediation als vorrangiges Thema zu behandeln, um wieder eine Basis für die Zusammenarbeit im Prozess zu definieren. Die Zweifel und wiederholten Entscheidungen für eine Mediation bedrohen nicht die Mediatorin und gehören insbesondere in den ersten Sitzungen zum Prozess. Mit Sätzen wie »Prüfen Sie doch einmal gut, ob Sie die Mediation zu dieser Zeit für sich nutzen können oder ob ein anderes Vorgehen Ihnen passender erscheint?« bringt die Mediatorin die Klientinnen in die Position, noch einmal zu klären, ob sie sich entscheiden können, ihre Verantwortung für die Mitarbeit zu übernehmen.

In einigen Fallkonstellationen und daran geknüpfte Situationen kann es auch dazu kommen, dass die Mediatorin feststellt, dass sie gegenüber den Inhalten und Personen ihre Neutralität nicht halten kann. Dann bleibt es ihre Verantwortung, zu prüfen, ob es ihr entweder möglich ist, ihre Neutralität wiederherzustellen, oder ob es sinnvoll wäre, die Mediation von ihrer Seite aus zu beenden. Dabei ist es wichtig, das eigene Problem nicht zum Problem des Klientinnensystems werden zu lassen. »Es ist besser, sich über eine schwierige Stelle helfen zu lassen oder die Tour abzubrechen, als eine Notlage zu verursachen« (The Mountaineers 2018, S. 516).

Leitfragen zur Selbstreflexion

- Kann ich den Einladungen zur einseitigen Parteinahme neutral begegnen?
- Fühle ich mich durch die aufkommende Frage zur Fortsetzung der Mediation angegriffen?
- Kann ich offen das Thema Fortsetzung versus Beendigung thematisieren?
- Gibt es Themen, die ich als Person nicht neutral mediieren kann?
- Wie gestalte ich die Beendigung der Mediation von meiner Seite ausgehend, ohne dem Klientinnensystem zu schaden?

7.5 Balance und Fairness

> »Prinzipien wie Gerechtigkeit, Hilfsbereitschaft und Fairness müssen uns nicht beigebracht werden, sie stecken in uns. Wie ein Naturgesetz.« (Messner 2014, S. 31)

Es mag sich selbstverständlich anhören, dass sich eine Mediatorin, sobald mehrere Personen ihre Mediation aufsuchen, allen Beteiligten in gleichem Maße zuwendet. *Dabei ist dies mitunter eine Gratwanderung oder ein Balanceakt in luftiger Höhe auf ausgesetzten Pfaden.* Eine Balance in der Berücksichtigung beider Klientinnen herzustellen, ist umso wichtiger, je weniger Vertrauen die Klientinnen in den Prozess der Mediation haben.

Die Mediatorin kann ihr Bemühen um eine gute Balance an mehreren Punkten im Prozess sichtbar verankern. Wieder beginnt die Haltung einer mit allen Prozessbeteiligten gleichermaßen ausgeprägten Parteilichkeit in der Rahmung, beispielsweise im Erstgespräch: »Mir ist wichtig, die Anliegen von Ihnen beiden gleichermaßen gut im Blick zu haben, und ich erlaube mir, die Gespräche danach zu steuern. Sind Sie damit einverstanden?« Die Steuerung der Redeanteile durch die Mediatorin ist bei sehr strittigen Klientinnen ein wichtiges Mittel der Prozessgestaltung. Abwechselnd werden die Klientinnen von ihr eingeladen, auf konkretisierte Fragestellungen zu antworten. Insbesondere in der Anfangsphase ist es gut möglich, nach jeder Frage einen Wechsel vorzunehmen. Schnelle Wechsel entsprechen einer Dynamik, die auf Misstrauen fußt, da ein längeres Zuhören der »Gegenpartei« für die Klientinnen oft kaum aushaltbar ist. Mit steigendem Vertrauen und der Erkenntnis, dass jede Person gleichermaßen zu Wort kommt, können auch längere Redeanteile den Prozess begünstigen. Bis dahin allerdings verantwortet die Mediatorin zügige Wechsel, sowohl in der Erteilung des Wortes als auch im Wechsel des Blickkontakts. Zudem verschriftlicht sie alternierend die erarbeiteten Ergebnisse beider Parteien. Dabei ist es möglich, dass dieser Wechsel der Zuwendung durch das unterschiedliche Auftreten der Klientinnen erschwert wird: Während beispielsweise die eine Person zur Mitwirkung ermutigt werden muss, geht es in der Ermutigung der anderen Person darum, den Redeanteil auf wesentliche Aussagen zu konzentrieren.

Die Kunst der Mediatorin liegt nun darin, trotz aller Unterschiede der kommunikativen Mittel der Klientinnen, stabil in der Verantwortung für eine gleichverteilte Aufmerksamkeit zu bleiben. Je nach Persönlichkeit der Mediatorin besteht die Gefahr, dass sie entweder derjenigen Person mehr Aufmerksamkeit widmet, deren Verhalten und Aussagen sie weniger versteht, oder genau umgekehrt sich derjenigen Person häufiger zuwendet, deren Beiträge sie besser einordnen und verstehen kann. Daher ist es für die Mediatorin wichtig, ihre

Haltung hierzu im und nach dem Prozess zu reflektieren, um die Balance im nächsten Schritt wiederherstellen zu können. Fallsupervisionen, Videoanalysen und Rollenspiele stellen geeignete Mittel dar, das Vorgehen im Hinblick auf die Frage »Wie gestalte ich eine gute Balance im Prozess?« zu reflektieren. Dabei stellt sich zudem die Frage, wie sich die innere Balance der Mediatorin in ihrer körperlichen Haltung widerspiegelt. Diez, Krabbe und Thomsen (2005, S. 183) betonen, dass Klientinnen seismografisch genau die Haltung der Mediatorin mit Blick auf ihre Ausgewogenheit registrieren würden. Das balancierte Handeln der Mediatorin unterstützt die Selbstbehauptung der Klientinnen, indem beiden Personen ein wichtiger Platz zukommt, der es ihnen ermöglicht, sich auszudrücken.

Leitfragen zur Selbstreflexion

- Wie gestalte ich die Balance im Prozess?
- Wie lange kommt jede Klientin zu Wort?
- Was kann ich tun, um Redeanteile wertschätzend zu begrenzen?
- Welche Mittel nutze ich zur Aufrechterhaltung und Wiedererlangung meiner inneren Balance in der Beziehung zu den Klientinnen?

7.6 Respekt und Würdigung

> »Als er nach unten in den Hang schaute, den sie gerade hinter sich gelassen hatten, fragte er sich, wie er es je wieder da runterschaffen sollte.« (Glavinic 2013, S. 481)

Der Konflikt, die Trennungserlebnisse und -folgen und die damit einhergehenden psychischen Belastungen der Klientinnen werden oftmals noch dadurch erhöht, dass auch andere Personen und manchmal auch Helferinnensysteme auf das kommunikative Verhalten mit Ablehnung, Sanktionierung oder Moral reagieren. Auf diese Weise steigen jene Personen in den Konflikt ein und verstärken Konfliktparteien. Die Eltern erleben dann auch in Kontexten von Kindergärten, Schulen, Arztpraxen oder im Gericht ein Klima von Konflikten. »Wie man in den Wald hineinruft, so schallt es heraus«, lautet das Sprichwort. Die Eltern müssen mitunter nicht einmal besonders laut rufen, damit sie eine Einmischung in ihre Belange oder Missachtung ihrer Person ernten. In der Systemischen Beratung ist der Respekt gegenüber der anderen Person ein wesentliches Haltungsmoment (vgl. Schlippe/Schweitzer 2003, S. 122). Es gilt hier ein positives Menschenbild, das aussagt, dass jeder Mensch auf seine Art liebenswert ist, auch wenn sein Verhalten vielleicht provozierend wirkt.

Für die Mediatorin geht es darum, konstant in der Wertschätzung und im Respekt gegenüber der Person des anderen zu bleiben und das auch dann, wenn ihr selbst mit Missachtung oder Respektlosigkeit begegnet wird. Während Beraterinnen in anderen Kontexten womöglich die Würdigung ihrer Person durch die Klientinnen nicht infrage gestellt sehen, ist hier ihre Fähigkeit, sich nicht als Person angegriffen zu fühlen, gefordert. »Sei bescheiden«, formuliert Kurt Ludewig in Verbindung mit der Leitfrage »Sehe ich mich als Ursache?« und hebt darauf ab, dass die Beraterin (bzw. hier Therapeutin) weder die Ursache noch die Lösung des Problems darstellt, sondern als »intervenierende Dialogpartnerin« versucht, den Klientinnen in ihren Anliegen behilflich zu sein (Ludewig 1997, S. 130 f.).

Das bedeutet nicht, dass die Mediatorin jedes Verhalten der Klientinnen ihr gegenüber toleriert. Auch sie hat die Wahl, Grenzen zu ziehen, um ihre Integrität zu wahren. Diese sollten gut reflektiert sein und klar definiert werden. »Mir ist wichtig, dass wir während der gemeinsamen Arbeit alle sitzen. Können Sie sich darauf einlassen?« Die Fähigkeit der Mediatorin besteht darin, hinter dem bedrohten Menschen den Menschen mit den Möglichkeiten zu sehen und diese Seiten zu ermutigen. Auch dadurch entsteht in der Mediation ein Klima wechselseitigen Respekts. Umgekehrt darf sie aber nicht auf den Respekt und die Würdigung durch das Klientinnensystem angewiesen sein. Hier wäre die Frage, welche Quellen der menschlichen Anerkennung und des respektvollen Umgangs der Mediatorin andernorts zur Verfügung stehen. Aber auch, wofür sie sich ihrer Arbeit gegenüber selbst Respekt zollen kann.

Die Frage Kurt Ludewigs »Stehe ich zu meinen Möglichkeiten?« (2009, S. 108) wird umso wesentlicher, mit je mehr Strittigkeit die Mediatorin konfrontiert wird. Sie wird zur Beobachterin von Konflikten und als Konfliktpartei angefragt, was mitunter wenig sichtbaren Raum für ihre konstruktiven Aufwendungen und Fähigkeiten im Prozess schafft. Eine Abhängigkeit von anerkennenden Worten ihrer Klientinnen würde die Mediatorin in Schwierigkeiten bringen.

Die Formen eines respektvollen Umgangs unterliegen weiteren Gefahren. Eine Gefahrenquelle liegt in der Anwendung von Moral als kommunikatives Mittel. Peter Fuchs (2010) beschreibt das Schema der Moral als ein auf die Differenz von Achtung und Missachtung reduziertes Schema. »Moral kreist um die Frage […] wie und wann man Menschen mit Achtung oder Missachtung überzieht« (Fuchs 2010, S. 17). Greift die Mediatorin bestimmte Werte voller Achtung auf, versieht sie gleichsam anderes Verhalten mit einer Haltung von Missachtung: »Es wäre gut, Sie würden jetzt noch einmal in ruhigem Ton Ihre Themen benennen.« Mit einem solchen Schema wird die Optionalität radikal auf die fungierende Unterscheidung von »ruhig = gut versus laut = schlecht« eingeschränkt. Die Funktion der Moral, so Fuchs, sei die Tilgung von Komplexität und damit die Vereinfachung auf ein Schema, das keine weiter gefassten Anschlüsse zulässt. »Wer Achtung einsetzt [sic!] muss deswegen anderes und andere missachten. Er provoziert Feindschaft, Abwehr im selben Maße, wie er sich sicher sein kann, dass er Leute finden kann, die ihn selbst dann achten, wenn er tut, was er tut« (Fuchs 2010, S. 9). Wenn das verständliche Bedürfnis der Mediatorin nach mehr Ruhe im Prozess besteht, wäre es ihre Aufgabe, zu klären, wie sie ihr individuelles Bedürfnis auch als ein solches markiert und nicht in ein generalisierendes Schema von Moral bringt. Respekt gegenüber den Klientinnen würde hier bedeuten, dass sie sich, so weit wie möglich, vom Einsatz des Schemas der Moral distanziert.

Cecchin, Lane und Ray (vgl. Schlippe/Schweitzer 2003, S. 122 f. und Cecchin/Lane/Ray 1993) befürworten für die systemische Arbeit im Kontext von Therapie eine Haltung der Respektlosigkeit gegenüber den Wirklichkeitskonstruktionen der Klientinnen. Gemeint ist, dass die Ideen des radikalen Konstruktivismus auch auf die Arbeit mit Klientinnen übertragen werden können. Starre Wirklichkeitskonstruktionen, lähmende Gewissheiten sowie dogmatische Äußerungen dürfen von der Therapeutin angezweifelt, hinterfragt und irritiert werden. Auch für die Mediatorin drückt sich der Respekt darüber aus, dass sie flexibel, fragend, neugierig und offen auf die Ideen des Klientinnensystems reagiert, damit neue Sichtweisen und Optionen im Prozess gefördert werden. Wie irritierend sie dabei agiert, unterliegt ihrer Einschätzung, welches Maß an konstruktiver Irritation (z. B. in Form von Humor) die Klientinnen zu dieser Zeit einordnen und nutzen können.

Leitfragen zur Selbstreflexion

- Ist es mir möglich, die Klientinnen als (liebenswerten) Menschen hinter dem Konflikt wahrzunehmen und zu würdigen?
- Wie drücke ich meinen Respekt und meine Würdigung aus?
- Welche Grenzen im Umgang mit mir müssen auch die Klientinnen kennen und wahren, damit wir konstruktiv zusammenarbeiten können?
- Welche Quellen der Würdigung und Anerkennung stehen mir zur Verfügung?
- Respektiere und würdige ich mein Können als Mediatorin?
- Bin ich flexibel und neugierig im Hinblick auf die Wirklichkeitskonstruktionen der Klientinnen?
- Handele ich angemessen irritierend oder überfordere ich die Klientinnen mit meiner Art der fragenden Intervention?

7.7 Geduld und Gelassenheit

> »Zu einer Gruppe mit Anfängern oder auch erfahrenen Leuten, die noch nie das von der Route geforderte Niveau gegangen sind, müssen auch erfahrene Bergsteiger gehören, die bereit und in der Lage sind, Seilführer und Trainer zu sein. Die Tour wird mit ziemlicher Sicherheit länger dauern, die Erfolgschancen geringer sein.« (The Mountaineers 2018, S. 511)

Nicht selten kommen die Klientinnen in größtem Aufruhr und mit dem dringenden Bedürfnis, die Dinge schnell regeln zu wollen, in die Mediation. Die Gründe für die Eile sind wichtige Entscheidungen, die die Klientinnen aufgrund der Konflikte schon länger nicht mehr kooperativ treffen konnten. Fragen wie folgende bleiben lange unbeantwortet: »Auf welche Schule soll unser Kind gehen?«; »Soll unser Kind therapeutische Hilfe in Anspruch nehmen?«; »Wo soll unser Kind leben?«; »Wann sieht es seine Eltern?«; »Wann sieht es seine Großeltern?«. Im Falle hocheskalierender Elternsysteme spielt der Umgang mit Zeit insofern eine Rolle, als dass die Eltern oft schon über einen langen Zeitraum hinweg miteinander streiten und dabei ebenso lang zu keinen konstruktiven Lösungen kamen. Manchmal löst die Zeit Fragestellungen auf, weil eine der beiden unter Druck eine schnelle Entscheidung trifft oder weil Termine verstreichen oder weil Dritte (z. B. Richterinnen) Entscheidungen treffen.

Meist erzeugen diese Erfahrungen ein großes Misstrauen in die Option, gemeinsam Vereinbarungen treffen zu können. Daher ist es nicht verwunderlich, dass auch die Mediatorin von den Klientinnen nicht selten zunächst als Entscheiderin angefragt wird. Der Weg der gemeinsamen Entscheidungsentwicklung ist jedoch keiner, der eilig beschritten werden kann. Das Vertrauen, passende Lösungen entwickeln zu können, braucht Zeit und fordert die Geduld aller Beteiligten. »›Ruhig Blut‹ bewahren ist essenziell, um sich derartige Begehungen vorstellen zu können«, schreibt Yannick Graziani (Messner 2018, S. 154) über extreme Bergbesteigungen. Auch der hier angestrebte Abstieg aus den Höhen des Konflikts kann nicht in Eile geschehen. Während es einerseits gilt, den Druck und die Bedürfnisse der Klientinnen nach schnellen Ergebnissen anzuerkennen, kann es für die Mediatorin andererseits nicht darum gehen, das von den Klientinnen angebotene Tempo aufzunehmen. Der Abstand zum Konflikt ermöglicht ihr zu klären, welches Thema mit dem größten Druck aufgeladen ist, um dieses vorzugsweise anfänglich in den Blick zu nehmen oder um unter Umständen eine kleine, vorläufige Regelung innerhalb eines Themas zu erarbeiten. Gemeint sind Themen, die die Klientinnen zeitlich drängen, etwa weil zu klären wäre, auf welche Schule das gemeinsame Kind nach der Trennung nun gehen soll, während der Schulstart in der Folgewoche liegt oder weil aus Gründen einer übereilten Trennung ein Elternteil aktuell keinen Kontakt zu den Kindern hat und sich nur schlecht auf einen längeren Prozess einlassen kann, wenn es nicht eine »kleine Vereinbarung« gibt, die ein nächstes Treffen festlegt. Der Druck der Eltern kann als Sortierhilfe dienlich sein, sollte die Mediatorin aber nicht zur Eile aufrufen.

Man stelle sich vor, dass eine Seilschaft bei drohendem Umschwung des Wetters hastig den Berg hinabläuft. Die Absturzgefahr wäre immens groß und es wäre besser, in konzentrierter Weise die sicherste Route zu wählen.

Die Mediatorin benötigt an dieser Stelle die Unabhängigkeit vom Tempo der Klientinnen und ein Wissen darum, dass eine gute Fokussierung, eine hohe Genauigkeit sowie Flexibilität in der Prozessgestaltung hilfreicher als Schnelligkeit sind. Die Schwierigkeit des Klientinnensystems besteht darin, dass es gerne schnell vieles geregelt wüsste, aber zunächst nur im geringen Maße in der Lage ist, Vereinbarungen zu treffen. Kleine Schritte, kleine Vereinbarungen und manchmal auch vorläufige Regelungen können zu dieser Zeit das Ziel der Mediation sein.

In 7000 Metern Höhe wird das Schritttempo natürlicherweise ein viel langsameres sein als am Fuße eines Berges. Die Mediatorin würdigt hier die kleinen Schritte und die ersten Erfolge: »Heute haben Sie es geschafft, für Ihr Thema eine erste Vereinbarung zu entwickeln, was gar nicht so leicht für Sie war.«

Für die Seilschaft ist es besser, in eine Schutzhütte einzukehren, als dem Drängen einzelner Kundinnen zu folgen und schnell weiter abzusteigen.

Die Schere zwischen den Wünschen oder Forderungen gegenüber der Mediatorin und den eigenen Ressourcen, die diesen entsprechen würden, geht mitunter weit auseinander. Hier braucht es die Geduld und warmherzige Nachsicht der Mediatorin, die Klientinnen darin zu begleiten, sich in den Prozess einzufinden und eine Idee von dem für sie machbaren Tempo zu entwickeln.

Umgekehrt kann es für manche Mediatorinnen auch darum gehen, nicht mehr zu wollen und zu verantworten als das, wozu sich die Klientinnen bereit erklären. Für Bergführerinnen gilt nach Messner: »Den Bergtouren und Expeditionen, die man unternehmen möchte, sollte man durch Erfahrungen und Training nicht nur gewachsen, sondern überlegen sein« (Messner 2018, S. 33).

Die Mediatorin ist durch ihre persönlichen Stärken und ihre professionelle Entwicklung und Erfahrung gut ausgestattet. Zudem sind die Konflikte, in denen sich die Klientinnen verfangen sehen, nicht ihre Konflikte. Ihre Aufgabe ist es, in diesem Kontext genau zu beobachten, welches Voranschreiten im Prozess für die Klientinnen angemessen ist und wo sich Grenzen abzeichnen.

Auch wenn die Frage nach der Verantwortungsverteilung zwischen Mediatorin und Klientinnensystem schon in der Anfangsphase der Mediation geklärt wird, bleibt sie im Prozess als geheime, untergründige Frage oft lange offen. Die Mediatorin kann den Klientinnen an vielen Stellen prozessuale und menschliche Sicherheit bieten, das Wagnis der Bewegung müssen sie allerdings selbst eingehen. Manchmal ist diese Grundidee von Beratung und Mediation nach Kurt Ludewig (vgl. Ludewig 2009, S. 114 f.) – »Helfen Sie uns, unsere Möglichkeiten zu nutzen« – im Sinne eines Hilfegesuchs der Klientinnen zu anspruchsvoll. Eine Dritte, die nicht die Mediatorin sein kann, soll dann für die Klientinnen Entscheidungen verantworten. Wenn sich also die Klientinnen entscheiden, ihre Themen beispielsweise gerichtlich klären zu lassen, kann es im hier vertretenen Mediationsverständnis passend sein, dass die Mediatorin signalisiert, dass ihre Tür den Klientinnen zu einem späteren Zeitpunkt weiterhin offensteht: »Heute haben Sie sich entschieden, die Mediation zu beenden und das gerichtliche Verfahren fortzusetzen. Gerne können Sie mich wieder aufsuchen, wenn es im weiteren Verlauf doch noch Themen gibt, die Sie außergerichtlich in Ihrem Sinne klären wollen.«

Wenn die Mediation scheitert, dann scheitert nur diese und nicht das Klientinnensystem oder die Mediatorin. Für die Klientinnen stellt sich heraus, dass die Mediation für sie zu diesem Zeitpunkt nicht das geeignete Mittel ist oder vielleicht auch, dass die Mediatorin nicht zu ihnen passt.

Für die Mediatorin im Kontext von hocheskalierenden Elternsystemen wird eine ressourcenorientierte Sicht elementar wichtig sein. Sollte sie ihr Handeln allein über den Erfolg der Mediation definieren, würde sie häufig scheitern. Auch die vorzeitige Beendigung eines Prozesses kann ein gutes Ergebnis sein. Folgende Leitfragen können die Selbstreflexion der Mediatorin anregen:

Leitfragen zur Selbstreflexion

- Welches Tempo bin ich in der Arbeit (und in der Lebensführung) von mir selbst gewohnt?
- Wie reagiere ich auf die »Eile« meiner Klientinnen?
- Welche Bedeutung (z. B. Not oder Provokation) gebe ich dem beschleunigten Verhalten meiner Klientinnen?
- Welche Ressourcen habe ich, um mein Tempo unabhängig von den Klientinnen zu definieren?
- Welche Möglichkeiten habe ich im Prozess, das Tempo angemessen zu regulieren?

7.8 Lockerung, Pausen und Humor

> »Nichts hebt uns so hoch über uns selbst hinaus wie der Humor!« (Lukas 2019, S. 165)

In diesen Prozessen gibt es Momente der absoluten Konzentration, der Überwindung und Verausgabung. Die Anstrengungen aller Beteiligten zu würdigen, heißt auch Pausenzeiten zu beachten. Die eigene Anstrengung als Mediatorin steht sicherlich in Korrespondenz zu den Mühen der Klientinnen, streift aber meist nur am Rande deren weitaus stärkere, emotionale und körperliche Aufwendungen. Daher ist die Beobachtung der Klientinnen ein bedeutsames Mittel zur Regulierung des Prozesses. Durchatmen zu können, kurz zu verweilen, sich zu lockern, einen Schluck Wasser zu trinken und erst dann wieder den roten Faden der Mediation aufzugreifen, zählt zu den versorgenden Maßnahmen, die sicher in jedem Beratungssetting als selbstverständlich gelten, hier aber noch einmal besonders wichtig sind, weil die Belastungen oft außerordentlich hoch ausfallen. *Mediation gleicht einer anspruchsvollen Aktivität im Hochgebirge, einem Abstieg, der die Nerven und den Körper fordert.* Die Mediatorin versucht die möglichen Pausen und Ruhemomente zu erkennen, lädt zum Durchatmen ein, schenkt Wasser nach und erfragt, ob es längere Phasen der Regeneration benötigt, bevor die nächsten Schritte unternommen werden.

Wie in dem vorliegenden Konzept immer mitgedacht, ist in der Arbeit der Mediatorin deren Selbstfürsorge gleichermaßen von Bedeutung. Sie braucht Ideen und Selbstkenntnis darüber, welche Momente, Handlungen oder Gedanken ihr einen körperlichen und kognitiven Ausgleich zur Spannung im Prozess ermöglichen.

Die schönste Form der Entspannung ist das gemeinsame Lachen, nicht über die Menschen, sondern über Situationen oder Stolpersteine. Doch natürlich ist in diesem Zusammenhang größte Vorsicht geboten: zum einen, weil ein erleichterndes Lachen der Mediatorin und nur einer Klientin die prozessuale Balance gefährden würde und zum anderen, weil Klientinnen, die in keinem stabilen Kontakt zur Mediatorin, zu sich selbst und zur anderen Klientin stehen, dafür empfänglich sind, Humor als Angriff auf die eigene Person zu verstehen. Menschen im Kontext starker Konflikte sind vulnerabel und so kann ein als humorige Lockerung verstandener Einwurf schnell als Beschämung aufgenommen werden. Aber es kann vielleicht gemeinsam gelacht werden, wenn die Mediatorin ihre kleinen Stolpersteine zum Anlass der Lockerung macht oder dort miteinsteigt, wo die Klientinnen bereits gemeinsam über etwas lachen. Charlotte Cordes schreibt im Rahmen der Provokativen Systemarbeit, dass »der gute Draht« zur Klientin Grundlage beraterischer Interventionsformen sei, der es erlaube, hilfreiche Formen der humorvollen Provokation einzubauen. »Dabei sollte der Klient immer etwas mehr lachen als der Berater« (Cordes 2017, S. 34). Im Kontext des vorliegenden Mediationssettings ist es nunmehr wichtig, dass es beide Klientinnen zur gleichen Zeit sind, die sich amüsieren, da darin Zuversicht und Entlastung als Kraftquellen liegen.

Leitfragen zur Selbstreflexion

- Welche Signale der Ermüdung der Klientinnen gilt es zu berücksichtigen?
- Welche Formen der Auszeit biete ich an?
- Wie gestaltet sich der Prozess im Verhältnis von Anspannung und Entspannung?
- Welche Momente des Humors darf es mit den Klientinnen zu dieser Zeit geben oder auch noch nicht?
- Welche Formen des körperlichen und psychischen Ausgleichs im Prozess der Mediation schaffe ich mir als Mediatorin?
- Welche Formen des körperlichen und psychischen Ausgleichs schaffe ich mir als Mediatorin in Bezug auf meinen Beruf im Allgemeinen?

8 Der Prozess der Mediation

Je strittiger das Elternsystem ist, desto schwerer wiegt die Frage, ob sich die Klientinnen auf den Prozess der Mediation einlassen können und ob sie den Mut aufbringen, der gewohnten Konfliktdynamik entgegen, die Fäden einer Veränderungs-, Lösungs- und Verhandlungskommunikation aufzunehmen. Wenngleich gängige Stufenmodelle der Mediation den Klientinnen eine Struktur anbieten, die Sicherheit vermittelt und ihnen ermöglicht, sich im Prozess zu orientieren, bleibt die Führung des emotionalen Prozesses die Herausforderung für die Mediatorinnen. Im besten Fall gelingt es, dass nicht das Mediationssystem dem Prozess folgt, sondern der Prozess dem Bedarf des Mediationssystems. Diese Herangehensweise setzt eine hohe Flexibilität und prozessuale Anpassungsfähigkeit der Mediatorin voraus. Die situativen Bedürfnisse der Klientinnen leiten ihr Handeln zwar nicht, finden aber in ihren Überlegungen zur Prozessgestaltung Berücksichtigung.

In der ersten Phase lernen die Klientinnen die Mediatorin in ihrer Art der Prozessgestaltung, in ihrem Verhalten und in allen Aspekten der bereits explizierten Haltung kennen. Von Beginn an geht es für die Mediatorin im Prozess darum, beispielsweise die Balance zwischen den Parteien im Sinne einer Erzeugung von Allparteilichkeit sehr genau im Blick zu behalten. In dieser ersten Phase der Mediation sind die Verunsicherungen der Klientinnen meist am größten. Das zwar verunsichernde, aber auch vertraute Konfliktfeld zu verlassen und sich auf einen unbekannten und herausfordernden Weg einzulassen, erfordert vertrauensbildende Sicherungsmaßnahmen in der Haltung und Prozessgestaltung. Und im Weiteren eine enge prozessuale »Seilführung« in Form einer Etablierung kurzer, strikt wechselnder Redeanteile der Beteiligten und überschaubarer Verhandlungsgegenstände. Dazu passt, dass in der Vorphase einige Einzelaspekte zu berücksichtigen und zum Teil zu verhandeln sind (wie z. B. die Festlegung des Folgetermins etc.).

Während in den meisten Mediationsprozessen bereits nach einem Erstgespräch oder mit einer Arbeitskontraktion (Mediationsvertrag) die Entscheidung der Klientinnen für diese Art der Unterstützung verbindlich steht, bleibt im Falle eines massiven Konfliktgeschehens der Punkt eines verbindlichen Einlassens beider Klientinnen auf den Prozess oft lange virulent. Diesbezüglich kann bereits die Flexibilität der Mediatorin gefordert sein, den Prozess daran zu orientieren, ob sie annimmt, dass sich die Eltern bereits auf eine nächste Stufe im Prozess einlassen können, oder ob es zielführend sein kann, weitere Methoden einzubeziehen, zurück in eine andere Stufe des Prozesses zu gehen oder gar den Prozess zu unterbrechen.

Doch bevor mögliche Varianten dargelegt werden, soll nun zunächst ein üblicher Ablauf in sieben Phasen in der hier explizierten spezifischen Anpassung an das Feld der Arbeit mit hochkonfligierenden Elternsystemen dargelegt werden:

Stufen der Mediation

1. Vorlaufphase
2. Themensammlung
3. Bedürfnisse/Interessen
4. Optionen
5. Angebotsverhandlung
6. Vereinbarung
7. Bilanzierung

Während in der gängigen Literatur der Prozess der Mediation meist in fünf Stufen aufeinanderfolgend verfasst wird, kommen in dem hier vorgeschlagenen Modell zwei weitere Phasen hinzu. In der fünften und sechsten Phase wird in diesem Fall das Verhandlungsgeschehen von der Entwicklung einer Vereinbarung differenziert, wie es beispielsweise auch bei Krabbe, Diez und Thomsen (2005) zu finden ist. Zudem wird die Bilanzierung als eigene Phase angehängt, da im Falle hochkonfligierender Elternsysteme Mediation zwar nicht als infiniter Prozess verstanden wird, jedoch die Absicherung und Anpassung der Verhandlungsergebnisse wesentliche Prozessbestandteile darstellen, die sich als eigene Phase über längere Zeiträume erstrecken können.

Prozessübergreifend kann formuliert werden, dass in jeder Phase die Flexibilität besteht, Ergänzungen vorzunehmen, die in andere Stufen des Prozesses zurückführen. Konkret könnte das bedeuten, dass zu einem späteren Zeitpunkt Themen ergänzt, Bedürfnisse vervollständigt oder Optionen hinzugefügt werden.

Für den Ablauf der Stufen der Mediation gibt es mehrere Varianten. Insbesondere zugunsten der Reduktion einer prozessualen Komplexität wird hier ein Vorgehen favorisiert, nicht allerdings im Sinne eines einzig viablen Weges:

Während die erste und zweite Stufe notwendig aufeinanderfolgen, wird ab der dritten Stufe der Bedürfnisse und Interessen vorgeschlagen, diese erst einmal für das erste der vereinbarten Themen herauszuarbeiten, um dann auch gemäß der vierten Stufe »Optionen« und der fünften Stufe »Angebotsverhandlung« deren Prozesse zu durchlaufen, um zuletzt eine Vorvereinbarung für dieses eine Thema zu verabschieden. Und erst dann wird der Prozess mit dem zweiten Thema bis zur Vorvereinbarung durchlaufen, dann mit dem dritten Thema und so weiter. Am Ende steht eine mehrteilige Vorvereinbarung, die in eine Abschlussvereinbarung final überführt wird. Diese Variante macht es möglich, dass der Prozess sich zu einer bestimmten Zeit auf nur ein Thema konzentrieren kann. Die Erarbeitung der zweiten und dritten Themen läuft in der Regel einfacher und die Stufe der Bedürfnisse muss mitunter kaum neu erarbeitet, sondern lediglich ergänzt werden. Zudem zeigt die Praxis, dass nicht alle Themen bis zum Schluss virulent bleiben, weil einige unter anderen Überschriften zuvor mitverhandelt werden.

8.1 Die Vorlaufphase

Zugangswege und Kontaktaufnahme

Freiwilligkeit am seidenen Faden …

Gleichwohl Mediation als Angebot auf dem Prinzip der Freiwilligkeit fußt und daher jede Form von Zwang der Klientinnen ausgeschlossen sein sollte, ist insbesondere bei einer erhöhten Strittigkeit die Frage zulässig, wie frei die Menschen im Kontext starker Konflikte und im Hinblick auf ihre Entscheidungen eigentlich sind oder sein können?

Manchmal ist auch die Kontaktaufnahme zu einer Mediatorin weniger das Ergebnis einer freien Entscheidung als mehr ein nächster strategischer Schritt im Konfliktgeschehen. Dann etwa, wenn eine vertretende Anwältin dazu rät, eine Mediation aufzusuchen, um im weiteren gerichtlichen Verfahren signalisiert zu haben, alles zur Konfliktbeilegung Erdenkliche unternommen zu haben, oder auch im Falle gerichtlich angeordneter oder empfohlener Mediationsverfahren. Ein anderes Motiv entsteht da, wo die starken Konflikte des Elternsystems Mediation als weitere Variante der Steigerung im Konflikt sehen und die Mediation als ein neues Konfliktsystem dienen soll – auch in diesem Fall ist die Freiwilligkeit und Bereitschaft zur konstruktiven Erarbeitung von Lösungen zu Beginn wenig vorhanden. Lediglich der Zwang, dass eine Klientin keinen anderen Ausweg aus einer sehr schwierigen Lage sieht, macht sie noch nicht zur freiwilligen Kundin.

Zu Beginn der Mediation hat die Mediatorin es in diesem Kontext demnach oftmals mit vom Konflikt »Geschickten« und manchmal mit »Besucherinnen« zu tun, selten aber mit jenen, die frei und willig sind, den Prozess der Mediation für sich nutzen zu wollen. Die Freiwilligkeit hängt, vielleicht anders als erste Erwartungen es vermuten lassen, am seidenen Faden. Das Wissen um diese Ausgangslage erklärt, dass es hilfreich ist, das Maß der Freiwilligkeit zum Gesprächsgegenstand in den Telefonaten, ersten persönlichen (Einzel-) Gesprächen oder schriftlichen Anfragen der Vorlaufphase offen zu thematisieren, um als Mediatorin im Bilde zu sein. Dieses Vorgehen ermöglicht ihr, auf der Basis ihrer ersten Einschätzung, ihr Handeln angemessen herausfordernd und gleichsam hinreichend stabilisierend zu entwickeln. Wer als unfreiwillige Klientin dennoch einem Versuch zur Mediation zustimmt, wird weniger stark belastbar sein und im Prozess weniger gut fortschreiten können. Hier gilt es, Freiwilligkeit mehr als angestrebtes Ziel denn als Ausgangslage der Mediation aufzufassen.

Konstruktive und erkundende Fragen zum Einstieg der Klärung des Grades der Freiwilligkeit könnten lauten:

- »Wer hatte die Idee, eine Mediation aufzusuchen?«
- »Wer würde von einer Mediationsvereinbarung profitieren?«
- »Wie sind Sie auf mich gekommen?«
- »Warum wollen Sie gerade jetzt eine Mediation beginnen?«
- »Haben Sie bereits andere Klärungsversuche unternommen?«
- »Auf einer Skala von 1 bis 10, wenn 10 bedeutet, dass Sie hochmotiviert sind, eine Klärung über eine Mediation zu erarbeiten, und 1 das Gegenteil, wo stehen Sie da gerade?«

Es gibt unterschiedlichste Zugänge in die Mediation. Das eine Mal wird im laufenden gerichtlichen Verfahren eine Mediation angeregt, das Verfahren ruhend gestellt und die Eltern sind beauftragt, eine Mediation bei einer freien Mediatorin oder in einer Beratungsstelle aufzusuchen, ein anderes Mal erkundigt sich ein Elternteil nach Mediationsangeboten vor Ort usw. Unabhängig davon, auf welchem Weg die Eltern in die Mediation gelangen, gilt es für die Mediatorin von Anfang an, ihre Allparteilichkeit bewusst in den Blick zu nehmen und strukturell zu verankern.

In Bezug auf hocheskalierende Elternsysteme kommt es nur in seltenen Fällen vor, dass sich die Parteien im Vorhinein darüber geeinigt haben, wer den Kontakt zu welcher Mediatorin aufnimmt. Oftmals meldet sich lediglich ein Elternteil mit dem Anliegen, eine Mediation aufzunehmen. Nun ist die Frage, welches strukturelle Vorgehen von der Mediatorin vorgegeben oder angeregt oder mit anderen Institutionen entwickelt wurde. Beispielhaft werden nachfolgend drei übliche Vorgehensweisen kurz vorgestellt:

Vorgehen 1: Die Mediatorin bittet die Anruferin, die andere Partei über die Möglichkeit zur Mediation zu unterrichten und sich bei Interesse bei der Mediatorin telefonisch zu melden.

Vorgehen 2: Die Mediatorin ruft nach dem Telefonat mit der einen Partei die andere Partei an und informiert über das Anliegen der Aufnahme einer Mediation und erläutert die Möglichkeit hierzu.

Vorgehen 3: Zwischen dem Gericht, dem Jugendamt und der Beratungsstelle wurde ein üblicher Weg der Vermittlung von Mediation abgestimmt. Beispielsweise kann das Vorgehen so aussehen, dass die Fallzuständige im Jugendamt der Beratungsstelle das Anliegen der Klientinnen zur Mediation und die Kontaktdaten mitteilt und die zuständige Mediatorin der Beratungsstelle den Klientinnen eine Einladung zum Erstgespräch zuschickt.

Insgesamt ist von Beginn an wichtig, den Kontakt zu beiden Parteien ausbalanciert zu gestalten. Das Vertrauen in die Allparteilichkeit der Mediatorin ist zu diesem Zeitpunkt nicht unbedingt gegeben und so bedarf es der Gestaltung eines Ausgleichs für die eine Partei, wenn zuvor zuerst mit der anderen Partei gesprochen wurde. Folgende Sätze können die Allparteilichkeit unterstreichen und herstellen: »Genau ein solches Gespräch, wie ich es nun mit Ihnen führe, werde ich auch mit Frau Lenz [Ehefrau] führen.«

Nachdem ein Vorgehen für den Falleingang geregelt wurde, sind weitere Fragen im Hinblick auf die Gestaltung dieser ersten Phase von der Mediatorin zu beantworten.

Klärung des Settings der Mediation

- Wie verläuft das Falleingangsmanagement in Institutionen? Wer nimmt den Fall (telefonisch oder per Mail) auf? Welche Fragen werden vorab gestellt? Aufgrund welcher Kriterien verläuft im Falle mehrerer Mediatorinnen die Fallverteilung?
- Terminvergabe: Werden Termine von der Mediatorin oder den Mediantinnen vorgeschlagen?

- Welche Informationen vermittelt die Mediatorin im (bspw. telefonischen) Erstkontakt zu Themen wie:
  - Erläuterung des Mediationsprozesses,
  - Erläuterung der eigenen Rolle,
  - Dauer des Erstgesprächs/der Erstgespräche,
  - Ort der Mediation,
  - Dauer eines Mediationsprozesses insgesamt,
  - entstehende Kosten,
  - gerichtliche Wirksamkeit der Mediationsergebnisse,
  - Umgang mit der Schweigepflicht (vgl. hierzu auch Krabbe/Thomsen 2017, S. 48 f.).
- Welche Fragen stellt die Mediatorin im telefonischen Erstkontakt zu Themen wie:
  - Wer sind die Konfliktbeteiligten?
  - Wer weiß bereits von der Mediation und wer vielleicht noch nicht?
  - Wer will die Mediation und wer vielleicht nicht?
  - Was wissen die Klientinnen bereits über das Mediationsverfahren, was wäre ihnen noch wichtig zu erfahren?
  - Gibt es schon eine Idee dazu, wer für die Kosten der Mediation aufkommt, sofern welche entstehen?
  - Zu welchen Zeiten (Tageszeiten/Wochentagen) ist den Mediantinnen eine Mediation möglich?
- Schickt die Mediatorin vorab Informationsmaterial an die Klientinnen?
- Führt die Mediatorin vor Beginn der gemeinsamen Mediation Einzelgespräche mit beiden Parteien? Mit welchem Ziel und aufgrund welcher konstruktiven Arbeitshypothesen? Welche Fragen sollen hier beantwortet werden? Wie gestaltet sie das Setting?
- Lässt sich die Mediatorin vor dem ersten gemeinsamen Kontakt die Situation schriftlich von beiden Klientinnen schildern? Wenn das so ist, mit welchem Ziel und aufgrund welcher konstruktiven Arbeitshypothesen? Welche Fragen möchte sie beantwortet haben und welchen Umfang sollen die Schriftstücke haben?
- Oder lädt sie nach einem telefonischen Erstkontakt beide Eltern direkt gemeinsam ein? Welches Ziel wird mit diesem Vorgehen verfolgt?
- In dieser ersten Phase ist bereits die Beantwortung der Frage wichtig, wann die Mediatorin entscheidet, ob sie als Mediatorin diesem Prozess zur Verfügung steht oder nicht.

Wie diese erste Phase der Mediation gestaltet werden kann, soll am Fall von Manuela und Christoph Weber exemplarisch dargelegt werden.

Fallbeispiel Familie Weber

Zur Vorgeschichte Nachdem Christoph Weber ein Jahr zuvor im Zuge der Trennung aus dem gemeinsamen Haus ausgezogen ist, haben sich die Konflikte zwischen ihm und seiner Frau weiter zugespitzt. Zur größten Belastungssituation zählen die persönlichen Begegnungen, wenn Christoph die Kinder zu Besuchskontakten abholen will. Da der Kontakt prinzipiell noch nicht richtig geregelt ist, sind auch die Begegnungen der Eltern meist unvorbereitet. In diesen Situationen kommt es immer wieder zu starken verbalen und auch körperlichen Auseinandersetzungen zwischen ihnen. Christoph sieht seine Kinder daher sporadisch und hat nur selten die Möglichkeit, die Kinder mit zu sich zu nehmen.

Manuela lebt weiterhin mit den Kindern im ehemals gemeinsamen Haus. Allerdings ist die finanzielle Situation beider Eltern sehr angespannt und der Verbleib von Manuela und den Kindern im Haus der Familie daher gefährdet.

Christoph lebt seit drei Monaten mit seiner neuen Partnerin Lisa Schumann und deren Tochter Marie zusammen.

Hinzu kommt, dass Manuela seit dem Auszug von Christoph keinen Zugriff auf ein Auto hat, da Christoph einen Dienstwagen in Anspruch nimmt, den vor der Trennung beide nutzten.

Zwischen Manuela und Lisa gab es vor allem in Abholsituationen im Kindergarten starke verbale Auseinandersetzungen. Die neue Partnerin fühlt sich in dem kleinen Ort von Manuela verleumdet.

Ein Verfahren zur Klärung des Unterhalts wurde aufgenommen und belastet die Situation zusätzlich.

Die Eltern von Christoph haben keinen Kontakt mehr zu ihren Enkeln.

Zum Fallgeschehen Ein Jahr nach der Trennung von Manuela und Christoph Weber meldet sich jetzt Frau Schneider, die Anwältin von Frau Weber, in der Beratungsstelle mit der Frage, ob es möglich wäre, die Eltern zur Mediation einzuladen. Sie würde ihrerseits ihre Mandantin in einem laufenden Unterhaltsverfahren vertreten, der Umgang allerdings zwischen dem Vater und den Kindern sei momentan komplett ungeregelt und ihre Mandantin befürchte ein weiteres diesbezügliches Verfahren. Sie habe ihre Mandantin über die Möglichkeit zur Mediation in der Beratungsstelle aufgeklärt und wolle nun den Weg bahnen. Die Sekretärin der Beratungsstelle bittet die Anwältin, ihrer Klientin mitzuteilen, dass sie sich unter der bekannten Telefonnummer melden könne, um eine Mediation anzufragen. Gerne könne ihre Mandantin versuchen, vorab auch Christoph Weber über die Möglichkeit zu einer Mediation zu informieren und seine Bereitschaft zu erkunden.

Eine Woche später meldet sich Frau Manuela Weber und die Sekretärin nimmt den Fall auf und übergibt den ausgefüllten Anmeldebogen dem Team. Die nun zuständige Mediatorin setzt sich mit ihr telefonisch in Verbindung, stellt sich kurz vor und, nachdem Frau Weber erklärt, dass ihre Anwältin ihr zur Mediation geraten habe, sie aber gar nicht wisse, was mit einer Mediation auf sie zukomme, erläutert die Mediatorin in einigen Sätzen den Sinn und Ablauf einer Mediation.

Sie erklärt ihre Rolle im Verfahren (Allparteilichkeit, Schweigepflicht etc.). Frau Weber berichtet, dass sie sehr unter Druck stehe, weil zur Zeit ein Unterhaltsverfahren laufe, das nur sehr schleppend vorankäme, und es nur sehr sporadischen Kontakt zwischen dem Vater und den Kindern gebe, weshalb ihr Mann ihr nach der letzten Verhandlung angedroht habe, diesbezüglich einen gerichtlichen Antrag zu stellen. Die Mediatorin erkundigt sich, ob sie bereits wisse, ob ihr Mann ebenfalls bereit sei, ihre Themen in einer Mediation zu verhandeln. Frau Weber erklärt, dass sie sich erst ein Bild von dem Ablauf machen wollte, sich aber nunmehr vorstellen könne, eine Mediation zu beginnen.

Die Mediatorin erläutert das weitere Vorgehen so, dass sie beide Eltern zusammen zu einem Erstgespräch einlade, das dem persönlichen Kennenlernen und der Klärung der Rahmenbedingungen diene. Danach könnten alle Beteiligten entscheiden, ob die Mediation in dieser Konstellation stattfinden solle. Dann fragt sie Frau Weber, ob sie Herrn Weber darüber informieren könne, dass sie eine Mediation aufnehmen möchte. Wenn er sich vorstellen könne, sich über eine Mediation bei ihr zu informieren, solle er sie bitte anrufen, sie würde dann ein in allen Punkten vergleichbares Gespräch mit ihm führen. Frau Weber stockt und meint, dass sie sich sehr überwinden müsse, Herrn Weber anzurufen, dass sie aber versuchen werde, ihn für ein Erstgespräch zu gewinnen.

Einige Tage später meldet sich Herr Weber und es folgt ein ähnliches Gespräch. Allerdings thematisiert die Mediatorin zusätzlich, dass sie wisse, dass Frau Weber die Mediation in der Beratungsstelle im ersten Schritt angefragt habe und er daher gut prüfen müsse, ob diese Wahl ihm entspreche. Darüber habe er auch schon nachgedacht, aber er habe erst einmal keine Vorbehalte gegen die Beratungsstelle oder sie als Mediatorin, allerdings sei er skeptisch, ob das Verfahren ihnen helfe. Auf einen ersten Termin wolle er sich aber einlassen. Die Mediatorin gibt einen Abendtermin für ein zweistündiges Erstgespräch bekannt. Beide Eltern willigen ein.

Erstgespräche

Erste Gespräche finden entweder telefonisch oder als Einzelgespräche mit jeweils beiden Parteien in gleicher Form oder in einem ersten gemeinsamen Gespräch aller Beteiligten statt. Für Einzelkontakte mit jeder Partei gilt, dass es wesentlich ist, diese im Gesprächsverlauf ähnlich zu steuern und die gleichen Punkte in einem ähnlichen zeitlichen Rahmen zu thematisieren. Zusätzlich ist hierbei wichtig, beide Seiten zu Beginn darüber zu informieren, dass ein Gespräch in gleicher Weise mit dem anderen Elternteil geführt wird. Außerdem ist der Hinweis von Bedeutung, dass man die Klientinnen auffordert, nur das zu sagen, was sie (im Prinzip) auch vor dem anderen Elternteil sagen könnten. Dies dient der Unterstützung der Wahrung einer Haltung der Allparteilichkeit der Mediatorin. Schon in der frühen Phase signalisiert diese damit, dass sie allparteilich ist und auch nicht durch Geheimnisse in ihrer Allparteilichkeit gefährdet werden möchte. Im Setting eines persönlichen Einzelgesprächs kann diese Allparteilichkeit symbolisch durch die Aufstellung eines weiteren Stuhls im Raum repräsentiert werden. Diese Gespräche sind einerseits Einzelgespräche, deren Rahmen zum Aufbau eines grundlegenden Vertrauens dient, andererseits bleiben sie Vorbereitungsgespräche für das Setting einer gemeinsamen Mediation der Eltern, was die Themen eingrenzt. Die Mediatorin könnte diesbezüglich sagen: »Wenn Sie mir jetzt die aktuelle Situation und die Konflikte schildern, ist es mir wichtig, dass Sie nur das sagen, was Sie auch in Anwesenheit von Frau Weber schildern könnten.«

Bereits in dieser allerersten Phase der Mediation gilt es, im Telefonat, der Mail oder im persönlichen Kontakt zu vermitteln, dass eine Mediation ein gut geeignetes Mittel zur Verhandlung einer (außergerichtlichen) Vereinbarung darstellt, das auf dem Prinzip von Freiwilligkeit fußt. Die Mediatorin übernimmt die Verantwortung für ein gut formuliertes Angebot. Die Verantwortung für die Zustimmung zur Mediation obliegt den Eltern. Der gesamte Mediationsprozess unterliegt der Co-Autorenschaft im Sinne Michael Whites (vgl. Ludewig 1997, S. 136) von Klientinnensystem und Mediatorin, weshalb auch die Verantwortung für die Aufnahme einer Mediation nicht einseitig verordnet werden kann.

Hält man also fest, dass die Freiwilligkeit der Klientinnen am Prozess der Mediation teilzunehmen, mehr ein prozessuales Ziel als eine Voraussetzung ist, lenkt die Mediatorin die gemeinsame Aufmerksamkeit insbesondere dann darauf, wenn sie dessen Erreichen als gefährdet einstuft. Freiwilligkeit im starken Gegensatz zu Zwang kann eine Voraussetzung für Mediation sein, lässt aber für die Wirklichkeitskonstruktionen der Klientinnen ein mehr oder weniger an Freiwilligkeit und Abwesenheit von Zwängen zu. Für die Mediation hocheskalierender Elternsysteme kann formuliert werden, dass der Zwang zur Teilnahme an der Mediation durch weitere außenstehende Personen auszuschließen ist, die inneren Notwendigkeiten und Zwänge der Klientinnen z. B. durch den Konflikt oder die Lage etwas zwingend regeln zu müssen, jedoch nicht von vornherein zum Ausschlusskriterium einer Mediation werden sollten. So kann es zu Beginn der Mediation sein, dass Klientinnen zwar nicht sicher sind, ob die Mediation ihnen wirklich helfen kann, sie aber zumindest bereit sind, zu prüfen, ob dieses Verfahren und die Mediatorin ihnen möglicherweise im Konfliktgeschehen helfen können.

Macht eine Klientin allerdings umgekehrt deutlich, dass sie sich nicht sicher ist, ob sie unter den herrschenden Bedingungen Mediation als Interventionsform für angemessen hält, ist dies in jeder Phase der Mediation Anlass für die Mediatorin, dieser Frage erneut nachzugehen. Beispielsweise: »Wenn Sie unsicher sind, ob Sie Ihre Fragen lieber gerichtlich verhandeln möchten, würde ich Sie bitten, das nun gut zu prüfen, damit für alle Beteiligten Klarheit besteht, ob die Mediation fortgesetzt oder beendet werden soll.«

Telefonische oder persönliche Einzelgespräche sind meist der Eintritt in die Mediation. Alle Haltungsaspekte der Mediatorin kommen hier bereits zum Tragen. Die Klientinnen werden prüfen, ob die Mediatorin auch auf ihrer jeweiligen Seite ist. Demgegenüber ist es für die Mediatorin wichtig, die Seite jeder Klientin verstehen zu wollen und gleichzeitig nicht mitzuschwimmen. Die Kunst von Einzelgesprächen ist an dieser Stelle, die Balance zwischen der Entwicklung von Vertrauen und dem Erhalt einer Abstinenz gegenüber jeder Form der Koalitionsbildung. Manchmal kann es für die Mediatorin hilfreich sein, Erstgespräche in Form von Telefonaten zu führen, um durch mehr räumlichen Abstand die Allparteilichkeit zu wahren.

Umgekehrt gibt es Fälle, in denen das Klientinnensystem insofern den Rahmen definiert, als dass ihre Mitglieder in einer ersten Kontaktaufnahme deutlich machen, dass sie sich unsicher sind, ob sie sich überhaupt im gleichen Raum mit der anderen Partei aufhalten und arbeiten können. Einzelgespräche dienen dann zudem der Erklärung der Bedingungen der Mediation von Seiten der Mediatorin und der Klärung folgender Fragen mit den Klientinnen:

1. Welche Bedingungen müssen für die Klientinnen erfüllt sein, damit sie in einen gemeinsamen Mediationsprozess einsteigen können?
2. Ist alternativ eine Shuttle-Mediation für die Klientinnen denkbar?
3. Grenzen der Mediation: Ist Mediation überhaupt das geeignete Mittel?

Für Vorgespräche insgesamt sollten folgende Aspekte berücksichtigt werden:

1. **Zeit:** Der zeitliche Umfang von Einzelgesprächen ist begrenzt und die Gesprächsdauer mit jeder Klientin in etwa gleich.
2. **Information:** Inhaltlich sind die Informationen der Mediatorin auf wesentliche Informationen zu ihrer Person, ihrer Rolle und zum Prozess und dessen Bedingungen konzentriert.
3. **Fragen:** Die Mediatorin erkundigt sich nach dem Anlass zur Mediation, der

aktuellen Situation, den relevanten beteiligten Personen und den Bedingungen zur Aufnahme einer Mediation.

4. **Verhandlung:** Die nächsten Schritte werden besprochen und verhandelt. Beispielsweise wird geklärt, welche Termine infrage kommen und wie diese der anderen Partei übermittelt werden.

Das erste gemeinsame Gespräch der Beteiligten

Das erste gemeinsame Gespräch der Mediationsbeteiligten verdeutlicht, wie groß die wechselseitige Bedrohung der Klientinnen sich darstellt und welche vorläufigen Verhandlungsspielräume und Grenzen den Prozess zunächst bestimmen. Erst jetzt kann die Mediatorin abschätzen, wie sie genau vorgehen, welches Tempo sie wählen und welche methodischen Mittel sie nutzen wird. Und genau hierzu eignet sich diese erste Phase hervorragend, weil es viele überschaubare Verhandlungsgegenstände gibt, die im Zweifel auch durch eine Vorgabe der Mediatorin entschieden werden könnten. Es handelt sich also um eine Phase, in der die Struktur, das Vorgehen und die Haltung in der Mediation in vollem Umfang vermittelt sowie Verhandlung an einigen Themen erprobt wird und die Klientinnen wie auch die Mediatorin prüfen können, ob sie sich auf einen Prozess dieser Art gemeinsam einlassen können.

Da der Prozess an dieser Stelle auch durch die Mediatorin definiert wird, ist er ein Wechselspiel aus Information und Verhandlung, in dem sie mitentscheidet, welche Themen sie zu Verhandlungsgegenständen machen möchte. Beispielsweise kann sie den Einbezug der Anwältinnen für die erste Zeit der Mediation vorschlagen oder erkunden und verhandeln, wie die Klientinnen ihre Anwältinnen einbeziehen möchten. Sie kann Termine vorgeben oder Termine verhandeln, je nachdem, was sie für den Prozess als günstig und zur Definition und Ausübung ihrer Rolle im Prozess für notwendig hält. Ludewig beschreibt für therapeutische Kontexte »einen ›kunstvollen‹ Balanceakt zwischen Bestätigung und Förderung« (Ludewig 2009, S. 99). Auch in der Mediation geht es von Beginn an um die Entwicklung eines Prozesses zwischen diesen komplementären Aufgaben. Dabei überwiegen zu Beginn die Anteile von Information und Bestätigung zur Etablierung eines sicheren Hilfesystems und eines Vertrauens in die Mediatorin, bevor behutsam Veränderungsimpulse gesetzt werden.

Folgende Aspekte finden in ersten gemeinsamen Gesprächen Berücksichtigung:

- Vorstellung der eigenen Person.
- Definition der Rolle als Mediatorin.
- Kurzinformation über Mediation.
- Erläuterung der Phasen der Mediation.
- Klärung der Anliegen der Klientinnen an die Mediation.
- Erklärung der Anliegen der Mediatorin an die Mediation.
- Innere Klärung der Mediatorin, ob sie sich eine Mediation in diesem Rahmen vorstellen kann.
- Information über die Bereitschaft der Mediatorin, die Mediation aufzunehmen, oder Begründung, warum sie es sich nicht vorstellen kann.
- Auftragsentwicklung: Können Sie sich vorstellen unter den benannten Bedingungen in die Mediation einzusteigen?
- Klärung des Grades der Freiwilligkeit.
  - **Leitfrage:** Gibt es jemanden außer Ihnen, der meint, dass es gut wäre, wenn Sie eine Mediation beginnen?
- Information über die Schweigepflicht der Mediatorin.
- Eventuell Klärung der Redefreiheit gegenüber der Verschwiegenheit der Klientinnen gegenüber dritten Personen.
  - **Leitfrage:** Ist es für Sie wichtig zu klären, wie Sie mit den Inhalten der Mediation umgehen wollen?
  - Gibt es Personen, die Sie über die Zwischenergebnisse informieren möchten?
  - Braucht es von Ihrer Seite aus die Verschwiegenheit über die Inhalte der Mediation?
- Klärung der Situation hinsichtlich anderer Interventionen zur Konfliktbearbeitung.
  - **Leitfragen:** Haben Sie bereits andere Versuche unternommen, Lösungen zu entwickeln?
  - Finden aktuell andere Formen der Hilfe im Konflikt statt?
- Klärung des Einbezugs anderer Beteiligter wie Kinder/neue Lebensgefährtinnen/Eltern etc.
  - **Leitfrage:** Sollte außer Ihnen noch jemand in den Prozess der Mediation direkt oder indirekt einbezogen werden?
- Klärung der Rollen der Rechtsanwältinnen im Prozess.
  - **Leitfragen:** Möchten Sie Ihre Anwältinnen in den Prozess der Mediation einbeziehen? Wie können Sie sich diesen Einbezug vorstellen?
- Klärung des Einbezugs anderer professioneller Dritter, wie z. B. Fach-

beraterinnen, Dolmetscherinnen, juristische Co-Mediatorinnen, Beratungsanwältinnen etc.
  - **Leitfragen:** Gibt es Personen anderer Professionen, die direkt oder indirekt in den Prozess einbezogen werden sollen?
- Klärung der Frage nach aktuell laufenden oder abgeschlossenen gerichtlichen Verfahren und deren Ergebnissen.
  - **Leitfragen:** Gibt es aktuell laufende gerichtliche Verfahren? Wie ist der Stand in diesen Verfahren?
  - Gab es gerichtliche Verfahren, die bereits abgeschlossen sind? Gibt es für die Mediation relevante Ergebnisse dieser Verfahren?
- Entwicklung von Gesprächsregeln für den Prozess, wenn es für die Klientinnen oder die Mediatorin eine hilfreiche Stütze bedeutet.
- Klärung der Rolle der Mediatorin in gerichtlichen Verfahren.
  - Die Mediatorin beruft sich auf das Zeugnisverweigerungsrecht.
  - Oder es gibt andere Regelung zwischen z. B. Beratungsstellen und dem Gericht, wie und in welcher Form die Ergebnisse des Mediationsprozesses dem Gericht zukommen.
- Klärung der Möglichkeit, die Mediation von Seiten aller Beteiligten (Klientinnen und Mediatorin) aus zu beenden. Hierbei ist relevant zu besprechen, was im Fall eines vorzeitigen Abbruchs der Mediation mit den bisher erarbeiteten Ergebnissen passieren soll.
- Klärung der Dauer von Sitzungen.
  - **Leitfrage:** Üblicherweise dauern die Mediationen bei mir zwei Zeitstunden. Passt der zeitliche Umfang so für Sie?
- Klärung der Kosten.
  - **Leitfrage:** Wie möchten Sie klären, wer für die Kosten der Mediation aufkommt?
- Klärung des Umgangs mit den Ergebnissen jeder Sitzung.
  - **Leitfragen:** Üblicherweise fertige ich Ergebnisprotokolle von jeder Sitzung an. Möchten Sie diese Ergebnisprotokolle zugesandt bekommen oder sollen diese lediglich bei mir hinterlegt bleiben?
- Terminierung der Sitzungen.
  - **Leitfrage:** Da ich von Ihnen weiß, dass Sie einen Abendtermin benötigen, kann ich Ihnen als Folgetermin im Dezember den 04.12. oder den 17.12. um 18.00 Uhr anbieten. Können Sie einen der Termine ermöglichen?

In einer ersten gemeinsamen Sitzung sind die Aufregung und Anstrengung der Klientinnen möglicherweise besonders hoch und die Kapazitäten zur Verhandlung damit beschränkt. Daher könnte es von Vorteil sein, nur die wesentlichsten Punkte zu bearbeiten und den zeitlichen Umfang dieser Sitzung entlang der Energie der Beteiligten zu begrenzen.

Manchmal ist es für die Klientinnen umgekehrt von großer Bedeutung, dass bereits in dieser Sitzung weitere Schritte im Prozess erarbeitet werden. Wenn beide Klientinnen dazu bereit sind, kann es in diesen Fällen passender sein, mit der Themensammlung zu beginnen.

In jedem Fall brauchen die Klientinnen vorläufige Regelungen, damit sie sich auf den Prozess der Mediation insgesamt einlassen können. Hat zum Beispiel ein Elternteil die gemeinsamen Kinder seit langer Zeit nicht mehr gesehen, ist der zeitliche Druck für diese Klientin im Hinblick auf das Thema der Gestaltung des Umgangs so groß, dass sie sich auf einen längeren Prozess kaum einlassen kann. In solchen Fällen kann es, soweit beide Klientinnen dem zustimmen, hilfreich sein, eine thematisch begrenzte Vorvereinbarung zu verhandeln. Beispielsweise könnte diese so aussehen, dass die Eltern sich auf ein erstes Treffen des einen Elternteils mit den Kindern unter abgesteckten Bedingungen einigen. Darin kann die Chance liegen, dass dieser Elternteil sich daraufhin weitergehend auf den Mediationsprozess einlassen kann. Gleichzeitig besteht aber die Gefahr, dass sich der andere Elternteil direkt zu Beginn nicht gleichberechtigt in seinen Themen und Bedürfnissen berücksichtigt fühlt. Es braucht für ein solches Vorgehen das unbedingte Einverständnis beider Klientinnen und die Würdigung der Bereitschaft derjenigen Person, die ihre Themen noch nicht verhandelt sieht. Eine Vorvereinbarung ist dann wie eine kleine Mediation in der Mediation zu einem klar umgrenzten Thema, die aber alle weiteren Stufen (Bedürfnisse, Optionen, Angebotsverhandlung und Vereinbarung) durchläuft.

Mediationskontrakt

Mit einem Mediationskontrakt regeln die Mediantinnen und die Mediatorin die Bedingungen ihres gemeinsamen Arbeitsbündnisses. Jene im ersten gemeinsamen Gespräch benannten Punkte können jeweils Gegenstand des Mediationskontrakts werden, so sie für die Mediantinnen oder die Mediatorin von Bedeutung sind und sich alle Beteiligten auf ihren Bestand einigen können. Allgemein formuliert umfasst der Mediationskontrakt einige wesentliche Punkte, zu denen sich erstens die Mediatorin in ihrer Rolle und Verantwortung und zweitens die Medianten jeweils in ihren Rollen und Verantwortungen verpflichten. Die Mediatorin bringt in der Regel einen Vordruck in die erste gemeinsame Sitzung mit, der dann als Arbeitsgrundlage für den individuell angepassten Kontrakt dient. In dessen Vorbereitung hat die Mediatorin die Möglichkeit, die Punkte zu entwickeln, die ihr zum Erhalt ihrer Arbeitsfähigkeit von Bedeutung sind. Im gemeinsamen Gespräch prüft sie dann, ob die Klientinnen den vorgelegten Kontrakt in allen Punkten verstehen und unterschreiben können und um welche Punkte er erweitert werden soll. Meist wird gegen Ende der ersten gemeinsamen Sitzung oder auch zu Beginn der Folgesitzung der Kontrakt von allen Beteiligten (Klientinnen und Mediatorin) unterschrieben.

Der Mediationskontrakt kann ein weiteres Moment der emotionalen Absicherung der Mediantinnen im Prozess darstellen. Er ist das Ergebnis erster erfolgreicher Vereinbarungen.

Muster eines Mediationskontrakts

Mediationskontrakt

zwischen .... und ....

und ....

Die Mediatorin/Der Mediator verpflichtet sich ...

Die Medianten verpflichten sich ...

8.2 Stufe der Themensammlung

Anders als im Prozess einer systemischen Anliegenklärung, in der sowohl emotionale und als auch themenbezogene Ziele entwickelt werden können, werden die Gegenstände der Mediation lediglich entlang der Idee verhandelbarer Themen strukturiert. Das bedeutet nicht, dass es nicht gleichfalls darum geht, einen Raum für Emotionen zu gewähren oder auch emotionale Themen aufzugreifen.

In der Stufe der Interessen und Bedürfnisse wird dann auch explizit tiefer liegenden, individuellen Beweggründen – mit Blick auf den Prozess und damit verbundene Gefühle – Platz eingeräumt. Doch in der Stufe der Themensammlung steht die Herausarbeitung der Themen, für die es neue Vereinbarungen braucht, im Mittelpunkt. Im besten Falle lösen die Vereinbarungen, aber auch schon der Prozess der Mediation, verstanden als eine Form der Lösungskommunikation, den Konflikt auf Dauer ab. Vorsichtiger formuliert würde hier die Idee gelten, dass Mediation nach und nach parallel zum Konflikt eine alternative Kommunikationsform etabliert.

Die Themensammlung führt das Klientinnensystem weiter in die Logiken des Prozesses der Mediation ein. Dabei gilt in dieser frühen Phase bereits die Förderung der Selbstbehauptung als Leitfaden, indem mit jeder Klientin jene Themen herausgearbeitet werden, die für deren weitere Lebensführung von Bedeutung sind. Darin sind dann in der Regel auch die Kinder betreffenden Themen enthalten, können aber durch z. B. einen indirekten Einbezug der Kinder noch einmal separat expliziert werden (siehe Kapitel 11). Erst in einem nächsten Schritt und einer durch den Prozess der Wechselseitigkeit geordneten Weise wird dann der Blick auf die Themen der jeweils anderen Person gerichtet. Diese Struktur schafft also einen markanten Unterschied zu einem eher fluiden beraterischen Vorgehen, das die Kommunikation zwar lenkt, aber nicht derart festumrissen steuert. Dies geschieht auch zum Schutz einer Kommunikationsweise, die weniger Ablehnung und Angriff provoziert, indem sich zunächst den eigenen Themen zugewandt wird und dann in konstruktiver Weise den Themen der anderen. Die Themenfelder beider Klientinnen gehen in der Konfliktsituation verloren, haben in deren Logik keine Bedeutung und werden daher hier neu etabliert (vgl. hierzu auch Diez/Krabbe/Thomsen 2005, S. 67 ff.).

Fallbeispiel Familie Weber

Im Fall von Familie Weber wurden zunächst folgende Themen gesammelt:

Frau Weber	**Herr Weber**
Neue Lebensgefährtin von Christoph	Besuchszeiten der Kinder
Auto	Wohnort der Kinder
Unterhalt	Kommunikation unter den Eltern
Ausübung von Besuchskontakten zum Vater	Schulwahl für die Kinder
	Verleumdung von Lisa
	Ferienregelung
	Großelternkontakte
	Arztbesuche der Kinder
	Erziehungsstil
	Haus
	Psychische Gesundheit von Manuela

Herr Weber macht schon zu Beginn des Gesprächs sehr deutlich, dass für ihn eine Mediation nur dann möglich sei, wenn die Frage erläutert werde, wann er die Kinder, die er nunmehr drei Wochen nicht gesehen habe, wiedersehe. Umgekehrt fällt es Frau Weber im Vorhinein sehr schwer, einer Mediation zuzustimmen, weil sie es schlecht aushalten kann, ihren Mann zu sehen. Beide sind sich aber einig, dass zu diesem Zeitpunkt eine Mediation versucht werden soll, da es für viele Punkte Regelungen braucht.

In einem nächsten Schritt gewichten die Eltern ihre Themen. Für Herrn Weber ist am allerwichtigsten, dass sehr bald der nächste Kontakt zu seinen Kindern geklärt wird, ansonsten würde er sich auf die Mediation nicht einlassen, alle anderen Themen seien nachrangig. Frau Weber ist es sehr wichtig, zu erörtern, was mit dem Auto passiert. Sie säße ohne Auto im Ort fest und in der Folgewoche hätte sie eine Reihe von Arztterminen in der nahgelegenen Stadt.

Folgende Gewichtung arbeiten die Klientinnen jeweils für sich heraus:

Frau Weber	**Herr Weber**
1. Auto	1. Umgangszeiten mit den Kindern
2. Rolle der Lebensgefährtin	2. Ferienregelung
3. Arztbesuch der Kinder	3. Schulwahl
4. Unterhalt	4. Haus
5. Kontakt zu den Großeltern	5. Gesundheit von Manuela

Während die Gewichtung der Themen mit jeder Seite noch zu besprechen ist, fällt es den Klientinnen schwer, zu klären, mit welchem Thema begonnen werden kann. Frau Weber möchte ihr erstes Thema verhandeln, Herr Weber möchte mit seinem Thema beginnen und beide führen an, dass sie unter zeitlichem Druck ständen.

Die Mediatorin bietet folgendes an: *»Ich habe Sie beide so verstanden, dass mit dem Thema Umgangszeiten und mit dem Thema Auto jeweils ein unmittelbarer Druck verbunden ist, der den nächsten Kontakt und die nächsten Fahrten betrifft. Gleichzeitig stellen sie ein längerfristiges Thema im Sinne von ›Wie regeln wir die Kontakte und was passiert mit dem Auto generell?‹ dar. Ein Angebot könnte sein, noch in dieser Sitzung die beiden vorläufigen Regelungen für den ersten Besuchskontakt und die nächsten Autofahrten zu regeln und die längerfristigen Themen nach diesen beiden in Ruhe und mit mehr Zeit zu bearbeiten. Könnten Sie sich das vom Ablauf her beide so vorstellen?«*

Auf diese Form einer vorläufigen und kurzfristigen Regelung, die unabhängig von den genaueren und längerfristigen Kontakten verhandelt und entschieden wurde, konnten sich beide Klientinnen einlassen und kamen dann zu folgender Reihenfolge der Themen:

1. Besuchskontakte zwischen dem Vater und den Kindern
2. Auto
3. Rolle der Lebensgefährtin

4. Ferienregelung
5. Arztbesuche der Kinder
6. Schulwahl
7. Großeltern

Die Themen Unterhalt und Haus tauchen in dieser Liste nicht auf, weil Herr Weber deutlich macht, dass der Unterhalt bereits gerichtlich geregelt werde, und Frau Weber erklärt, dass sie zu dieser Zeit nicht über das Haus nachdenken könne und es auch als massiven Angriff erlebe, dass Herr Weber dieses Thema zu dieser Zeit anspreche. Die Klientinnen können sich aber darauf einigen, dass die Themensammlung zu einem späteren Zeitpunkt vervollständigt werden soll. Beiden ist umgekehrt wichtig, dass eine Vereinbarung nur gilt, wenn alle wesentlichen Themen besprochen und verhandelt wurden.

Für die weiteren Prozessschritte ist es wichtig, zu bedenken, dass einige Themen eher diejenigen von nur einer Person und andere vielleicht diejenigen sind, an deren Regelung beide ein Interesse haben. Demgemäß kann es so sein, dass es einer Person schwerer fällt, ein Thema zu bearbeiten, als der anderen. Es hilft daher manchmal, diese Unterschiede in den Interessen an der Verhandlung der Themen transparent zu machen.

Diez, Krabbe und Thomsen formulieren, dass jene Themen bei einer Person oberste Priorität haben, bei denen sie am meisten zu verlieren habe (vgl. Diez/Krabbe/Thomsen 2005, S. 43). Für das Feld von Hochstrittigkeit ist hier zu ergänzen, dass es bei jenen Themen, bei denen eine Seite bereits starke Verluste im Konflikt erlitten hat, aufgrund dessen um den Zurückgewinn von Kontakt in Beziehungen, Geldfragen oder anderen Aspekten geht. Damit gehen dann nicht selten Gefühle von existenzieller Bedrohung und einem ausgeprägten Kränkungspotenzial der davon betroffenen Klientin einher.

Einige der Themen werden durch die Ablehnung von Seiten der anderen Klientin zumindest vorläufig vom Prozess ausgeschlossen. Handelt es sich bei einem Ausschlussthema um eines der eben benannten Hauptthemen, wird hierdurch möglicherweise eine Grenze des Prozesses markiert. Eine andere Form des Ausschlusses betreffen jene Aspekte, die gerichtlich verhandelt werden oder bereits verhandelt wurden und deren Ergebnisse dann durch das Thema erneut in Frage gestellt werden, wie im Fallbeispiel das Thema »Unterhalt«.

Auch in der Phase der Themensammlung wird im Kontext von hocheskalierenden Elternsystemen zur Debatte stehen, ob sich die Klientinnen auf den Prozess einlassen können und die Kraft aufbringen, eine gemeinsame Themensammlung zu verabschieden. Vor allem in den frühen Phasen des Prozesses prüfen die Klientinnen, ob sie sich überhaupt von einer Konfliktlogik zugunsten eines Prozesses, der auf Vereinbarungen hinwirkt, verabschieden können. Es ist daher auch nicht ungewöhnlich, dass die Themensammlung zwischen verhandelbaren Themen und Überschriften, die als Angriff oder Absage verfasst einer Konfliktlogik folgen, wechselt.

Folgende Interventionsmöglichkeiten können die Einfindung der Klientinnen in den Prozess unterstützen:

- **Vorläufigkeit versus Verbindlichkeit:** Einerseits ist es günstig, darauf hinzuweisen, dass die gemeinsame Themenliste der Klientinnen offen und erweiterbar ist. Andererseits ist es wichtig, dass die Themenliste verbindlich bearbeitet wird und jeder mit seinen Themen auch zum Zuge kommt.
- **Sprache:** Ein gut formuliertes Thema ist eine geeignete Überschrift für etwas, das bearbeitet, verstanden und für das Lösungen verhandelt und verabschiedet werden. Dagegen tauchen in Prozessen Themen im Gewand von Anklagen, Forderungen oder Drohungen auf, die von der Gegenseite nicht als geeignete Verhandlungsüberschriften akzeptiert werden. Hier können Angebote der Mediatorin hilfreich sein, die das Thema hinter der Anklage oder Forderung erfragen oder eine alternative Sprache zur Sprache des Rechtssystems anbieten (z. B. Beziehung anstelle von Besuchsrecht; vgl. hierzu auch Diez/Krabbe/Thomsen 2005, S. 42). Die Klärung einer inneren Leitfrage der Mediatorin könnte erläutern, auf welches Thema die geäußerte Forderung wohl eine Antwort bietet. In einer Beispielsituation formuliert ein Klient: »Mein Thema ist, dass die Kinder sich nicht ständig bei der Mutter langweilen sollen.« Hier könnte erkundet werden, ob es dem Klienten um die Situation der Kinder bei der Mutter geht oder um seinen eigenen Kontakt zu den Kindern. Der Klient gab auf mehrere Fragen hin zu verstehen, dass er seine Kinder sehr selten sehe, aber Kapazität habe, Unternehmungen zu gestalten. Die Mediatorin bietet folgende Formulierungen an: »Geht es Ihnen also vorrangig um das Thema ›Zeit mit den Kindern‹ oder um ein Thema wie ›Freizeitgestaltung‹ oder um noch etwas anderes?
  In dem geschilderten Fall griff der Klient das Thema »Zeit mit den Kindern« auf und ergänzte es durch die Formulierung »Zeit als Vater mit den Kindern«.
- **Gewichtung:** Zum einen kann es so wie im Fallbeispiel sein, dass die Eltern mit den Themen beginnen, die ihnen am wichtigsten erscheinen. Es besteht aber auch die Möglichkeit, die Eltern darauf hinzuweisen,

dass sie auch mit einem weniger gewichtigen Thema starten können, um einen leichteren Einstieg in die Mediation zu finden.

- **Balance:** Die Themen werden immer abwechselnd gesammelt, da davon auszugehen ist, dass die Klientinnen in dieser frühen Phase noch kein Vertrauen in den Prozess entwickeln können. Eine Berücksichtigung ähnlicher Redeanteile unterstützt ein Vertrauen in eine gleichberechtigte Bedeutung der eigenen Person.
- **Zeit:** Vorläufige Regelungen können helfen, den auch zeitlichen Verhandlungsdruck der Klientinnen zu Beginn zu mildern. Andersherum kann es eine Gefährdung der Balance im Prozess darstellen, wenn nur das Thema einer Person vorläufig bearbeitet wird.
  - Für die Mediatorin ist es insofern wichtig, über die aktuelle Situation Bescheid zu wissen, als dass sie einschätzen können muss, ob für die Klientinnen drängende gemeinsame Entscheidungen anstehen. Manchmal haben hocheskalierende Elternsysteme eine Reihe solcher drängenden Anliegen, da es ihnen bereits längere Zeit nicht mehr gelungen ist, ihre gemeinsamen Themen gut zu regeln. Eine Lösungsmöglichkeit besteht darin, mehrere zeitnahe Mediationstermine anzubieten.
- **Ausschluss von Themen:** Entscheidet ein Elternteil über den Ausschluss der Bearbeitung eines Themas der anderen Seite, kann dies damit zusammenhängen, dass über das Thema bereits zuvor verhandelt und entschieden wurde. Oder aber es soll deutlich gemacht werden, dass dieses Thema prinzipiell keine Akzeptanz bei diesem Elternteil findet. In dieser Phase der Mediation können diese vielleicht auch wechselseitigen Ausschlüsse von Themen die Grenze der Mediation markieren. Die Mediatorin hat auch hier wieder die Möglichkeit für den Prozess der Mediation zu werben, den Versuch zu unternehmen, eine vorläufige Themenliste zu erstellen, die zunächst den Einstieg ermöglicht, um zu einem späteren Zeitpunkt auf die strittigeren Themen zu schauen.
- **Umfang und Ausgleich in der Themensammlung:** Auch in der Themensammlung ist es wichtig, eine Balance herzustellen. Die Anzahl der Themen auf jeder Seite ist ein klar messbarer Parameter für Balance. Nicht selten zeigen sich strittige Eltern aber genau hierin unterschiedlich. Während die eine viele kleine Themen aufgreift, nennt die andere nur ihre zwei wichtigsten Hauptthemen. Einerseits könnte es hilfreich sein, anzuregen, für die Haupthemen die kleinen Unterthemen herauszuarbeiten. Andererseits könnte es nützen, die Klientinnen zu bitten, sich zunächst auf die zentralen Themen zu konzentrieren. Gegenüber eines Ungleichgewichts bleibt die Aufmerksamkeit der Mediatorin trotz-

dem weiter konstant auf beide Klientinnen gerichtet. Das kann konkret bedeuten, dass sie mit einer Klientin, die ihre Themen reduzierter darstellt, darüber im Gespräch ist, ob sich für sie doch noch weitere Themen aufgetan haben.
Entsteht eine sehr lange Themenliste, ist die Frage, ob die Mediatorin in einem weiteren Schritt anbietet, die Komplexität zu reduzieren, und mit den Eltern Überschriften entwickelt, die einige der Themen gut bündeln und zusammenfassen.

- **Themen der Kinder:** Der Einbezug von Kindern und Jugendlichen und folglich auch die Formen des Einbezugs ihrer Themen werden im Kapitel 11 vertieft dargestellt. Da es ab einem bestimmten Alter der Kinder wichtig ist, ihre Themen nicht mehr nur abstrakt in der Mediation ihrer Eltern antizipieren zu lassen, sondern sie in ihrer Spezifik mit einzubeziehen, sei hier nur beispielhaft eine Form des indirekten Einbezugs benannt. So könnte eine Beraterin mit den Kindern in einer Sitzung deren Fragen an ihre Eltern und eine Sammlung ihrer Themen erarbeiten. Die Ergebnisse trägt die Beraterin dann in der Mediation der Eltern vor oder gibt eine verschriftlichte Themensammlung der Kinder an die Mediatorin weiter, die in der Folgesitzung mit den Eltern den Umgang mit den Themen der Kinder mediiert.
- **Beendigung der Mediation in dieser Stufe:** Entscheidet sich eine Klientin gegen die Fortsetzung der Mediation, gehört dies zur Selbstbehauptung der Person. Eine Mediation sollte unter keinen Umständen nur für die Mediatorin aufrecht erhalten bleiben. Einige Mediationen enden, weil die Eltern wichtige Themen des jeweils anderen Elternteils während der Erstellung einer gemeinsamen Themenliste negieren.

Die Themensammlung dient in besonderem Maße dem Vertrauensaufbau in der Mediation hocheskalierender Elternsysteme. Wesentlich ist dabei die Freiheit, die die Mediatorin den Klientinnen lässt, sich langsam in den Prozess einzufinden. Sie selbst macht ihr Handeln in jedem kleinen Schritt transparent und hält sich sehr genau daran, die Allparteilichkeit zu wahren. *Das Bild der Bergführung wieder aufgreifend, hat die Bergführerin ihre Kundinnen in eisigen Höhen angetroffen. Sie hat sie mit dem notwendigen Material versorgt und nun prüfen die Kundinnen und die Bergführerin, ob der Abstieg der Klientinnen mit der Unterstützung der Bergführerin gelingen kann. Die ersten Schritte werden gegangen und allen dreien ist klar, dass noch deutlich schwierigere Passagen auf sie warten. Die Kundinnen prüfen, ob sie der Bergführerin als Person und in ihren Fähigkeiten vertrauen können und die Bergführerin prüft, ob die Verfassung ihrer Kundinnen es zulässt, die ersten Schritte zu setzen und perspektivisch den gemeinsamen Abstieg ins Tal zu schaffen. Sie kennt die Route und weiß um die bevorstehenden Schwierigkeiten jeder einzelnen Passage. Wie ihre Kundinnen aber im Gelände reagieren, wann sie in Angst verfallen und wo sie bereits vertrauen können, erfährt sie erst nach und nach, das heißt Schritt für Schritt.*

Die Themensammlung dient dem wechselseitigen Vertrauensaufbau zwischen den Klientinnen und der Mediatorin und gleichzeitig auch den Eltern untereinander. Letzteres zumindest insofern, als die Eltern feststellen können, ob und das sich die andere auf den Prozess einlässt.

Die Sammlung und die Vereinbarung gemeinsamer Themen werden zu dieser frühen Zeit im Prozessverlauf platziert. Dies hat den Vorteil, dass die Klientinnen bereits Sicherheit bezüglich der Frage erlangen, ob ihre Themen Berücksichtigung finden. Gleichzeitig gehen die Fragestellungen dieser Phase noch nicht in die Tiefe und fordern die Klientinnen nicht zusätzlich emotional besonders heraus. Es ist ihnen möglich, Sicherheit im Prozessgeschehen zu erlangen, ohne bereits jetzt aufgefordert zu werden, emotional mehr riskieren zu müssen. Vertrauen wird also auch insofern aufgebaut, als prinzipiell deutlich wird, ob kleine Verhandlungsschritte möglich sind.

Die Folgephase der Bedürfnisse fordert das Klientinnensystem dann deut lich mehr heraus auch emotionale Anteile zu aktivieren.

8.3 Stufe der Bedürfnisse und Interessen

Die Phase der Bedürfnisse, Bedeutungen und Interessen ermöglicht allen Beteiligten einen vertieften Verstehens- und Erkenntnisprozess. Die Klientinnen entscheiden darüber, wie tief, kreativ und nachhaltig die Ergebnisse der Mediation ausfallen. Diese Stufe stellt die Klientinnen meist vor die größten Herausforderungen und Wagnisse im gesamten Prozess. Die eigentliche Frage stellt sich hier zunächst nicht in Richtung der Bedürfnisse der beteiligten Personen generell, also nach den Grundbedürfnissen im Leben, sondern zukunftsorientiert nach den Bedürfnissen im Hinblick auf eine gelungene Vereinbarung: »Welche Ihrer Bedürfnisse müssten in Bezug auf eine Regelung (z. B.) der Kontakte mit Ihren Kindern eine Antwort finden?« Genau hier wird eine emotionale Verbindung mit einer positiv erhöhten Zukunftsmöglichkeit aufgebaut. Steve de Shazer formuliert, dass sich in der Historie der Psychotherapie deutlich mehr auf Probleme als auf Lösungen konzentriert wurde. Wobei nach seiner Auffassung die Fokussierung eines Problems nicht eben hilfreich ist, um Lösungen zu entwickeln. »[W]ir suchen letztendlich nach Erklärungen, in dem Glauben, dass eine Lösung ohne Erklärung irrational ist, und erkennen nicht, dass die Lösung selbst ihre beste Erklärung ist« (De Shazer 2010, S. 28). De Shazer macht deutlich, dass die intensive Beschäftigung mit dem Problem oder hier auch dem Konflikt noch keinen Beitrag zu einer Lösung schafft.

In dieser Stufe der Mediation geht es um eine Lockerung im Sinne einer Loslösung von den Konflikten, die immer schon der Vergangenheit angehörten, und um eine deutliche Orientierung auf die Bedürfnisse und damit verbundenen konstruktiven Zukunftsvisionen.

In dieser Phase des Prozesses wird es zumeist schon etwas ruhiger und die kommunikativen Kampfhandlungen lassen nach. Dennoch bleibt es ein Wagnis für die Klientinnen, mit ihren eigenen Bedürfnissen in Kontakt zu kommen und ein noch größeres, ihre eigenen Bedürfnisse offen zu legen. Im mediativen Vorgehen ist es daher hilfreich, nicht die Grundbedürfnisse im Allgemeinen zu erfragen, sondern die Bedürfnisse im Hinblick auf eine verbesserte Zukunft und hinsichtlich eines konkreten Themas zu erkunden. Für das Bedürfnis nach einer Lösung ist der Mediationsprozess verantwortlich. Die Erkundung von Grundbedürfnissen führt, weil diese mit der Vergangenheit in Verbindung stehen und gebracht werden, oftmals zurück in den Konflikt. Warum aber ist es so wesentlich, die Bedürfnisse, Bedeutungen und Interessen bezüglich einer gelingenden Vereinbarung herauszuarbeiten?

Hierbei geht um die Co-Initiierung eines tieferen Erkenntnisprozesses. Ich als Klientin kann entdecken und verstehen, welche Bedürfnisse mein Handeln motivieren, und entscheiden, welche Bedürfnisse mich in meinem Handeln zukünftig motivieren sollen. Ich habe weiter die Möglichkeit, zu verstehen, welche Bedürfnisse meines Gegenübers diese jetzt und hinsichtlich einer Perspektive bewegen. Vielleicht erkenne ich auch, in welchen Interessen wir übereinstimmen und an welchen Punkten ich beginne, mich für ein Entgegenkommen und die Entwicklung einer gemeinsamen Zukunftsidee bereit zu fühlen. Die wechselseitige Wahrnehmung in diesem Prozess des Verstehens bringt etwas ganz Neues hervor und bildet einen fundamentalen Unterschied zu dem, was die Logik des Konflikts den Eltern abverlangte. Diese Phase umfasst damit auch ein Verlassen und Loslassen des Konflikts, womit eine wesentliche Schwelle überschritten wird.

Der tiefgreifende Unterschied zum Konfliktsystem liegt darin, dass dessen Logik es geradezu verbietet, die hinter den Anklagen, Vorwürfen und Drohungen liegenden Bedürfnisse kommunikativ zur Verfügung zu stellen, während sie in der Mediation erkundet werden. Nicht zuletzt deshalb werden auch in dieser Phase einige der Mediationen beendet. *Nun geht es darum, den Mut aufzubringen, sich auf sehr ungewohntem Gelände zu bewegen und vielleicht sogar einen Sprung über eine ausgesetzte Stelle zu wagen. Vielleicht sichert die Bergführerin die Wanderinnen mit dem Seil, vielleicht braucht es für das Wagnis des*

Sprungs auch ihre sichernde Hand. In den eisigen Höhen des Konflikts bietet sich zwar für die Erfüllung der Grundbedürfnisse von Verbundenheit und Autonomie, wie Gerald Hüther sie ausmacht, kaum noch die Möglichkeit (vgl. hierzu beispielsweise Renz-Poster/Hüther 2016, S. 27–33). Die Einzelne folgt aber zumindest insofern einem Grundbedürfnis, genauer dem nach Schutz und Sicherheit, indem sie die andere anklagt und somit von sich selbst kommunikativ absieht. Die aktive Zuwendung und Explikation der eigenen Bedürfnisse ist ein sehr schwerer Schritt. Die Klientinnen sind gefordert, sich mit den eigenen Bedürfnissen zu beschäftigen und das in der Anwesenheit derjenigen, vor der sie sich zuvor maßgeblich geschützt haben.

Ein weiterer erschwerender Umstand könnte darin begründet sein, dass betreffenden Klientinnen schon lange vor den partnerschaftlichen Auseinandersetzungen und der Trennung ein bewusster Kontakt zu der eigenen Bedürfnislage verwehrt war.

Mit der Arbeit an den Bedürfnissen setzt die Ermöglichung eines tieferen Verstehens ein, die die Klientinnen insbesondere im sozialen Kontext der Mediation stark in Anspruch nimmt. Darüber hinaus ist der nächste, nicht unwesentlichere Schritt, dass sich die Klientinnen auch für die Bedürfnisse der anderen Seite öffnen. Der wechselseitige Öffnungsprozess, das Verstehen und die Anerkennung der Bedürfnislagen der anderen stellen hier erfahrungsgemäß einen emotional anfordernden und intensiven Prozess dar. Wer zuvor Äußerungen und Handlungen im Feuer der Auseinandersetzung eben gerade nicht versteht, ist nun gefordert, von diesem »Nichtverstehen« als Prinzip Abschied zu nehmen. Wenn beides in Ansätzen gelingt, hat die Mediation eine Aussicht auf nachhaltigen Erfolg.

Und auch für die Mediatorin ist ein tieferes Verständnis der Bedürfnislagen der Klientinnen von großer Bedeutung. Sie kann nur dann angemessen intervenieren, wenn sie sich einfühlen kann, resonant ist und aus einem Verstehen heraus handelt. Das wiederum kann ganz Unterschiedliches bedeuten, wie zu sichern, zu fokussieren, hartnäckig genauer zu erkunden oder zu ermutigen etc.

Erkundet werden Bedürfnisse im Hinblick auf eine positiv konstruierte Zukunft. Ihre Konkretisierung bringt emotional verankerte Zukunftsvorstellungen hervor. Ein Vater, der formuliert, dass es sein Bedürfnis sei, einen regelmäßigen Kontakt zu seinen Kindern zu haben, benennt damit eine positive Zukunftsmöglichkeit und äußert ein Grundbedürfnis nach sozialem Kontakt zu den für ihn wahrscheinlich wichtigsten Menschen. Die Phase der Bedürfnisse ist ein Lernprozess, der von der Zukunft ausgehend auch grundlegende Bedürfnisse der Vergangenheit ans Licht befördert. Er verbindet die Momente von Vergangenheit, Gegenwart und Zukunft. Vielleicht wurden die Grundbedürfnisse nach Bindung und Autonomie im Leben der Klientinnen noch nie ausreichend beantwortet. Vielleicht wurden sie auch noch nie für die Einzelne erkennbar und zu einer Erkenntnis.

Der Mediationsprozess soll kein therapeutischer Prozess sein, wie einige Autorinnen es insbesondere hinsichtlich der Arbeit in dieser Phase befürchten, gleichzeitig geht es jedoch darum, den Klientinnen einen Rahmen zu schaffen, in dem sie sich, der anderen und der Mediatorin in ihren grundlegenden Bedürfnissen öffnen, verstehen und anerkennen lernen. Dabei können therapeutische, also auch heilende Wirkungen möglich werden, ohne, dass der Prozess primär darauf ausgelegt wäre. Vielmehr steht die Neukonstitution eines sozialen Systems im Vordergrund, die die Bedürfnisse dieser Eltern und ihrer Kinder grundsätzlich berücksichtigt.

Die Interessen im Hinblick auf eine gute Vereinbarung lassen sich natürlich den Grundbedürfnissen entlehnen, die die einschlägige Literatur vorgibt. Gerald Hüther beschreibt, wie bereits erläutert, zwei zentrale Grundbedürfnisse: das Bedürfnis nach Zugehörigkeit und Bindung innerhalb einer Gemeinschaft und das Bedürfnis nach Autonomie und Freiheit, dem Entwicklungspotenziale innewohnen (vgl. Hüther/Renz-Poster 2016, S. 27-33). Andere Autorinnen differenzieren Grundbedürfnisse anders aus. Das wohl bekannteste Modell findet sich bei Abraham Maslow, der 1970 die Bedürfnispyramide als hierarchisches Modell auf acht Bedürfnisse erweiterte. Als Basis der Pyramide formuliert er physiologische Bedürfnisse, danach Sicherheitsbedürfnisse, soziale Bedürfnisse, Individualbedürfnisse, kognitive Bedürfnisse, ästhetische Bedürfnisse, Selbstverwirklichung und zuletzt Transzendenz (vgl. Maslow 1978, S. 49 ff.). In der Mediation kann eine innere Landkarte optionaler Bedürfnisse und verschiedener begrifflicher Fassungen hilfreich sein, um den Klientinnen bei der Entwicklung Unterstützung anbieten zu können, so sie Schwierigkeiten haben, Bedürfnisse in ihrem Sinne sprachlich passend zu formulieren. Es geht hier darum, sehr genaue Formulierungen zu finden, die den Kern dessen erfassen, was den Klientinnen von Bedeutung ist. Daher passt es auch, wenn Beschreibungen sehr konkret werden, wie nachfolgend exemplarisch dargelegt wird: »Als Vater mitbestimmen dürfen«; »Anerkennung meiner Berufstätigkeit«; »Sicherheit, dass es den Kindern gut geht«; »Guter Kontakt zu den Kindern«; »Ruhe vor den Anfeindungen der Familie«; »Zuverlässige Einhaltung der Termine der Kinder« …

Wie im Kapitel 11 über die Formen des Einbezugs verdeutlicht wird, gibt es unterschiedliche Möglichkeiten des Einbezugs von Kindern und Jugendlichen in die Mediation ihrer Eltern. Auch wenn es aufgrund sehr starker elterlicher Konflikte nicht hilfreich ist, die Kinder auch nur phasenweise direkt in die Mediation einzubeziehen, dient der gesamte Prozess der Mediation der Entwicklung einer familialen Lebenswelt, die den Grundbedürfnissen der betroffenen Kinder und Jugendlichen entspricht. Gelingt es, im Mediationssystem Vereinbarungen zu erwirken, die von einer wechselseitigen Anerkennung der Bedürfnisse im Elternsystem getragen werden, dann kommt dies den Kindern zugute. Wirken die Kinder auch direkt im Prozess mit, muss genau differenziert werden, ob sie den Prozess durch ihre Sichtweisen, Themen, Wünsche und Optionen lediglich unterfüttern oder ob sie gleichwertige Mediationsklientinnen einer Familienmediation sind. Der zweite Fall kommt im Kontext hocheskalierender Elternsysteme seltener vor. Im ersten Fall eignet sich diese Stufe nicht, um sie direkt mit Kindern zu erarbeiten, da ihre Mitwirkung im gesamten Prozess sporadisch ist. Würde die Mediatorin in einer Sitzung mit den Kindern deren tiefere Bedürfnisse und Interessen herausarbeiten, bliebe die Frage nach der Erfüllung auch für die Kinder im Prozess unbeantwortet. Wichtiger ist, dass sie zunächst generell und altersgerecht in ihren Grundbedürfnissen im Prozess der Eltern Berücksichtigung finden.

In diesem Kontext ist bereits das schrittweise Verlassen der Konfliktkommunikation, das dann das Feld für Formen der Lösungskommunikation freigibt, eine grundlegende Bedingung der Möglichkeit dafür, dass damit auch den Bedürfnissen der Kinder mehr entsprochen wird.

Die Bedeutungen von Regelungen für die Kinder und ihre Themen, Interessen, Wünsche und Optionen selbst spielen im gesamten Prozess als Reflexionsfeld eine wesentliche Rolle. Wie weiterführend auch der indirekte Einbezug der Kinder durch die Mediatorin unterstützt werden kann, ist im Kapitel 11 nachzuvollziehen.

Gelingt hier eine Öffnung, wird ab dieser Phase der Prozess weniger von taktischem Kalkül unterbrochen und gestört. Die Wissensgrundlage des Systems wird vertieft und ein gemeinsames Verständnis angeregt, an dem sich der weitere Prozess orientiert.

Methodisches Vorgehen

Grundsätzlich bieten sich in dieser Stufe zwei Vorgehensweisen an. Zum einen ist es möglich, nachdem die Abfolge der zu bearbeitenden Themen vorliegt, an den übergeordneten Bedürfnissen mit Blick auf eine Gesamtregelung zu arbeiten. Allerdings setzt dieses Vorgehen eine Abstraktion im Gegensatz zu einer Orientierung an nur einem Thema voraus, wodurch sich die Komplexität deutlich erhöht. Im Sinne einer Reduktion der Komplexität und einer Konzentration im Prozess, empfiehlt sich daher an dieser Stelle eine Orientierung an nur einem Aspekt. Die Leitfrage könnte sich dann an den Bedürfnissen von zunächst nur einem Thema ausrichten: »Welche Bedürfnisse im Hinblick auf das Thema ›Kontakt der Kinder zu den Großeltern‹ sind bedeutsam?« oder auch »Für welches Bedürfnis im Hinblick auf das Thema ›Kontakt der Kinder zu den Großeltern‹ brauchen Sie Antworten für Ihre Regelung?«. Der enger geführte Fokus erleichtert den Klientinnen oft die ersten Schritte in Verbindung zu ihren Bedürfnissen. Diese Phase ist häufig ein vorsichtiges Vortasten, das von der Mediatorin fragend begleitet wird. Immer wieder stellt sie, wo möglich, den Bezug zu einer positiven Zukunft her und ergründet diese »Landschaft« mit weiteren Fragen wie: »Wenn Sie sich nun vorstellen, gute Vereinbarungen zu diesem Thema für sich und Ihre Familie gefunden zu haben, wie muss ich mir das vorstellen? Welche Bedürfnisse sind dann erfüllt? Welche Bedürfnisse sind hier außerdem wichtig?«

Insbesondere zu Beginn dieser Phase kann es sein, dass die Klientinnen auf die Fragen nach den Bedürfnissen mit sehr konkreten Forderungen oder Wünschen an die andere Partei antworten. Beispielsweise könnte eine Klientin auf die Frage nach ihren Bedürfnissen folgendes benennen: »Mein Bedürfnis ist, dass du aufhörst, ständig anzurufen, wenn die Kinder bei mir sind.« Die Fortsetzung des Konfliktgeschehens ist zu befürchten. Die Mediatorin weiß nun noch nicht, was hinter dieser Aussage steckt und welche Bedürfnisse hier eine Rolle spielen. Die Erkundung könnte sich auch darauf richten, verstehen zu wollen, worüber gesprochen wird, wenn etwas aufhören soll, nicht sein soll, also abgeschottet wird: »Wie muss ich mir das vorstellen, wie sähe das Wochenende denn stattdessen aus und welche Bedeutung hätte das für Sie?« Die Konzentration auf die eigenen Bedürfnisse kann zusätzlich dadurch gefördert werden, dass die Mediatorin die Klientinnen in ihrer jeweiligen Rolle als Eltern oder auch als Mensch/Person anspricht: »Ihnen als Person, was wird Ihnen wichtig sein?« »Sie als Mutter, welche Interessen müssten für Sie durch eine Regelung erfüllt werden?« Die Erarbeitung der Bedürfnisse jeder Seite ist ein sensibler Prozess, bei dem es zunächst um die Stärkung der Autonomie beider Seiten geht (vgl. auch Diez/Krabbe/Thomsen 2005, S. 47). Beide Klientinnen werden abwechselnd ermutigt, sich mit dem, was sie bewegt, aus der Deckung zu wagen. Anders als im Falle einer geringeren Strittigkeit ist eine sich abwechselnde Befragung mit relativ gleichen Redezeiten für die Aufrechterhaltung einer Balance von Vorteil. Dies geschieht auch im Sinne der hohen Anforderungen dieser Phase an jede einzelne Klientin im Prozess der Öffnung.

Erst in einem zweiten Schritt, nachdem die Bedürfnisse für beide Seiten erkundet und verschriftlicht wurden, wird die Richtung der Aufmerksamkeit gewechselt. Die Klientinnen werden alternierend mit den Bedürfnissen der anderen Partei konfrontiert und es wird erfragt, ob sie verstehen können, dass diese Bedürfnisse für die andere von Bedeutung sind. Hier ist es wichtig, deutlich zu machen, dass es in Folge eines wechselseitigen Verstehens nicht darum geht, die unterschiedlichen Bedürfnisse zu harmonisieren. Im Vordergrund steht die Erkenntnis, dass ich als Klientin verstanden werde und die andere in ihren Bedürfnissen verstehe. Im gelingenden Prozess entsteht dabei etwas Drittes: eine gemeinsame Grundlage für den weiteren Prozess, die auf zukünftige Regelungen verweist und einen Unterschied zu den Konflikten der Vergangenheit markiert. *Ist der Sprung über diese ausgesetzte Stelle gemacht, wächst das Vertrauen, auch andere unwägbare Wegabschnitte zu meistern.*

Im Prozess wirkt die Mediatorin hier stark orientierend und schützt die Klientinnen davor, den Hergang durch die Konfliktkommunikation dominieren zu lassen. Folgende methodische Aspekte können ihr Vorgehen leiten:

- Die Arbeit an den Bedürfnissen zunächst lediglich an einem Thema orientieren,
- Bedürfnisse mit Blick auf zukünftige Regelungen und Vereinbarungen konzentriert betrachten,
- Die Lösung vom Konfliktgeschehen der Vergangenheit ermöglichen – Zukunft fokussieren und konzipieren lassen,
- Konzentration und Verantwortung für die eigenen Bedürfnisse fördern – ein vertieftes Verstehen unterstützen,
- Wechselseitigkeit: Förderung der Auseinandersetzung mit den Bedürfnissen der anderen,
- Redeanteile zeitlich gut austarieren,
- Die Bedürfnisse im stetigen Wechsel erfragen,
- Den Erklärungen der Bedürfnisse trotzdem Raum geben,
- Den Öffnungsprozess der Klientinnen würdigen,
- Für die individuellen Bedürfnisse der Klientinnen offen sein,
- Auf Bedürfnisse, die vielleicht in Nebensätzen oder anderen Stufen der Mediation benannt werden, achten – die Auflistungen können später um weitere Punkte ergänzt werden.

Fallbeispiel Familie Weber

Im dargelegten Fall entwickelte sich die Phase der Arbeit an den Bedürfnissen wie folgt:

Nachdem die Mediatorin die Phase erneut erklärt und erfragt, ob sich die Eltern nun zum Thema »Besuchskontakte zwischen dem Vater und den Kindern« darauf einlassen können, Bedürfnisse und Interessen herauszuarbeiten, stimmen die Eltern diesem Schritt zu.

Beide Eltern möchten nicht beginnen, dann ergreift doch Christoph Weber das Wort und benennt als sein erstes Bedürfnis, dass es ihm eigentlich nur darum gehe, Kontakt zu seinen Kindern zu haben, und damit meine er, dass die Beziehung zu seinen Kindern nicht gestört und unterbrochen werde. Er entscheidet sich für den Wortlaut »Beziehung zu den Kindern halten«. Manuela Weber ist sehr aufgebracht und reagiert insofern, dass sie sich nicht vorstellen könne, dass er mit Lisa auf die Kinder treffe. Zunächst fällt es beiden Eltern schwer, sich auf ihre Bedürfnisse zu konzentrieren. Frau Weber ist stark verletzt und hat große Sorge, dass Herr Weber sie mit seiner neuen Lebensgefährtin als Mutter und Frau schnell ersetzt. Herr Weber hat seine Kinder schon einige Zeit nicht gesehen. Ihm ist der Kontakt und die gleichberechtige Erziehung am wichtigsten. Die Eltern äußern zunächst ihre Befürchtungen - auch in Form von Anklagen. Die Arbeit der Mediatorin besteht nun darin, aus den anfänglichen Anklagen, die Bedürfnisse herauszuarbeiten. Nach und nach wird der Prozess ruhiger und die Eltern entwickeln folgende Liste:

Frau Weber	**Herr Weber**
Schutz vor Lebensgefährtin	Beziehung zu den Kindern halten
Keine gewaltsamen Ausbrüche	Ausraster vermeiden
Zuverlässigkeit und Planbarkeit	Genug Zeit mit den Kindern
Entlastung bei Arztbesuchen	Vertrauen in ihn als Vater
Abstand zu der neuen Frau	Ruhe - keine Sprachnachrichten
Als Mutter eine Rolle spielen	Eigene Entscheidungen treffen
Informationsaustausch	Gleichwertigkeit in der Erziehung
Zeit für mich	Kontakt der Kinder zu den Großeltern

Im nächsten Schritt geht es darum, die Bedürfnisse der Klientinnen mit der jeweils anderen Partei genauer anzuschauen. Dabei ist nicht die Frage, ob jemand die Bedürfnisse auf der anderen Seite teilt oder als legitim betrachtet, sondern nur, ob die Bedürfnisse der anderen verstehbar sind. In der Fallvignette konnten die Eltern weitestgehend die Bedürfnisse der anderen Seite nachvollziehen und verstehen. In den Fällen, wo sie nicht ganz verstehen konnten, dass dies ein Bedürfnis des Gegenübers ist, wurde dies erläutert und es gab die Option, das Bedürfnis zu unterstricheln. Für jeweils einen Punkt auf jeder Seite konnte die jeweils andere Person kein Verständnis aufbringen, dort blieb das Bedürfnis ohne Markierung stehen.

In der Regel ist in dieser Phase auch im Falle hocheskalierender Systeme ein Verstehen der Bedürfnisse der anderen Person in vielen Punkten gut möglich. Sollte es überhaupt nicht machbar sein, ein wechselseitiges Verstehen anzuregen, wird damit eine mögliche Grenze der Mediation markiert, die die Mediatorin den Klientinnen zur Verfügung stellen kann.

Im Folgenden werden einige Beispielsätze formuliert, die die Mediatorin dazu nutzen kann, die Phase der Bedürfnisse und Interessen zu gestalten:
»Zu Beginn hatte ich Ihnen bereits dargelegt, worum es in der nächsten Stufe ›Bedürfnisse und Interessen‹ geht. Stellen Sie sich eine gute Regelung vor, die Ihren Bedürfnissen entspricht. Welche Bedürfnisse und Interessen würde diese Regelung berücksichtigen?«
»Was brauchen Sie noch, um sich auf eine Regelung einlassen zu können?«
»Was muss ich mir innerhalb Ihrer Lebenswelt vorstellen, was ist da noch von Bedeutung?«
»Sie sagen, dass Sie nicht möchten, dass die Partnerin von Herrn W. die Kinder trifft – warum ist das für Sie zu dieser Zeit wichtig?«
»Sie haben schon genaue Vorstellungen, wann Sie die Kinder sehen möchten, warum ist das für Sie von so großer Bedeutung?«
»Können Sie eine Überschrift für das finden, was bei dem, was Sie gesagt haben, als Bedürfnis relevant ist?«
»Geht es Ihnen dabei eher darum, als Person gefragt zu werden, oder brauchen Sie einen genauen Plan oder geht es um noch ein anderes Bedürfnis, das für Sie eine Rolle spielt?«
»Überlegen Sie noch einmal ganz genau, welche Bedürfnisse eine Vereinbarung für Sie und Ihre Kinder erfüllen soll.«
»Wenn Sie sich noch einmal ein Leben vorstellen, in dem die Konflikte keine besondere Rolle mehr spielen, was ist das für ein Leben und welche Bedürfnisse finden dann eine Antwort?«
»Für jeden von Ihnen kann es wichtig sein, in seinen eigenen Bedürfnissen verstanden zu werden. Sie müssen nicht alles verstehen, aber schauen Sie einmal, welches Bedürfnis der anderen Person Sie auf Anhieb nachvollziehen können.«
»Wenn Sie hier lesen, dass das Bedürfnis nach ›Planbarkeit‹ eine Rolle für Frau W. spielt, können Sie das nachvollziehen und verstehen?«
»›Flexibilität in der Planung‹ muss nicht Ihr Bedürfnis sein, können Sie trotzdem verstehen, dass es ein Bedürfnis der anderen Seite ist?«
»Manchmal ist es auch so, dass man etwas nur teilweise verstehen kann, dann würde ich das Bedürfnis nur unterstricheln. Wie ist es bei dem Interesse, das Sie gerade vorgelesen haben, soll ich das unterstreichen oder unterstricheln oder ist es für Sie überhaupt nicht zu verstehen?«

Gleichwohl diese Stufe für viele Klientinnen eine Herausforderung darstellt, bleibt es für den Gesamtprozess elementar, dass sie erarbeitet und nicht übergangen wird. Denkpausen oder Hausaufgaben, die der Erkundung der eigenen Bedürfnisse im Hinblick auf eine gute Vereinbarung gelten, können eine weitere Anregung bieten. Außerdem kann und sollte in jeder späteren Stufe und mit jedem weiteren Thema die Liste der Bedürfnisse und Interessen erweitert werden. Es ist von großem Nutzen, wenn die Mediatorin sich auch über eigene Hypothesen zu den Bedürfnissen der Klientinnen Gedanken macht. Nicht, um sich diese Hypothesen bestätigen zu lassen, sondern um eine eigene innere Pluralität der Möglichkeiten des Verstehens zu erzeugen. Zudem kann sie den feinsprachlichen Suchprozess besser befördern, wenn sie selbst einige Vokabeln für die umschriebenen Bedürfnisse anbieten kann.

8.4 Stufe der Optionen

Wenn in der vorherigen Stufe die Bedeutungen der Veränderungen konturiert wurden, blieb die Frage der Umsetzung bis dahin noch offen. Erst jetzt gibt der weitere Öffnungsprozess den Blick auf Optionen frei, die sowohl Handlungen und Verhalten als auch Haltungsaspekte umfassen können. Es handelt sich um eine Phase, die den Möglichkeitsraum erweitert, ohne bereits den Druck oder vielleicht auch die Ernsthaftigkeit des Verhandlungsgeschehens zu tragen.

Im besten Fall lädt diese Stufe die Klientinnen dazu ein, fast spielerisch Optionen in den Raum zu werfen, die eine Vielfalt erzeugen, die dann in der darauffolgenden Phase passende, konkrete Angebote inspiriert. Die Einladung ist hier, zunächst Möglichkeiten auszusprechen, die sich nicht direkt an Machbarkeit und Realität messen lassen müssen und eher frei und locker geäußert werden dürfen. Hierbei handelt es sich um eine schnelle und weniger strukturierte Phase und auch der bis dahin übliche ausgewogene Wechsel der Redeanteile kann vernachlässigt werden, wenn prinzipiell beide Klientinnen gut eingebunden sind. Die gemeinsame Geschichte der Klientinnen ist durch Konflikte geprägt, die den Möglichkeitsraum zunehmend verengen. Drohungen lassen keine Wahl und Ängste hemmen jede Form der Kreativität. Hier nun einer Logik zu folgen, deren Ziel es ist, eine Vielheit der Optionen ins Leben zu rufen, setzt ein gewisses Maß an Vertrauen in den Prozess und die Prozessbeteiligten und Mut, sich den Ideen zu öffnen, voraus. *Bildlich gesprochen haben die Bergsteigerinnen schwierige Passagen hinter sich gelassen und blicken nun auf ein Gelände, das mehrere Routen ermöglicht.*

Dieses Entwickeln möglicher Wegführungen ist im besten Fall eine Koproduktion, ein Gespräch, ein neues System, das bis ins Detail hinein die Optionen ausschmückt. Dabei sind beide Klientinnen aufgefordert, optionale Antworten auf die Bedürfnisse und Interessen der anderen Person und sich selbst zu entwickeln. Die bereits zuvor herausgearbeiteten Bedürfnisse und Interessen dienen hier der Inspiration von Optionen. Für einen Vater, dessen Bedürfnis es ist, die Kinder regelmäßig zu sehen, um wieder genügend Spielraum für die Beziehung zum Kind zu haben, sind Optionen attraktiv, die diesem Bedürfnis entsprechen.

Im Prozess der Mediation steuern die Klientinnen Ideen bei, die mitunter den Rahmen des Möglichen etwas überzeichnen. Es geht darum, »Alternativen und Wahlmöglichkeiten zu entwickeln, manchmal sogar ungewöhnliche, ›verrückte‹ Ideen und Optionen« (Diez/Krabbe/Thomsen 2005, S. 47).

Bis hierhin wurde deutlich, dass es sich bei dieser Phase um eine Stufe der Lockerung, der Kreativität, des Freiraums, der Zukunftsorientierung und der Entwicklung von Wahlfreiheiten handelt. Umgekehrt werden Formen der Entscheidungskommunikation aus dieser Phase herausgehalten, weil sie die Gefahr bergen, die Kreativität zu ersticken. Bestenfalls endet diese Phase mit dem Ergebnis eines Fächers an Möglichkeiten, welcher als Materialgrundlage für die nächste Stufe der Angebotsverhandlung dienen kann. Je größer die Anzahl guter Möglichkeiten ist, desto besser gelingt es dem Klientinnensystem, daraus Angebote zu entwickeln.

Der Prozess wird also an dieser Stelle erweitert, um ihn im nächsten Schritt konzentrieren zu können und letztlich kreative und passende Entscheidungen zu ermöglichen.

Methodisches Vorgehen

In dieser Stufe geht es um die Erzeugung eines Raums für Kreativität. Diese ist auf zukünftige Möglichkeiten gerichtet und an den Bedürfnissen und Interessen orientiert. Die Aufgabe der Mediatorin liegt in der Unterstützung des Freiraums. Nicht immer fällt es Klientinnen leicht, den Möglichkeitsraum aufzuspannen. Anstelle dessen werden mitunter Forderungen an die andere Person gestellt oder Optionen entwickelt, die keine Neuerungen mit sich bringen. Umso mehr ist die Einladung zu mehr Lockerung von Bedeutung. In dieser dynamischen Phase sollte möglichst wenig Raum zur »Überprüfung von Machbarkeit« einzelner Optionen gelassen werden. Die Mediatorin ermutigt, Optionen zu äußern oder auch ungewöhnliche Ideen auszusprechen, und sichert immer wieder zu, dass es sich bei dem Gesagten noch nicht um Vereinbarungen handelt.

- **»In dieser Phase geht es darum, dass Sie einmal sammeln, was für Sie alles denkbar und möglich ist. Hier geht es noch nicht um konkrete Angebote, sondern darum, vielfältige Ideen zu bündeln, die im weiteren Vorgehen helfen, Angebote zu entwickeln.«**

- »Schauen Sie einmal, für welche Bedürfnisse Sie direkt Lösungsideen entwickeln mögen.«
- Es mag hilfreich sein, erneut zu erinnern: »Alles was Sie jetzt äußern ist noch kein Ergebnis.«
- »Vielleicht fällt Ihnen sogar etwas ein, was erstmal verrückt klingt oder etwas übers Ziel hinausschießt.«
- Die Mediatorin gibt vielleicht Beispieloptionen, die für beide Seiten undenkbar und verrückt sind: »Beide Eltern ziehen aus dem Haus aus und die wohnungssuchenden Freunde ziehen ein und kümmern sich um die Kinder.«
- »Schauen Sie einmal, für welche Bedürfnisse des Gegenübers es noch gar keine Optionen gibt.«
- »Denken Sie nicht zu sehr nach, wie realistisch Ihre Option ist – Ideen von Machbarkeit kommen später.«
- »Sie müssen jetzt nicht klären, was mit den Optionen passiert, sammeln Sie zunächst einfach weiter.«

Die Dynamik der Phase wird vielleicht noch dadurch unterstützt, dass die Mediatorin nun mehr steht als sitzt oder immer wieder schnell aufsteht. Die Optionen können sowohl in zwei Spalten, d. h. einer Spalte für jede Person, oder in einer Spalte oder auf Karten auf einer Flipchart bunt verteilt notiert und angebracht werden. Im besten Fall gehen die Klientinnen miteinander in einen kreativen und produktiven Dialog. Neben der Erfahrung von wechselseitiger Zustimmung kann es auch eine neue, wertvolle Erfahrung für das System sein, sich ausschließende Optionen vorstellen zu können, ohne in die bekannte Form der Konfliktkommunikation zu wechseln. Oftmals sind die ersten Optionen eher vorsichtig und nah an der alten Realität und die Ermutigung zu ungewöhnlichen Ideen lockert erst nach und nach den Prozess.

Fallbeispiel Familie Weber

Im Fall von Familie Weber entwickelten die Eltern folgende Optionen auf einer gemeinsamen Liste:

- Fr. W.: Die Kinder sind jeden Mittwoch und jedes zweite Wochenende beim Vater.
- Hr. W.: Die Kinder sind abwechselnd beim Vater und bei der Mutter im wöchentlichen Wechsel.
- Hr. W.: Die Großeltern werden wieder in die Betreuung der Kinder einbezogen.
- Fr. W.: Der Vater übernimmt alle Arztbesuche der Kinder.
- Hr. W.: Die Betreuung der Kinder richtet sich nach geraden und ungeraden Wochen im Kalender.

- Fr. W.: Die Kontakte der Kinder mit dem Vater finden ohne die Freundin des Vaters statt.
- Hr. W.: Die Kontakte finden immer im Haus statt.
- Fr. W.: Es gibt gemeinsame Aktivitäten als Familie.
- Hr. W.: Jeder kann unternehmen, was er/sie möchte und auch entscheiden, wer dabei ist.
- Fr. W.: Die Großeltern werden intensiv in die Betreuung eingebunden, damit ich wieder arbeiten kann.
- Hr. W.: Im nächsten halben Jahr finden die Kontakte ohne Anwesenheit meiner Lebensgefährtin statt.
- Fr. W.: Christoph kann immer anfragen, ob ein bestehender Plan gewechselt werden kann, wenn es der Beruf erfordert.
- Fr. W.: Die Kinder übernachten einmal unterhalb der Woche beim Vater und in der Folgewoche am Wochenende.
- Hr. W.: Manuela nimmt ihre Arbeit wieder auf und ich reduziere meine Arbeit und übernehme dafür mehr Betreuungszeiten.

Während die Eltern zunächst einige Optionen benennen, die vorrangig ihren eigenen Bedürfnissen entsprechen, entstehen im weiteren Verlauf auch Optionen, die zudem bereits ein Entgegenkommen beinhalten.

8.5 Stufe der Angebotsverhandlung

In der Phase der Angebotsverhandlung verdichtet sich der Prozess auf einen bestimmten Horizont an Möglichkeiten. Anders als in den meisten Verhandlungskonzepten ist die Idee hier, der Verhandlungspartnerin attraktive Angebote zu machen, anstatt Forderungen zu stellen. Diese veränderte Logik findet sich auch bei Diez, Krabbe und Thomsen wieder, deren Erfahrungen zeigen, dass Familien diese Verhandlungsweise besonders schätzen (vgl. 2005, S. 117).

Auch aus einem weiteren Grund scheint die Idee des Angebotverhandelns für den Prozess förderlich zu sein: Während neue Forderungen oder auch erneutes Positionieren als einer Konfliktlogik entsprechend empfunden werden können, schafft die Formulierung von Angeboten an die andere Person einen Unterschied. Der bietende Elternteil verlässt den sicheren Boden der Forderung und entwickelt eine neue Vision von Veränderung, von der er glaubt, dass sie dem Gegenüber entgegenkommt und gleichzeitig den eigenen Vorstellungen entspricht. »Kristallisieren oder Verdichten heißt, dass man mit der Quelle verbunden bleibt und die Vision und Intention, nach vorne zu geben, langsam klärt« (Scharmer 2015, S. 207). So wie es Otto Scharmer für Veränderungsprozesse insgesamt beschreibt, kann die Stufe der Angebotsverhandlung als Moment der Kristallisierung und Verdichtung verstanden werden. Beide Verhandlungspartnerinnen werden abwechselnd aufgefordert, gute Angebote zu machen. Gut oder auch attraktiv bedeutet hier, dass diese Angebote für die jeweils andere Verhandlungspartnerin ein konstruktives Entgegenkommen bedeuten. In dieser Stufe der Mediation liegt den beteiligten Eltern umfangreiches Material aus der Stufe der Bedürfnisse und Interessen und aus der Stufe der Optionen vor.

Verdichtung und Kristallisierung bedeuten weiterführend auch, dass aus dem Pool der zuvor zur Öffnung beitragenden Optionen Angebote entwickelt werden, aus denen heraus dann wiederum präzise Vereinbarungen erarbeitet werden können. Die eigentliche Verhandlung findet in dieser Stufe somit meist erst in einem zweiten Schritt statt, nämlich dann, wenn ausreichend Angebote stehen, die über konstruktives Material zur Schließung einer Vereinbarung verfügen. Während die Stufe der Optionen der Arbeitsweise nach eine kreative, spielerische und dynamische Phase ist, die sich an dem Prinzip der Vorläufigkeit orientiert, bringt die Stufe der Angebotsverhandlung eine neue Konkretion hervor. Ist eine Ablösung von der Logik der Konflikte bis hierhin gelungen und existiert genügend Material, aus dem heraus Neuerungen verhandelt werden können, kann diese Stufe als Ernte des Prozesses verstanden und erlebt werden.

Methodisches Vorgehen

- Wechselseitiges Sammeln der Angebote an die jeweils andere Verhandlungspartnerin.
- Notieren aller Angebote auf Karten oder in zwei Spalten der Flipchart.
  Leitfragen:
  - »Welches Angebot möchten Sie machen, das ein echtes Entgegenkommen beinhaltet?«
  - »Was glauben Sie, könnte noch ein attraktives Angebot für die andere Seite sein?«
  - »Wenn Sie auf die Bedürfnisse der anderen Seite schauen, welches Angebot fällt Ihnen passend dazu ein?«
  - »Wenn Sie auf die Liste der Optionen schauen, welche Angebote können Sie daraus entwickeln?«
- Nachdem alle Angebote vorerst gesammelt wurden, können die Karten mit den Angeboten in zwei Spalten gelegt und die Klientinnen wieder abwechselnd gefragt werden, welches Angebot sie direkt annehmen möchten.

- Einige Angebote werden dann im Gespräch noch verändert und an die konkreteren Vorstellungen angepasst.
- Um einen fairen Ausgleich der Angebote herauszuarbeiten, braucht es manchmal ergänzende Angebote. Danach kann wie folgt gefragt werden: »Wofür brauchen Sie noch ein weiteres Angebot, damit Sie den Eindruck gewinnen, daraus eine faire Vereinbarung erstellen zu können?«
- Wurden ausreichend Angebote angenommen, sodass daraus eine Vereinbarung entwickelt werden kann, endet die Stufe.

Fallbeispiel Familie Weber

Manuela und Christoph Weber können in dieser Stufe gute und faire Angebote machen, streuen aber gleichzeitig Offerten ein, die den Prozess noch einmal verunsichern und den Spielraum eher verengen. Insgesamt gelingt es allerdings, dass sie über diese Punkte ins Gespräch und in Verhandlung treten können.

Angebote Manuela Weber:

- Die Kinder sehen den Vater regelmäßig an jedem zweiten Wochenende.
- Wir teilen Arzttermine und Termine bei der Logopädin gerecht auf.
- Die Großeltern können die Kinder während der Besuchskontakte auch sehen.
- Deine Eltern holen die Kinder bei mir ab.
- Wir regeln die Abholsituation friedlich und schnell.
- Die Kinder haben bei den Besuchskontakten vor allem Zeit mit ihrem Vater.
- Der Vater kann die Kinder alle zwei Wochen freitags vom Kindergarten abholen und samstags um 17.00 Uhr zurückbringen.
- Ich gehe nicht zum Elternabend im Kindergarten, sondern lasse mich von der Erzieherin informieren, wenn Lisa im Gegenzug nicht in die Gruppe zur Vorbereitung des Abschlusses geht.

Angebote Christoph Weber:

- Ich übernehme die Termine der Kinder bei der Logopädin.
- Unser gemeinsamer Freund Bernd holt in den nächsten Wochen die Kinder bei der Mutter ab und bringt sie auch wieder zurück.
- Die Kinder sind einmal in der Woche und jedes zweite Wochenende bei mir.
- Wir teilen uns die Kosten für ein günstiges Auto.
- Die Kinder leben zur Hälfte bei mir und zur Hälfte bei der Mutter.
- Wir vereinbaren feste Abholzeiten im Kindergarten, damit Manuela und Lisa nicht aufeinandertreffen.

- Die Großeltern werden in die Abholsituation im Kindergarten einbezogen, haben aber auch Zeiten mit den Kindern.
- Ich hole die Kinder alle zwei Wochen freitagabends ab und bringe sie sonntagabends wieder.
- Die Kinder kommen innerhalb der Woche flexibel zu mir – je nachdem, wie meine Arbeitszeit eingeteilt ist.
- Wenn Manuela eine Arbeit aufnimmt, übernehmen meine Eltern und ich Betreuungszeiten.

8.6 Stufe der Vereinbarung

Ein wesentliches Ziel der Mediation ist es, das gemeinsame Leben des Familiensystems neu zu definieren. Vereinbarungen, die auf einem neuen »Selbstverständnis« und wechselseitigem Verstehen der Beteiligten beruhen, erzeugen eine konstruktiv veränderte Lebenswelt der Familienmitglieder.

Eine der Mediation inhärente Leitvorstellung ist dabei, dass sowohl der Prozess als auch dessen Ergebnis in Form einer Vereinbarung den Kriterien von Fairness und Gerechtigkeit entsprechen sollen. Die Idee ist demgemäß auch hier, dass Vereinbarungen in den Augen der Mediantinnen dem Maßstab von Fairness entsprechen müssen, um geschlossen werden zu können und darüber hinaus auch von Dauer und Tragfähigkeit zu sein.

Nebenbei sei hier angemerkt, dass andere Autorinnen die Erarbeitung von Maßstäben für Fairness und Gerechtigkeit als zusätzlichen, flexiblen Baustein aufgreifen. Fairness wird bei Krabbe und Thomsen im Sinne eines menschlichen Grundbedürfnisses eine besondere Dignität im Prozess zugesprochen, der auch strukturell Rechnung getragen wird (vgl. Krabbe/Thomsen 2017, S. 95–97).

Was individuell von den Mediantinnen als »fair« eingeschätzt wird, taucht oftmals in der Stufe der Bedürfnisse auf und kann in der darauffolgenden Stufe in einem Zwischenschritt vertiefend erfragt werden, um dessen Ergebnis anschließend zum Prüfkriterium der Vereinbarung zu machen. Katja Windisch legt in einem Artikel nahe, Fairness vor allem als Verfahrensmerkmal der Mediation aufzufassen, zusätzlich aber auch als eines von mehreren Prüfkriterien von Vereinbarungen: »Fairness ist damit einer von mehreren möglichen Maßstäben, die von Medianten zur Bewertung und Prüfung ihrer Vereinbarung festgelegt bzw. ihnen vom Mediator/der Mediatorin angeboten werden können« (Windisch 2015, S. 55). Dementsprechend widmet sich diese vorletzte Stufe der Mediation zum einen der Entwicklung einer Vereinbarung, die zum anderen mehreren Maßstäben entsprechend geprüft wird. Die konkrete Arbeitsweise mit Blick auf alle prozessual relevanten Maßstäbe für eine gute Vereinbarung wird im Weiteren dargelegt.

Vorab werden hier jene Formen von Vereinbarungen zur Fundierung und Absicherung eines veränderten Miteinanders der Mediantinnen expliziert, aus deren Riege das Klientinnensystem eine Variante wählen kann. Einschränkend muss allerdings geäußert werden, dass dabei jene Mediationsprozesse eine Ausnahme bilden, die in gerichtliche Verfahren eingebunden sind und daher anderen Abläufen folgen. Ansonsten bietet der Kontext der Mediation den Mediantinnen hinsichtlich der Art und Form der Vereinbarung einen großen Gestaltungsspielraum.

Folgende Formen finden in der Praxis Anwendung:

1. Die Mediation findet im Kontext eines gerichtlichen Verfahrens statt. Der in der Mediation entwickelte Vereinbarungstext wird an das Gericht übermittelt.
2. Die in der Mediation geschlossene schriftliche Vereinbarung dient als Grundlage für eine notarielle Vereinbarung, die dann rechtsverbindlich und damit vollstreckbar ist.
3. Die Mediantinnen schließen in der Mediation eine Vereinbarung in schriftlicher Form, oft auch als Memorandum bezeichnet. Diese Form des Privatvertrags ist nicht vollstreckbar.
4. In einigen Mediationen dienen die Inhalte der Protokolle und/oder ein Abschlussprotokoll zur Manifestation des Vereinbarten.
5. Die Mediantinnen schließen eine mündliche Vereinbarung.

Während einige Mediationskontexte mit einer mündlichen Vereinbarung erfolgreich beendet werden können, weil die gesprochenen Worte eine ausreichende Tragfähigkeit und Geltung transportieren, sichert eine schriftliche Vereinbarung die genauen Punkte und Details besser ab. Zudem wohnt der schriftlichen Vereinbarung die Möglichkeit zu einer weiteren Präzisierung inne. Die Vereinbarungspunkte in einen fließenden Text zu überführen, klärt noch einmal Details und macht deutlich, welche Lücken sich auftun, die noch zu berücksichtigen und evtl. auch nachzuverhandeln sind. An diesem Punkt des Prozesses haben die Eltern bereits wieder alternative Kommunikationserfahrungen zu Konflikten gemacht, einigen sich aber trotzdem meist auf eine schriftliche Form der Vereinbarung, wenn diese nicht ohnehin durch die Verbindung zum gerichtlichen Kontext vorgegeben wird. Die Mediatorin klärt zumeist schon in einer der vorangegangenen Sitzung über die Formen der Vereinbarung auf, damit die Klientinnen in Ruhe entscheiden können, welche Form sie wählen. In manchen Fällen benötigt es auch hierzu eine Vermittlung und Vereinbarung der Eltern.

Einen sinnvollen Zwischenschritt innerhalb dieser Stufe stellt die Entwicklung einer Vorvereinbarung dar. Die Arbeitsweise bleibt insofern gleich, als zunächst ein Text zur Neuregelung aller relevanten Themen verfasst wird. Dabei können auch Stichpunkte aufgezeichnet werden, die die Regelungen nach Erarbeitung jedes einzelnen Themas zusammenfassen. Die Mediatorin verhält sich neutral gegenüber den Formulierungen der Klientinnen, hilft im Sinne einer Hebammenkunst jedoch diese zum Vorschein zu bringen. Ohne diese Neutralität zu verlassen, ist es ihr weiter möglich, in Erinnerung der Regelungspunkte abzufragen, ob alle relevanten Informationen bereits in den Text (gleich welcher Textform) eingeflossen sind oder ob es noch etwas Wichtiges zu ergänzen gilt. Die fertige Vorvereinbarung dient den Eltern insbesondere dazu, andere Familienmitglieder, wie z. B. die Kinder oder Eltern in der Rolle als Großeltern, neue Partnerinnen, Freunde oder Fachleute, die unmittelbar oder mittelbar von den neuen Regelungen betroffen sein werden, noch einmal abschließend einzubeziehen oder, so sie bislang nur am Rande einbezogen wurden, vor einer endgültigen Vereinbarung zu Wort kommen zu lassen. Der indirekte, beispielsweise sprachliche oder symbolische Einbezug relevanter Bezugspersonen zieht sich durch den gesamten Prozess, während die Mediatorin an passenden Stellen auf einen direkten Einbezug als Option explizit hinweist.

Die Vorvereinbarung ist wie die Entwicklung eines Prototyps in der Theorie U von Otto Scharmer. Sie versucht die Kernideen im Vorhinein zu bündeln, um mithilfe dieser in den Kontakt zur sozialen Umwelt zu treten und selbst zu erleben, wie es sich anfühlt und welche Rückmeldungen erfolgen. Scharmer schreibt zu dieser Phase in Veränderungsprozessen: »Ein Prototyp ist eine Landebahn in die Zukunft« (Scharmer 2015, S. 425). Konkret heißt es dann an anderer Stelle:

> »Einen Prototypen zu erstellen heißt, dass du deine Idee präsentierst (oder das aktuelle Projekt), bevor sie vollständig entwickelt ist. Die Absicht, die hinter dem Prototypen steckt, ist, frühzeitig von allen Stakeholdern Rückmeldungen darüber zu erhalten, wie sich die Idee oder das Projekt anfühlt, wie es aussieht, wie es sich mit den Intentionen von anderen und ihren Interpretationen verbindet. Diese Rückmeldungen erlauben dann, den eingeschlagenen Weg zu verbessern oder zu verfeinern.« (Scharmer 2015, S. 424 f.)

Genau hierin liegt die Chance der Vorvereinbarung. Dabei wird allerdings wesentlich sein, wie sehr und von wem genau sich die Klientinnen konstruktiv inspirieren lassen möchten. Es gilt zu klären, wieviel Information von außen nun hilfreich und wichtig ist, damit die zukünftige Vereinbarung auch von anderen persönlich oder professionell Beteiligten unterstützt und getragen werden kann und wo es sich lohnt, die Selbstbehauptung der Klientinnen in ihrer Vorvereinbarung nicht allzu sehr in Gefahr zu bringen, weil hierdurch vielleicht das Projekt im Ganzen gefährdet wird. Da die soziale Umgebung auch eigene Interessen vertritt, die sowohl die Chance zur Verbesserung und Anpassung des Prototyps enthalten aber auch in Form schwerwiegender Bedenken noch einmal zur Sprengkraft werden können, ist der Schritt der Veröffentlichung gut vorzubereiten. Eine hilfreiche Anregung der Eltern vor der Veröffentlichung ihrer Vorvereinbarung könnten hier folgende Fragen sein: »Mit wem genau möchten Sie über die Vorvereinbarung ins Gespräch kommen? Was könnte der Vorteil und was die Gefahr dabei sein?« Haben die Eltern bewusst entschieden, wem gegenüber sie die Vorvereinbarung enthüllen möchten, und sich mit dem Umgang mit möglichen Bedenken bereits im Vorfeld auseinandergesetzt, minimiert sich die Gefahr, dass die Vereinbarung im Ganzen ins Wanken gerät.

Während des Prozesses der Vereinbarung kann vorab die Frage hilfreich sein, welche Maßstäbe an Fairness zusätzlich zu berücksichtigen sind, aber nicht bereits in der Stufe der Bedürfnisse aufgenommen wurden. Solche Maßstäbe im Hinblick auf eine Vereinbarung können beispielsweise durch den Satz »Eine Vereinbarung ist dann fair, wenn gilt …« eingeleitet werden. Die Mediantinnen können dann jeweils äußern, was für sie gegeben sein muss, damit sie eine Vereinbarung für fair erachten. Benannt werden hier oftmals Aspekte, die, anders als in der Stufe der Bedürfnisse, noch einmal den prinzipiellen Charakter der Vereinbarung in seiner gewünschten Form betonen. Zum Beispiel durch Sätze wie: »Eine Vereinbarung ist dann fair, wenn die Kosten gleich verteilt sind.« Oder: »Eine Vereinbarung ist dann fair, wenn es einen Ausgleich für mein jahrelanges Engagement gibt.« Oder auch: »Eine Vereinbarung ist dann fair, wenn sie die Ausbildung unserer gemeinsamen Kinder gewährleistet.«

Über den Wertmesser der Gerechtigkeit hinaus bietet der Ablauf des Mediationsprozesses wieder Anlass, zu prüfen, ob alle den Eltern wesentlichen Punkte – die damit zu Maßstäben für eine gute Vereinbarung werden – in den Formulierungen bereits vollumfänglich vertreten sind. Es handelt sich dabei sowohl um eine eher kognitive als auch eine emotionale Überprüfung:

- Gibt es für alle wichtigen Themen der Themensammlung auch passende Regelungen? Was passiert mit den Themen, die noch offen sind?
- Sind ihre Ideen davon, was als fair gelten soll, durch die Vereinbarung angemessen vertreten?

- Bietet die Vereinbarung eine angemessene Resonanz auf die Bedürfnisse und Interessen dieser Stufe? Oder braucht es noch Vereinbarungen, die auf bestimmte Bedürfnisse reagieren?
- Ist das Potenzial der Optionen voll ausgeschöpft oder sollen noch Aspekte in die (Vor-)Vereinbarung einfließen?
- Gibt es aus der Stufe der Angebotsverhandlung noch Angebote, die in die Vorvereinbarung eingehen sollen oder die noch zu ergänzende Vereinbarungspunkte inspirieren?
- Entspricht der Text der (Vor-)Vereinbarung den geteilten und individuellen Kriterien für Fairness und Gerechtigkeit, die zuvor entwickelt wurden?

Jeder dieser Punkte kann zum Anlass genommen werden, die Verhandlung einzelner Aspekte noch einmal aufzunehmen und die Vereinbarung zu erweitern. Die Mediatorin benötigt einen guten Überblick über diejenigen Punkte im Verlauf der Gesamtmediation, die die Vereinbarung vielleicht noch einmal inspirieren könnten, und diejenigen Punkte, die es für die Eltern in der Klärung braucht, um eine Vereinbarung zu entwickeln, die genügend Klarheit, Sicherheit und Realitätsbezug beinhaltet. Wird die Vereinbarung in einem Zwischenschritt erarbeitet, haben die Klientinnen zusätzlich die Möglichkeit, dem inneren Prozess Raum zu geben, der beginnt, wenn eine Vorvereinbarung entwickelt, aber noch nicht endgültig verabschiedet wurde. Manchmal hat der Einbezug der relevanten Personen im Umfeld der Eltern bereits zuvor hinreichend Platz eingenommen, sodass die Veröffentlichung der Regelungen als zusätzliche Inspirationsquelle nicht mehr notwendig ist. Dann bleibt trotzdem zu fragen, ob die Eltern eine Phase des »Wirken-lassens«, des »darüber Schlafens« oder des »inneren Überprüfens« brauchen.

Geht es um die Präzision einer Abschlussvereinbarung, wird diese verfasst, um sie dann final zu veröffentlichen und zu leben. Dabei sind folgende Reflexionsebenen für die Mediatorin wichtig zu berücksichtigen:

- **Die Ebene pragmatischer Erwägungen:** Diese klärt den Rahmen, die Dauer und die Form der Abschlussvereinbarung.
- **Die Ebene der Präzision der Inhalte:** Diese klärt, wie zuvor entlang der Stufen des Mediationsprozesses beschrieben, welche relevanten Regelungspunkte den Inhalt bestimmen.
- **Die Ebene der guten und angemessenen Form:** Hierbei geht es um eine Reflexionsebene, die entlang einiger übergeordneter Kriterien von guten Vereinbarungen geschehen kann.
- **Die Ebene der Vision:** Diese Reflexionsebene kann die Prüfung dessen sein, ob für die Klientinnen mit der Vereinbarung tiefergreifende Veränderungen verbunden sind, die auch über die Vereinbarung hinausführen.

Bezogen auf die Ebene der pragmatischen Präzision haben Krabbe und Thomsen in einer Checkliste wesentliche Punkte zusammengestellt, von denen im Folgenden einige mitbenannt werden (vgl. Krabbe/Thomsen 2017, S. 118 f.):

- In welcher Form (mündlich/schriftlich, rechtskräftig oder nicht) soll die Vereinbarung verfasst werden?
- In welchem Kontext (Mediation/Anwalt/Notar), so sie in schriftlicher Form verfasst wurde, soll sie zur Unterschrift kommen?
- Wie sollen die relevanten Personen des sozialen Umfeldes über die Vereinbarung informiert werden?
- Wie lange soll die Vereinbarung Geltung besitzen?
- damit einhergehend die Frage: Welche Form der Bilanzierung und Anpassung der Vereinbarung möchten die Klientinnen festlegen und braucht es dazu einen schriftlichen Regelungspunkt?
- Welche weiteren pragmatischen Regelungen werden hinsichtlich einer Abschlussvereinbarung von Bedeutung sein?

Eine Abschlussvereinbarung sollte auch in der sprachlichen Form dem Klientinnensystem entsprechen. Gleichwohl hat die Mediatorin auch die Aufgabe, im Sinne ihrer Co-Autorenschaft in der Entwicklung der Vereinbarung, Kriterien der guten Form anzubieten. Folgende Kriterien könnten den Klientinnen angeboten werden:

- **Positiv formuliert:** Es wird in den Blick genommen, was als gegeben gelten soll, nicht, was ausgeschlossen wird. Mediatorinnen können beispielsweise fragen: »Sie sagen gerade, dass Sie als Eltern nicht mehr täglich miteinander telefonieren möchten. Wie oft möchten Sie telefonieren und wie könnte dieser Satz in einer Vereinbarung konstruktiv klingen?«
- **Realistisch machbar:** Im Zuge von Verhandlungsgeschehen tritt manchmal die Machbarkeit der Umsetzung von Regelungen in den Hintergrund und es entstehen sehr komplexe und fordernde Vereinbarungen. Hier kann die Mediatorin einen Realitätscheck anbieten: »Prüfen Sie einmal, wie diese Regelung sich auf den Alltag Ihrer Kinder und auf Ihren eigenen Alltag auswirken wird. Passt das so oder braucht es eine Anpassung?«
- **Präzise und terminiert:** Innerhalb der Formulierung kann es hilfreich sein, sehr genau zu klären, welche Details festzuhalten sind. Als Leitfrage bietet sich hierbei an: »Wer trägt wann wofür genau die Verantwortung?«
- **Gut gewichtet:** Manche Vereinbarungen verlieren sich in endlosen Detailbeschreibungen. Dem gegenüber kann es hilfreich sein, einen Verlauf nach der Priorität der Regelungspunkte zu erstellen. Die Fragen an die Klientinnen könnten hier lauten: »Finden die wesentlichsten Punkte ausreichend Berücksichtigung gegenüber den kleinen Regelungspunkten?« »Wollen Sie

die Vereinbarungspunkte entlang ihrer Priorität verfassen oder ist die Reihenfolge unwichtig?«

Insgesamt gilt auch bei der Formulierung eines Memorandums die Maßgabe, dass die Eltern sich in ihrem Text wiederfinden sollten. Die impliziten Wirklichkeitskonstruktionen der Eltern müssen nicht jenen der Mediatorin entsprechen und auch über den Umfang und die Tiefe der Bedeutsamkeit der Veränderung entscheiden sie selbst. Einige entwickeln hier kein kooperatives Konzept von Elternschaft, sondern eines, dass sie in der Wahrnehmung ihrer parallelen Elternschaft koordiniert, andere kommen zu tiefgreifenden Veränderungen in ihrem gemeinsamen Konzept von Elternschaft. Der mediatorische Auftrag besteht hier nicht darin, zu bewerten, wie gut eine Vereinbarung ist, sondern zu würdigen, dass die Eltern es infolge einer Kommunikation, die stark auf Widersprüchen beruhte, geschafft haben, Vereinbarungen zu schließen. Sie haben die eisigen Höhen des Konflikts verlassen, der Abstieg ist ihnen gelungen und das allein ist Anlass genug, diese große Leistung zu würdigen. Auch die Mediatorin hat Grund, ihrer gelungenen Hilfeleistung Anerkennung zu schenken. Der letzte Schritt in dieser Stufe betrifft die Frage, wie die Eltern den Abschluss gestalten möchten. »Wollen Sie sich die Hand reichen, sich zunicken, einen Sekt trinken oder sich im Stillen freuen und verabschieden?« Zur Verdeutlichung eines Unterschieds, der nun einen Wandel, Neubeginn oder auch Aufbruch markiert, kann die bewusste Entwicklung eines Rituals einen guten Abschluss der Mediation bilden.

Fallbeispiel Familie Weber

Christoph und Manuela Weber schließen zunächst eine Teilvereinbarung für ein Thema und ergänzen diese im weiteren Verlauf durch die Vereinbarungsergebnisse weiterer Themen. Zwischen der Angebotsverhandlung und der Vereinbarung liegt eine Woche Zeit, in der sich Manuela und Christoph mit ihren Eltern, ihren Anwältinnen, Christoph mit Lisa und Manuela mit Bernd Meyer (dem gemeinsamen Freund) besprechen, um deren Bereitschaft zur Unterstützung der Punkte der Vereinbarung abzuklären.

»Die Teilvereinbarung«, so beschließen sie, »besitzt ab sofort Geltung.«

Vereinbarung

Wir vereinbaren, dass

- unsere Kinder im 14-tägigen Rhythmus, beginnend mit dem nächsten Wochenende, freitags von den Großeltern (Eltern von Christoph) aus dem Kindergarten (und demnächst von der Schule) abgeholt werden und bis zum Abend dort verbleiben. Christoph holt die Kinder dort ab und bringt sie am Sonntag um 15 Uhr zu Manuela zurück.

- Christoph sich um die Anschaffung eines Autos für Manuela kümmert. Die Kosten für das Auto dürfen einen Rahmen von 5000 Euro nicht übersteigen und werden hälftig aufgeteilt. Bis zum Erwerb des neuen Autos stellt Christoph Manuela seinen Dienstwagen, wenn eben möglich, zur Verfügung.
- die Großeltern (Eltern von Christoph) die Kinder einen Dienstagnachmittag im Monat bei sich haben.
- Christoph die Kinder jeden Mittwoch abholt. Termine bei Ärzten und bei der Logopädin, die auf diesen Tag fallen, werden vom Vater wahrgenommen. Christoph bringt die Kinder um 19.00 Uhr nach dem Abendbrot zu Manuela.
- Manuela ins Vorbereitungsgremium für den Abschluss im Kindergarten geht. Lisa bleibt diesem Gremium fern.
- wir vorerst in regelmäßigen Abständen von drei Monaten die Vereinbarung insgesamt überprüfen und ggf. anpassen.

Im weiteren Verlauf der Mediation fällt das Thema »Schulwahl« aus den Verhandlungen heraus, da die Eltern sich zwischen Tür und Angel darauf verständigen, dass die Kinder auf die ortsansässige Grundschule gehen sollen und nicht auf die entlegenere Montessori-Grundschule. Diese Entscheidung beruht auf einem Entgegenkommen von Manuela Weber, deren Einschätzung nach die Pädagogik an der Montessori-Grundschule den besonderen Förderbedarfen der Kinder eher entspreche. Allerdings räumt sie ein, dass die vielen Fahrten auch für die Kinder zu einer hohen Belastung werden könnten. Christoph Weber setzt sich im Gegenzug bei der Schulleitung dafür ein, dass die Zwillinge nicht gemeinsam mit Marie, der Tochter von Lisa, in eine Klasse kommen. Die Ferien- und Feiertagsregelung und das Thema »Rolle von Lisa« nehmen noch einige Sitzungen in Anspruch. Die Themen »Auto« und »Großeltern« wurden in diesem ersten Abschnitt der Verhandlung mitberücksichtigt. Zuletzt ergänzen die Eltern die Liste um das Thema »Kindergartenabschluss«. Die Abschlussvereinbarung wird in einem schriftlichen Memorandum festgehalten.

8.7 Stufe der Bilanzierung

Familien haben nach einer Trennung mitunter viele Jahre der Abstimmung und Verhandlung zu gestalten. Auf eine erfolgreich beendete Mediation folgen neue Verhandlungsanlässe. Viele Elternsysteme oder auch Familien können diese Folgeverhandlungen gut autonom gestalten. Ehemals sehr strittige Elternsysteme verfolgen nicht selten den Wunsch, die Umsetzbarkeit der Vereinbarung nach einer gewissen Zeit zu überprüfen. Mit einer Bilanzierung steht nicht zwingend eine gesamte Vereinbarung erneut zur Disposition, vielmehr ist die Frage, wie gut die einzelnen Punkte der Verhandlung dem Lebensvollzug der Familie entsprechen. Bilanzierungen dienen im Kontext ehemals sehr strittiger Systeme deshalb der

- Sicherheit der Klientinnen, damit sie weiter im Gespräch bleiben, um bei aufkommenden Schwierigkeiten, neuen Konflikten oder Fragestellungen auf eine Form der Klärung zugreifen können.
- Würdigung und Stabilisierung neuer Schritte im elterlichen Kontakt.
- Anpassung der bisherigen Vereinbarung an neue Lebensaufgaben, z. B. durch die Entwicklung der Kinder.
- Normalisierung von Rückschlägen und der Neuverhandlung einiger Aspekte.
- Einübung eigener Verhandlungsstrategien, indem grundlegende Kommunikationsmuster der Mediation für »Verhandlungen am eigenen Tisch« nachvollzogen werden.

Bilanzierung ist keine zwangsläufig eingeplante Stufe, sie kann aber von der Mediatorin angeregt werden, wenn sie der Hypothese folgt, dass den Klientinnen die Form des Bilanzierungsgesprächs aus den zuvor benannten Gründen hilfreich sein kann oder weil die Klientinnen benennen, dass sie ein solches Gespräch wünschen. Dabei kann in der Stufe der Vereinbarung auch eine abschließende mündliche oder schriftliche Vereinbarung zu dem Punkt Bilanzierung aufgegriffen werden, die zum Beispiel klärt:

- ab wann Gespräche veranlasst werden können, d. h. wieviel Zeit bis zu einem ersten Bilanzierungsgespräch mindestens vergehen soll.
- wer die Gespräche veranlassen darf und in welchem Bedarfsfall.
- ob direkt ein Bilanzierungsgespräch vereinbart wird, ohne dass bereits Bedarf erkennbar ist.

»Beende rechtzeitig!« (Ludewig 1997, S. 139) formuliert Kurt Ludewig als Leitsatz für therapeutische Prozesse. Der orientierende Hinweis sollte hier auch für die Mediatorin gelten, wenn sie der Frage nachgeht, ob Bilanzierungsgespräche den Erfolg der Mediation sichern oder vielmehr die Selbstsicherheit und Autonomie der Klientinnen verhindern. Werden Bilanzierungsgespräche zu einem neuen, eigenen, andauernden Prozess, ist die Frage nach dessen Beendigung ein wichtiger Bestandteil der Neuverhandlung des Mediationskontrakts.

9 Methodische Bausteine im mediativen Prozess

Im Kontext stark konfligierender Systeme ist weniger methodische Innovation als vielmehr Handwerkszeug zur Ermöglichung und Stabilisierung des zentralen Prozesses von Bedeutung. Daher werden hier lediglich jene zentralen, den Prozess begleitenden methodischen Bausteine angeführt.

9.1 Hypothesenbildung

»Blumen ›verwelken‹ nur für Beobachter.« (Fuchs 2004, S. 14)

Beobachtung, so kann mithilfe der Systemtheorie formuliert werden, ist jene Operation, die im Zuge des Beschreibens von Etwas in Differenz zu etwas anderem einen Unterschied erzeugt, der immer auch an blinde Flecken gekoppelt ist. Ich kann sehen, was ich sehe, aber nicht sehen, was ich zu dieser Zeit nicht sehe, und das, was ich sehe, sehe ich in Unterscheidung zu etwas anderem. Und so verwelken die Blumen für die Beobachterin und erst in deren Folgebeobachtung mag sie den frischen Blütenansatz erkennen. »Die Operation der Beobachtung realisiert mithin die Einheit der Unterscheidung von Unterscheidung und Bezeichnung, das ist ihre Spezialität« (Luhmann 1997, S. 100). Die Operation ist dabei nicht nur an ein Sinnsystem gebunden, sondern kann hier als zentrale Operation, sowohl von psychischen als auch von sozialen Systemen, aufgefasst werden.

Hypothesenbildung, im Sinne eines sowohl gedanklichen Beobachtungsvorgangs als auch in Form kommunizierter Annahmen, versteht sich innerhalb des vorliegenden Kontexts immer als Momentaufnahme, die etwas Bestimmtes in den Fokus nimmt. Dies geschieht in Differenz zu etwas anderem und im Wissen um diese situative Festlegung.

Die Tradition der Systemischen Beratung und Therapie wird von dem Gedanken begleitet, dass jedwede Annahmen den Kontext helfender Interventionen nicht deshalb bereichern, weil sie von der Therapeutin/Beraterin zum Abgleich mit einer »tatsächlichen Wirklichkeit« eingeführt werden. Stattdessen wird davon ausgegangen, dass Hypothesen eine Anregungs- aber auch Ordnungsfunktion sowohl für die Therapeutin/Beraterin als auch für Klientinnensysteme haben. »So geht es nicht darum, *die eine* richtige Hypothese zu finden. Vielmehr führt gerade die Vielheit der Hypothesen auch zu einer Vielheit von Perspektiven und Möglichkeiten« (Schlippe/Schweitzer 2003, S. 117).

Im Kontext der Mediation geht es ebenfalls um einen Prozess der Verflüssigung und Perspektiverweiterung als auch der inneren wie äußeren Orientierung im Prozess. Diez/Krabbe/Thomsen beschreiben daher auch, dass für sie die Hypothesenbildung im gesamten Prozess und insbesondere bei der Gestaltung der Übergänge von einer Stufe in die nächste ein zentrales Arbeitsmittel darstellt. Dabei unterscheiden sie Arbeitsannahmen für die nächsten Schritte im Prozess von (psychologischen, juristischen und pädagogischen) Hintergrundhypothesen mit Blick auf die Klientinnen (vgl. Diez/Krabbe/Thomsen 2005, S. 75 f.). Auch im hier benannten Kontext geht es zunächst um Formen der (Selbst-)Reflexion der Mediatorin nach bzw. vor einer nächsten Stufe. Supervision eignet sich neben der eigenen Vorbereitung der Mediatorin ideal zur Perspektiverweiterung im Hinblick auf die nächste Sitzung eines Falles. Die starken Konflikte der Eltern zeigen sich oft auch in der Kommunikation des Mediationssettings. Für die Mediatorin ist es dann wichtig, sich von der Sogwirkung des Konfliktes nicht erfassen zu lassen und den Abstand zum Konflikt sowie die eigene Zuversicht bezüglich alternativer Kommunikationsformen zum Konflikt zu erhalten.

Hypothesen, die der Mediatorin in ihrer Haltung und in ihrem Verhalten hilfreich sind, folgen dem Prinzip der Ressourcenorientierung. Dabei können sie ihr helfen, ihre Offenheit, Flexibilität, Wertschätzung und Allparteilichkeit gegenüber dem Klientinnensystem zu bewahren oder wiederherzustellen. Umgekehrt geht es im systemischen Verständnis nicht vorrangig darum, Hypothesen zu verifizieren oder sie eventuell zum Abgleich mit den Wirklichkeitskonstruktionen der Klientinnen zu nutzen, sondern mehr noch, den Prozess anzuregen und passende, öffnende Fragen zu stellen. Die Hypothesenentwicklung folgt Kurt Ludewigs Leitsatz, der da lautet »Bleibe beweglich!« (Ludewig 1997, S. 130), wenn beispielsweise die Mediatorin droht in Parteilichkeit, innere Bewertungen oder auch Ängste und Resignation abzugleiten.

Verschiedene Beobachtungsebenen dienen der Mediatorin oder dem Supervisionssystem als Anlass, konstruktive Hypothesen zu entwickeln. Dabei spielen auch vorbereitende Hypothesen jeder Stufe eine Rolle. Welche Annahmen entwickelt zum Beispiel die Mediatorin zu den Themen, Bedürfnissen, Optionen und Angeboten jeder Klientin.

Folgende Beobachtungsebenen können in der Reflexion unterschieden werden:

- die jeder einzelnen Klientin,
- die des Klientinnensystems,
- die der Hintergrundbedingungen der Familie (juristisch, psychologisch, finanziell),
- die der Mediatorin in diesem Fall,
- die eines Co-Mediationssystems,
- die des bisherigen Prozesses,
- die des weiteren Prozesses.

Auf der Haltungsebene der Mediatorin kann Hypothesenbildung dabei helfen, den Klientinnen innerlich ausbalancierter, zuversichtlicher, allparteilicher, ergebnisoffener, neugieriger, beweglicher oder mutiger zu begegnen.

Auf der Verhaltensebene kann die Hypothesenbildung hilfreich sein, um:

- den Prozess wieder ausbalancierter und allparteilicher zu gestalten,
- das Tempo im Prozess anzupassen, zu verlangsamen oder zu beschleunigen,
- eine Prozessstufe noch einmal vertiefend aufzugreifen,
- Hypothesen in offene oder konstruktive Fragen zu verwandeln, die das Verständnis fördern,
- das Setting zu verändern – die Sitzpositionen, den Raum oder die Dauer der Sitzungen.

Dazu passende Fragen der Mediatorin können beispielsweise lauten:

- »Ich habe mir Gedanken gemacht, ob in der letzten Stunde wirklich alle wesentlichen Bedürfnisse benannt wurden. Könnten Sie noch einmal prüfen, ob es sich aus Ihrer Sicht lohnt, die Stufe der Bedürfnisse noch weiter auszuarbeiten? Oder steht alles Wesentliche auf der Flipchart und wir können fortfahren?«
- »Was würden Sie sagen, sollte ich noch von ihrer Familie verstehen, um einordnen zu können, welche Bedeutung das Thema ›Umzug‹ für Sie hat?«
- »Manchmal neige ich dazu, etwas schnell voranzugehen. Wäre es für Sie besser, ich würde das Tempo etwas drosseln, oder ist genau dieses Tempo gut für unsere Arbeit?«
- »Heute habe ich einen anderen Raum ausgewählt, weil ich den Eindruck hatte, dass etwas mehr Platz die Arbeit und das Denken erleichtert, passt

das für Sie so oder würden Sie gerne wieder in den vertrauten Raum wechseln?«

- »In der letzten Sitzung haben Sie beide viel über das Haus gesprochen, gibt es diesbezüglich noch Themen, die zu verhandeln wären?«

Hypothesen sind, so wurde bereits festgehalten, Beobachtungen, die zwangsläufig immer mitlaufen, hier aber auch als intendierte, konstruktive Reflexionsschleifen in den Prozess eingebaut werden. Sie sind Beobachtungen, die im Rahmen von Bezeichnungen etwas unterscheiden und zwangsläufig blinde Flecken mit sich bringen, worüber die lernende Beobachterin im Sinne von Peter Fuchs allerdings Kenntnis hat. »Wenn man den unscharfen Ausdruck ›Lernen‹ vermeiden will, könnte man formulieren, dass der Beobachter zweiter Ordnung durch Kontingenzerfahrung bzw. Kontingenzkommunikation sozialisiert ist« (Fuchs 2004, S. 22). Dadurch wird deutlich, dass Hypothesen die Wahl einer Beobachtung einer Beobachterin zu einer Zeit sind, die immer auch anders möglich gewesen wäre. Die unbeantwortbare Leitfrage bleibt also für diesen bewusst eingesetzten Beobachtungsprozess weniger, wie wahr eine Hypothese ist, als vielmehr, welche Hypothesen und daraus ableitbaren Fragen den Prozess begünstigen oder sogar beflügeln.

9.2 Frage- und Gesprächstechniken

Die Mediation hat als Verfahren kein spezifisches Fragenrepertoire, gibt aber eine Struktur vor, in die sich Systemische Fragetechniken gut einpassen lassen. Auf der Basis einer Systemisch inspirierten Haltung der Mediatorin ergibt sich darüber hinaus ein fragendes Verhalten. Insgesamt sind Fragestellungen hier also prinzipiell als offene und konstruktive Frageformen verfasst (vgl. hierzu z. B. Schlippe/Schweitzer 2003, S. 146 f.).

Insbesondere für den noch deutlicher konfligierenden Auftakt einer Mediation können zirkuläre Fragen die Konflikte schlimmstenfalls befeuern, anstatt dass sie zu ihrer Beruhigung beitragen. Sie sind deshalb zunächst vorsichtig anzuwenden. Auch Fragestellungen zum Problemkontext haben hier das Potenzial, ein »Mehr desselben« vom Konflikt zu erzeugen und sollten – wenn überhaupt – sparsam eingesetzt werden.

Beispielhaft werden nun folgend Fragen entlang der Stufen der Mediation aufgeführt:

Fragen zum Auftragskontext in der Vorphase:

- Wer hatte die Idee, eine Mediation aufzunehmen?
- Welche Lösungsversuche gab es bereits? Was davon gilt nach wie vor?
- Gibt es laufende oder bereits abgeschlossene gerichtliche Verfahren? Was sollte ich über deren Stand wissen?
- Warum suchen Sie gerade jetzt eine Mediation auf?
- Wie optimistisch sind Sie, dass eine Mediation helfen kann?
- Was denken Sie, was meine Aufgabe dabei ist? Was müsste ich tun, um Ihre Erwartungen zu erfüllen?
- Was darf hier nicht passieren?
- Wie sind Sie gerade auf mich gekommen?
- Wer müsste außer Ihnen eigentlich noch hier sein?
- Wer gehört zu Ihrer Familie?
- Wer gehört noch zu den Personen, die für das Verstehen Ihrer Situation wichtig sind?
- Was muss ich aus Ihrer Sicht von der Situation verstehen, um mit Ihnen an Veränderungen zu arbeiten?

Fragen in der Stufe der Themensammlung:

- Für welche Themen möchten Sie in der Mediation Vereinbarungen entwickeln?
- Wenn Sie Ihr Thema als eine Überschrift verfassen würden, unter der Sie hinterher weiterarbeiten, wie würde diese dann lauten?
- Was Sie da formulieren klingt schon beinahe wie eine Lösung, wie lautet denn das Thema, das als Titel darüber stehen könnte?
- Wenn Sie sagen, dass Sie den Stress nicht mehr haben wollen, worum geht es Ihnen stattdessen und wie würde das Thema lauten?
- Erinnern Sie sich rückblickend an den Anlass, warum Sie gekommen sind, für welche Themen wollten Sie Antworten finden?
- Was würden Ihre Kinder noch sagen, worum es hier gehen sollte?
- Was würden wohl andere Personen sagen, was noch ein wichtiges Thema ist, und was würden Sie mit diesem Thema machen wollen? Ist es für Sie auch relevant?
- Das ist eine große Überschrift, können Sie sagen, welche Themen genauer zu diesem Oberthema gehören?
- Sie haben aus meiner Sicht jetzt einige Themen formuliert, die irgendwie

zusammengehören. Wenn das so ist, können Sie eine Überschrift formulieren, unter der all diese Themen Platz hätten?
- Wie genau soll das Thema formuliert sein?

Fragen in der Stufe der Bedürfnisse:
- Stellen Sie sich vor, Ihre Vereinbarung entspricht dem, was Sie als Mensch oder in Ihrer Rolle als Elternteil brauchen, was wäre das?
- Was bedeutet das Thema für Sie im Hinblick auf eine gute Vereinbarung tiefergehend?
- Woran würden Sie merken, dass Sie in dem Thema zu einer guten Regelung gekommen sind?
- Was brauchen Sie noch, um sich auf eine Vereinbarung zu dem Thema einlassen zu können?
- Welches Interesse verfolgen Sie mit einer Regelung zu diesem Thema?

Fragen in der Stufe der Optionen:
- Welche Möglichkeiten sehen Sie, wie man in diesem Thema vorgehen könnte?
- Wie könnte Ihre Lebenswelt noch aussehen, was könnten Sie tun, wenn Sie bereits eine Vereinbarung zu diesem Thema geschlossen hätten?
- Stellen Sie sich vor, über Nacht wäre ein Wunder geschehen und Sie hätten eine Vereinbarung zu dem Thema gefunden, was würden Sie dann anderes tun?
- Ich würde Sie gerne einladen, etwas über das Ziel hinauszuschießen und Möglichkeiten zu benennen, die zunächst etwas verrückt klingen, wie sähen die aus?
- Denken Sie einmal an andere Personen, vielleicht Ihre Kinder, welche Optionen würden diese noch sehen?
- Was wäre noch eine Möglichkeit?

Fragen in der Stufe der Angebotsverhandlung:
- Welche Angebote fallen Ihnen sofort ein, die Sie machen möchten und von denen Sie glauben, dass sie für die andere Seite attraktiv sein können?
- Wenn Sie auf die Bedürfnisse der anderen Seite schauen, für welches Bedürfnis möchten Sie ein Angebot machen?
- Wenn Sie auf die Vielfalt der Optionen blicken, welche Angebote können daraus entwickelt werden?
- Zu welchem Themenbereich brauchen Sie noch ein Angebot, damit Sie sich auf den Schritt des Verhandelns einlassen können?
- Gibt es noch ein attraktives Angebot, das Sie machen können?

Fragen in der Stufe der Vereinbarung:

- Welche genauen Regelungen wollen Sie zuerst aufnehmen, was muss in den ersten Satz hinein?
- Wie genau muss der Satz klingen, damit er Ihren Vorstellungen entspricht?
- Welche weiteren Regelungspunkte möchten Sie nun in Ihrer Vereinbarung aufgreifen?
- Wenn Sie das so lesen, was Sie vereinbaren wollen, fehlt da noch etwas, oder steht bereits alles Wichtige zu diesem Thema auf der Flipchart?
- Was wären für Sie Indikatoren für eine faire Vereinbarung, wie würden diese lauten?
- Finden sich Ihre Maßstäbe für Fairness in Ihrer Vereinbarung wieder?
- Entspricht die Vereinbarung auch dem, was Sie als Bedürfnisse formuliert haben?
- Gibt es noch Themen, die in der Vereinbarung unbeantwortet bleiben? Was soll mit diesen passieren?
- Entspricht das, was Sie verfasst haben, auch Ihrer Lebenswelt und derjenigen Ihrer Kinder und ist es realistisch und umsetzbar?

Fragen in der Stufe der Bilanzierung:

- Sie hatten jetzt die Gelegenheit, ein halbes Jahr nach den Regelungen Ihrer Vereinbarung zu leben. Was ist gelungen?
- Was genau haben Sie zum Gelingen der Vereinbarung beigetragen?
- Was fiel schwer?
- Wo ergaben sich Hindernisse?
- Welche Punkte bedürfen einer Anpassung oder Veränderung?
- Gibt es zusätzliche Themen, die aufgegriffen werden sollen?
- Was brauchen Sie, damit ich für Sie überflüssig werde?

Wie bei einer Sanduhr, die sich von oben nach unten zunächst verjüngt, um dann in eine sich erweiternde Kammer überzugehen, ist es im prozessualen Geschehen manchmal wichtig, Fragen zu stellen, die den Prozess eher auf Details hin fokussieren, da er sonst beliebig wird oder verschwimmt. Genauso von Bedeutung ist es, dann wieder wichtige Fragen zu stellen, die den Prozess um Möglichkeiten erweitern, ihn aus der Erstarrung herausführen, öffnen, fluide und beweglich machen. Demgemäß folgen die hier beispielhaft zusammengestellten Fragen auf der einen Seite der Idee einer Verdichtung und Konzentration und auf der anderen Seite der Idee einer Erweiterung des Möglichkeitsraums.

Fragen können nicht immer angemessen, schön oder passend sein, aber man kann sie immer anpassen, korrigieren oder revidieren, je nachdem welche Wirkung und Reaktion sie bei den Klientinnen hervorrufen. Fragen zur Lösung dieses Problems können wiederum lauten: »Was stattdessen wären Sie lieber gefragt worden?« Oder: »Wie müsste die Frage genauer lauten, die ich Ihnen stellen soll?« Oder sogar: »Was würden Sie am liebsten gefragt werden?«

10 Die Rolle der Mediation im Kontext interprofessioneller Kooperation

Starke elterliche Konflikte, so wurde in den Kapiteln 3 und 4 präzisiert, folgen einer sich fortsetzenden Steigerungslogik, die im Besonderen darin besteht, dass die Mittel im Konflikt erhöht werden und eine Ausweitung auf Personen und soziale Systeme erfolgt, womit gleichfalls professionelle Systeme gemeint sind. Als eine mögliche Reaktion auf das Phänomen von Konfliktlinien zwischen Professionen wurden in den letzten Jahrzehnten tragfähige Kooperationskonzepte von juristischen und psychosozialen Berufsgruppen am runden Tisch entwickelt. Als Vorreiter kann hier das Konzept des »Cochemer Modells« der Arbeitsgruppe um Jürgen Rudolph verstanden werden, das die Beschleunigung familiengerichtlicher Verfahren vorsieht, um das Konfliktgeschehen zumindest zeitlich zu begrenzen und die Möglichkeit für weitere Eskalationsprozesse zu reduzieren. Das grundlegende Vorhaben, das mit dem Modell verfolgt wurde, war, den Trennungs- und Scheidungsprozess für die beteiligten Kinder so schonend wie eben möglich zu gestalten. Wesentlich ist zudem, dass Angebote in Form von Beratung und Begleitung das Vorgehen komplettieren (vgl. Rudolph 2007).

Das Modell, das die Praxis bis heute nachhaltig prägt, umfasst folgende Aspekte:

- die Einführung des »frühen Termins«, womit hier eine mündliche Verhandlung innerhalb der ersten 14 Tage nach Antragstellung gemeint ist.
- die Begleitung und beratende Betreuung der Familie durch das zuständige Jugendamt im gesamten Verfahren und bei Bedarf darüber hinaus.
- den Einbezug von Sachverständigen in das Verfahren, um die Lösungen zu unterstützen.
- das Verfassen von Anträgen durch Rechtsanwältinnen, die auf die wesentlichen Fakten reduziert werden, um den Kampf zwischen den Parteien nicht zu befeuern.
- die Anordnung eines Beratungsgesprächs, wenn es im Verfahren zu keiner Einigung kommen sollte.

Das Modell inspirierte zum einen zahlreiche (Jugendamts-)Bezirke, ihre eigenen Kooperationsmodelle zu verändern oder neu zu entwickeln, und zum anderen sicherlich auch die Entwicklung des Gesetzes über das Verfahren in Familiensachen und in den Angelegenheiten der freiwilligen Gerichtsbarkeit (FamFG), das mit dem 01.09.2009 in Kraft getreten ist. Hierin wird neben vielen Neuregelungen auch eine sprachliche Anpassung vorgenommen, indem beispielsweise nunmehr von Beteiligten und nicht mehr von Parteien die Rede ist. Besonders weitreichend sind aber die neuen Verfahrensprinzipien des Beschleunigungsgebots und eines Hinwirkens auf einvernehmliche Regelungen der Beteiligten im Prozess. Daran dockt auch das Prinzip der Förderung einer außergerichtlichen Streitschlichtung in Mediation und Beratung an. Heute erfahren entlang der Vorgaben des FamFG an vielen Orten Kooperationsprojekte in familiengerichtlichen Verfahren oder unter deren Mitwirkung eine gute Umsetzung.

Am runden Tisch haben Mitarbeiterinnen beteiligter Professionen eigene Modelle der Umsetzung des FamFG entwickelt und beraten weiter über Anpassungen und Verbesserungen der Gestaltung der Prozesse und Schnittstellen. Richterinnen, Rechtsanwältinnen, Verfahrenspflegerinnen, Jugendamtsmitarbeiterinnen, Beraterinnen, Mediatorinnen der ortszuständigen Beratungsstellen und Gutachterinnen etc. schaffen auf diese Weise klar definierte Vorgehensweisen im Kontext familienrechtlicher Verfahren.

Ausführliche Beschreibungen solcher Arbeitsweisen finden sich beispielsweise unter den Veröffentlichungen der »Warendorfer Praxis«, die infolge der Initiative des Familienrichters Andreas Hornung und des Warendorfer Kreisjugendamtsleiters Wolfgang Rüting einen Arbeitskreis zur Entwicklung und dauerhaften Reflexion der eigenen Praxis etablieren (vgl. Rüting/Hornung/Kaufhold 2009, S. 2–10). Die »Warendorfer Praxis« formuliert dem »Cochemer Modell« ähnliche Kriterien, wobei sich diese allerdings auch noch einmal expliziter in ihren Prozessen am Wohl der beteiligten Kinder orientieren. Die Unterstützung der Eltern, ihre Verantwortung wahrzunehmen, indem sie darin bestärkt werden, einvernehmliche Regelungen zu erarbeiten und zu leben, steht als Ziel auch hier im Vordergrund. Zusätzlich positioniert sich die Praxis mit einem Kooperationskonzept der beteiligten Professionen und ihrer Akteurinnen, dessen integraler Bestandteil die sich fortsetzende Entwicklungsarbeit im Arbeitskreis ist. Vor allem deshalb kann hier von einem lernenden System gesprochen werden, das den Akteurinnen ermöglicht, sich über die Prinzipien und Arbeitsweisen der anderen Professionen und Rollendefinitionen zu informieren.

Nachfolgende Verfahrensabläufe, die auf der Basis sowohl gerichtsprozessualer Vorgaben durch das FamFG als auch von leitenden Prinzipien beraterischen Handelns verfasst wurden, erläutern das spezifische Vorgehen der »Warendorfer Praxis«:

1. Versuch der Herbeiführung einer außergerichtlichen Einigung unter Beachtung des Kinderschutzes.
2. Wenn eine außergerichtliche Lösung scheitert: knappe, nicht konfliktverschärfende Antragsschrift im Regelverfahren, ausführliche und detaillierte schriftliche Anzeige der »gewichtigen Anhaltspunkte für die Gefährdung des Wohls eines Kindes oder Jugendlichen« im Sinne des § 8a SGB VIII im Gefährdungsverfahren.
3. Im Regelverfahren und im Gefährdungsverfahren früher erster Termin binnen zwei bis drei Wochen ab Antragseingang.
4. Mündlicher Bericht des Jugendamts im frühen ersten Termin.
5. Frühzeitige Anhörung und Inaugenscheinnahme der betroffenen Kinder.
6. Innerhalb der ersten mündlichen Verhandlung des Regelverfahrens: Hinwirken auf eine einvernehmliche Lösung. Bei Nichteinigung der Eltern: Aussetzung des Verfahrens für eine außergerichtliche Inanspruchnahme von Beratungs- oder Mediationsstellen. Entwicklung eines standardisierten Rückmeldungsformulars der freien Träger an Jugendamt und Gericht.
7. Im ersten Termin des Gefährdungsverfahrens: Erörterung der Kindeswohlgefährdung mit allen Beteiligten. Das Familiengericht weist die Eltern auf Jugendhilfemaßnahmen und die möglichen Folgen von deren Ablehnung hin. Wenn es in der ersten Verhandlung zu keiner Lösung kommt, bestellt das Familiengericht den Kindern regelmäßig einen Verfahrensbeistand.
8. Kein Aussetzen des Verfahrens innerhalb des Gefährdungsverfahrens, sondern weitere Beweiserhebung, v. a. durch ein familienpsychologisches oder bei Krankheitsverdacht auch fachpsychiatrisches Gutachten zur Erziehungsfähigkeit der Eltern. Wichtig: sofortige Fristsetzung zur Gutachtenerstattung.
9. Verfahrensende: Protokollierung einer Einigung der Verfahrensbeteiligten im Regelverfahren. Gelingt eine Einigung im Regelverfahren trotz Beratung nicht oder ist ein Gefährdungsverfahren gegeben, entscheidet das Familiengericht am Ende des Verfahrens nach einer zweiten Verhandlung aufgrund einer erneuten Anhörung durch streitigen Beschluss.
10. Regelmäßige Überprüfung des Ergebnisses.

(vgl. Rüting/Hornung/Kaufhold 2009)

Beratung und Mediation können entweder gerichtlich angeordnet oder in Verfahrensabläufe eingebunden werden oder parallel zu gerichtlichen Auseinandersetzungen stattfinden, sofern sie ein anderes Thema betreffen. Darüber hinaus finden Beratungen und Mediationen im Anschluss an gerichtliche Verfahren statt, wenn mit den gerichtlich verabschiedeten Vereinbarungen oder Beschlüssen eine Rahmung festgelegt wurde, deren weitere oder auch konkretere Ausgestaltung dann in die Beratung verlagert wird. Und nicht zuletzt finden Mediationen und Beratungen auch im Kontext hoher Strittigkeit ganz unabhängig von gerichtlichen Verfahren statt.

In Verfahren eingebettete oder sich an Verfahren anschließende Beratungen und Mediationen machen im Falle einer hohen Strittigkeit des Elternsystems sicherlich den überwiegenden Teil aus. Ohne die bekannten Vorteile der freiwilligen Aufnahme einer Beratung oder Mediation abzuschwächen, kann im Kontext hocheskalierender Konflikte danach gefragt werden, wieviel Handlungsspielraum der Einzelnen in diesem Konflikt noch obliegt. Mehr als die beteiligten Personen, entscheidet der Konflikt zunächst einmal selbst über die Teilnahme am Konfliktsystem. Eine gerichtlich beauftragte Mediation oder Beratung muss hierzu eine Haltung und Vorgehensweise entwickeln (vgl. Kapitel 7.1).

Suchen Klientinnen nach einem Gerichtstermin das erste Mal eine Beratung oder Mediation auf, ist ihnen zunächst oft überhaupt nicht bewusst, welche Interventionsform sie erwartet. Vielleicht haben sie bereits Vorerfahrungen mit Hilfesystemen, aber wer ihnen was genau anbietet oder wozu sie nun verpflichtet werden ist oftmals noch offen. Zur Gestaltung der Schnittstelle zwischen Gericht und Beratung bedarf es des Wissens um die Schwierigkeit der Klientinnen, die unterschiedlichen Logiken zu überbrücken. Dies kann bedeuten, dass die gerichtliche Beauftragung als ermutigende Anregung zur gelingenden Gestaltung der gemeinsamen elterlichen Verantwortung vermittelt wird und weniger als unumgängliche Verpflichtung. Von Seiten der Beratung kann es bedeuten, die gerichtlichen Vorgaben und bisherigen Entscheidungen als Grundlage der Arbeit aufzufassen und nicht infrage zu stellen.

Darüber hinaus bleiben die Erläuterungen zum Mediationsprozess wichtige Grundlagen für die Option der Entscheidung der Eltern zu diesem Prozess. Während die gerichtliche Empfehlung oder Anordnung den Prozess als Weg in die Beratung hinein zwar vorgibt, wird im Weiteren wieder die Frage zu klären sein, ob die »Geschickten« zu »Kundinnen« werden. Falls die Klientinnen über die erste Zeit hinweg die Teilnahme an der Beratung zu ihrer Entscheidung machen und die Beraterin/Mediatorin legitimieren, weiter in den Prozess einzusteigen, hat diese Aussicht auf Erfolg. Kurt Ludewig formuliert für therapeutische Prozesse: »Therapeutische Dialoge sind zielorientiert, und der Therapeut wird von seinen Kunden bevollmächtigt, auftragsgemäß zu intervenieren«

(Ludewig 1994, S. 135). Gleich diesem Rollenverständnis geht es um die Erlaubnis der Mediatorin/Beraterin, diese Form des helfenden Dialogs fortzusetzen.

Solche, wie in der »Warendorfer Praxis« verdeutlichten, klaren Verfahrensabläufe im Kontext des FamFG erzeugen im günstigen Fall die Option, dass sich die unterschiedlichen Rollen (z. B. im Dreieck von Jugendamtsmitarbeiterin, Richterin und Beraterin) im Prozess zum Vorteil entwickeln können. Roland Phaler bringt die Differenz der Funktionen von Richterinnen und Beraterinnen wie folgt auf den Punkt:

> »Die psychologischen Berater wollen ihren Klienten helfen, die inneren Voraussetzungen für eine eigenverantwortliche Problemlösung zu schaffen. Gelingt dies nicht, ist die Beratertätigkeit beendet. Die Richter wollen die Parteien zwar auch zur eigenständigen Problemlösung ermutigen und ihnen dabei helfen (§ 279 ZPO). Gelingt dies nicht, bleiben sie aber in der Verantwortung als entscheidende Richter.« (Phaler 2013, S. 398)

Die Beraterin öffnet den Klientinnen den Raum für eine Wiederaufnahme ihrer elterlichen Verantwortung in ihren strittigen Fragen. Das Besondere ist hier, dass alle Professionen um den sensiblen Prozess der Beratung wissen und diesen einvernehmlich unterstützen, was die Erfolgschancen der Beratung immens erhöht.

Die Würdigung und der Respekt gegenüber den anderen Rollen im Prozess sind ein Haltungsprinzip der Beraterin/Mediatorin. Im gelingenden Fall profitiert sie von der richterlichen Autorität, die für ein Einvernehmen in einigen Eckpunkte des Umgangs Sorge trägt. Eine solche Rahmenvereinbarung ermöglicht dem Beratungssystem, an einer weiteren Ausdifferenzierung des Konzepts zu arbeiten.

Aus einer guten und vertrauensvollen Kooperation mit dem Jugendamt ziehen Beraterinnen und Mediatorinnen ebenfalls großen Nutzen. Hat beispielsweise die Fallzuständige im Jugendamt das Kindeswohl in den Beratungen mit den Eltern sichergestellt, kann die Beraterin der Beratungsstelle darauf bauen, dass sie sich in erster Linie auf die benannten Themen der Eltern beziehen kann, ohne das Kindeswohl von ihrer Seite explizit thematisch in den Prozess einführen zu müssen, auch wenn implizit dem Wohlergehen des Kindes ein Hauptaugenmerk gilt.

Das Beschleunigungsgebot hat den großen Vorteil, dass das Konfliktgeschehen zeitlich begrenzt wird, gleichwohl stellt es Jugendamtsmitarbeiterinnen in ihrer Arbeitsweise (gemäß § 50 SGBVIII) vor die Herausforderung, innerhalb von weniger als vier Wochen persönliche Gespräche mit allen beteiligten Kindern und Eltern geführt haben zu müssen, um eine fachliche Stellungnahme im ersten Termin vorbringen zu können. Hierbei braucht es das Verständnis der übrigen Beteiligten dafür, dass es lediglich um eine erste Einschätzung der Situation gehen kann und darf, die nicht bereits zu einem frühen Zeitpunkt starke Positionen erzeugt und Gegenpositionen provoziert. Christine Gerber spricht in diesem Zusammenhang von der Gefahr übereilter früher Entscheidungen, die gravierende, auch negative Folgen haben können, wenn z. B. vorschnelle Sorgerechtsvereinbarungen getroffen werden. Daher schlägt sie vor, kurzfristige Beschlüsse nur dann zu treffen, wenn sie im Sinne des Kindeswohls notwendige Maßnahmen hervorbringen und »ansonsten ausreichend Zeit vor[zu]sehen, um gute Entscheidungsgrundlagen zu schaffen, ohne gleichzeitig unnötige Verzögerungen zu produzieren« (Gerber 2011, S. 72). Im Hinblick auf den Umgang mit Zeit ist von Seiten der Beratungsstelle im Kontext gerichtlicher Verfahren zeitnah ein verbindliches Angebot zur Aufnahme einer ersten Beratung zu machen. In sehr strittigen Fällen geht es im Weiteren darum, kurze Abstände zwischen den Terminen zu ermöglichen. Innerhalb der Termine ist es dann aber wieder wichtig, in Ruhe und mit Blick auf die Ressourcen des Klientinnensystems den Umgang mit Zeit zu gestalten, damit diese sich auf tragfähige Vereinbarungen verständigen können.

Ein weiteres Schwellenproblem, das eine gute Abstimmung erfordert, ist der Umgang mit Beratung als einem üblicherweise der Schweigepflicht unterliegendem Prozess. Im beraterischen Kontext braucht es den Vertrauensschutz durch die Schweigepflicht der Beraterin/Mediatorin. Gleichzeitig ist für die Fortsetzung des gerichtlichen Verfahrens und damit für die hier beteiligten Fachleute wichtig, über die Ergebnisse aus der Mediation/Beratung informiert zu sein.

Solange die Beteiligten die Beratung als strategische Verlängerung des Gerichtsprozesses ansehen, werden sie sich wenig auf die tieferen Prozessschritte einlassen können. Da es in diesem Zusammenhang für das Klientinnensystem ohnehin eine Hürde darstellt, die Stringenz der Verantwortungsverschiebung auf die gerichtliche Autorität wieder zu revidieren, ist es im Weiteren auch anspruchsvoll, die damit verbundene Werbung um Parteinahme für die eigene Seite aufzugeben. Ist der Zusammenhang zwischen den Systemen von Gericht und Beratung hier nicht auch eindeutig getrennt und durch einen gewissen Rahmen an Vertraulichkeit sichtbar und spürbar, hat der beraterische Prozess wahrscheinlich wenig Aussicht auf Erfolg.

Sichtbar machen bedeutet in diesem Kontext, dass über die Grenzen der Vertraulichkeit auch schriftliche Kontrakte mit den Eltern eingeholt werden. In gerichtsunabhängigen Mediationen wird im Arbeitskontrakt unter dem Begriff der Schweigepflichtsregelung festgeschrieben, dass die Mediatorin über alle Geschehnisse und Inhalte der Mediation Dritten gegenüber zu schweigen hat.

Diese erfährt erst dann eine anteilige Aufhebung, wenn die Eltern der Mediatorin eine Schweigepflichtsentbindung im Bezug auf eine weitere Fachkraft unterschreiben. In jedem Fall brauchen die Eltern von der Beraterin/Mediatorin genaue Informationen dazu, welche Umstände eine Aufweichung der Schweigepflicht betreffen.

Im Kontext des familiengerichtlichen Verfahrens sieht der Regelfall etwas anders aus. Hierzu schreibt Paul-Gerhard Müller unter anderem Folgendes:

> »Im verbindlichen Kontext des Zusammenwirkens mit dem Familiengericht sind Möglichkeiten der Rückmeldung zum jeweiligen Stand der Beratungsprozesses und des fachlichen Austausches mit weiteren Verfahrensbeteiligten (Jugendamt, jeweilige Rechtsanwältinnen und -anwälte, Verfahrensbeistand) erforderlich.« (Müller 2013, S. 359)

In welcher Weise und worüber genau berichtet und sich ausgetauscht wird, hängt von den örtlichen Vereinbarungen ab und ist den Eltern gegenüber in jedem Fall deutlich zu transportieren. Ein übliches Vorgehen ist hier eine minimale Berichterstattung der Beraterin/Mediatorin zum Stand der Beratung/Mediation, beispielsweise im Hinblick auf die zeitliche Gestaltung. Eine erfolgreiche, schriftliche Vereinbarung ist meist die einzige inhaltliche Mitteilung aus der Beratung, die dem Gericht entweder durch die Eltern oder durch die Beraterin/Mediatorin übermittelt wird. Im Falle einer ergebnislosen Beendigung der Beratung/Mediation wird dies den Verfahrensbeteiligten, ohne die Gründe für die Beendigung darzulegen, mitgeteilt. Manchmal werden dann auch erste Teilvereinbarungen angefügt.

Insgesamt wurden die Anpassungen familiengerichtlicher Verfahren der letzten Jahre insbesondere in Bezug auf den Schutz der Kinder verbessert. Und je strittiger das Elternsystem ist, desto wichtiger ist hier die Abstimmung der Professionen im Sinne einer Verantwortungsgemeinschaft, die sich darüber verständigt, wie genau der Einbezug in das Verfahren adäquat abgestimmt werden kann, damit das Kind einerseits gut im Blick ist und andererseits nicht durch eine Vielzahl an Gesprächen (mit z. B. der Richterin, der Verfahrenspflegerin, der Jugendamtsmitarbeiterin, der Gutachterin) überstrapaziert wird (vgl. Weber/Alberstötter/Schilling 2013, S. 447 f.). Es gilt zu berücksichtigen, dass das Verfahren besonders für Kinder hochstrapaziös sein kann und deswegen gewissenhaft entschieden werden muss, wessen Expertise hinlänglich ist, um die Situation des Kindes gut zu erfassen.

Unabhängig vom Verfahren stellt ein hocheskalierendes Verhalten von Eltern eine starke Belastung ihrer Kinder dar. Ob die Grundbedürfnisse der Kinder nach Schutz, Sicherheit, Versorgung, Anerkennung, Entwicklung und auch

Förderung eine grundlegende Vernachlässigung erfahren und somit auch eine Gefährdung ihres Wohls vorliegt, obliegt der Klärung durch das Jugendamt, ist aber durch alle Verfahrensbeteiligten im Fokus zu behalten. Auch in der Beratung entwickelte Vereinbarungen der Eltern müssen sich an Überlegungen zum Wohlergehen des Kindes messen lassen.

Noch deutlicher sind die Grenzen der Beratung dann erreicht, wenn Klientinnen sich gegenseitig ein Verhalten vorwerfen, dass in den Bereich einer Kindeswohlgefährdung fällt oder von sich selbst über ein die Kinder stark vernachlässigendes Verhalten berichten. Hier geht es wieder um die Herstellung eines offenen Dialogs mit den Eltern und eine Erörterung der Frage, welche Konsequenzen diese Anschuldigungen oder Selbsteinschätzungen haben. Mitunter kann dann die Beendigung der Beratung und eine Kontaktaufnahme zum Jugendamt durch die Eltern oder auch durch die Beraterin nötig werden. Das Jugendamt ist in diesem Fall jene Fachstelle, die genauer prüft, ob die kindliche Entwicklung in Gefahr ist. Aus der Perspektive des Jugendamts schreibt Christine Gerber:

> »Kommt das Jugendamt zu dem Schluss, dass die Erziehungsfähigkeit der Eltern – zumindest vorübergehend – eingeschränkt ist und von einer erheblichen Schädigung des Kindes ausgehen ist, so ist es verpflichtet, im Rahmen des § 8aSGBVIII, zum Schutz der Kinder tätig zu werden.« (Gerber 2011, S. 80)

Aus der Perspektive der Beratung ist die Unterstützung der Kinder hochstrittiger Eltern von besonderer Bedeutung. Ein wesentlicher Zugang wird über das beraterische/mediatorische Hilfsangebot zur Stärkung der Eltern in ihrer Verantwortung geschaffen. Doch auch die Kinder brauchen oftmals, je nachdem ob sie bereits das Alter für therapeutische oder beraterische Hilfen haben, ein passendes Angebot zur Verarbeitung der Trennungsfolgen und zum Umgang mit den andauernden Konfliktdynamiken innerhalb der Familie. Gruppenangebote oder Einzelberatungen stellen je nach Kind wirkungsvolle Hilfen dar.

Der Einbezug von Kindern und Jugendlichen in die Beratung/Mediation ihrer Eltern ist ein weiteres Portal zur Ermöglichung ihrer konstruktiven Mitwirkung an guten Regelungen für ihr gegenwärtiges und zukünftiges Leben. Allerdings birgt der Einbezug – je nach Gestaltung des Settings – auch Schwierigkeiten und Grenzen. Die Formen des Einbezugs von Kindern und Jugendlichen werden im Folgekapitel expliziert.

Ein wesentlicher, positiver Entwicklungsschritt ist die prinzipielle Einigkeit der beteiligten Professionen und Fachleute darüber, dass die Eltern in ihrer Verantwortung gestärkt werden sollen und dass es nicht um Konkurrenz, sondern Kooperation und Abstimmung der Fachleute geht. Dazu kommt das Verständnis davon, dass die Unterschiede und unterschiedlichen Rollen der Professionen sinnvolle Ergänzungen eines fachlich gesteuerten Ablaufs darstellen können und dass Beratung darin einen wichtigen Baustein zur Unterstützung guter, elterlicher Vereinbarungen setzt.

Resümierend bleibt festzuhalten, dass sich die Interventionsprozesse in ihrer Abstimmung umso komplexer gestalten, desto stärker sich die elterlichen Konflikte darstellen. Neben der Ausübung ihrer jeweiligen, genuinen Aufgaben gilt der Kooperation ein besonderes Augenmerk, weil sie einen Beitrag zum Schutz und zur Minderung der Belastung der Kinder leistet. Im Sinne einer Verantwortungsgemeinschaft sind die Professionen hier gefordert, Kooperation als Aufgabe auch ihrer Dignität zu verstehen.

11 Formen des Einbezugs von Kindern und Jugendlichen in die Mediation

Ein direkter Einbezug von Kindern und Jugendlichen in die Mediation hocheskalierender Elternsysteme ruft im Wesentlichen zwei Stimmen hervor. Zum einen gibt es jene Perspektive, die deutlich vertritt, dass es nicht gut ist, Kinder in die Mediation einzubeziehen, da sie ohnehin durch das Konfliktgeschehen und die damit einhergehenden Gespräche mit beteiligten Fachkräften hoch belastet sind. Diese Belastung, so die Meinung, müsse nicht noch durch eine direkte Beteiligung in eine Mediation ihrer Eltern erhöht werden. Eine andere Position vertritt die Ansicht, dass Kinder und Jugendliche bei einem direkten Einbezug davon profitieren könnten, die Eltern in einem konstruktiven Lösungsprozess zu unterstützen, also die Erfahrung eines Unterschieds zu der ihnen bisher bekannten Konfliktkommunikation zu machen. Damit ist in der Regel allerdings ein phasenweiser Einbezug gemeint.

Das Hauptaugenmerk liegt hier nicht nur darauf, welches Ergebnis, sondern welcher Prozess und welche damit verbundenen Arbeitsweisen den Bedürfnissen von Kindern und Jugendlichen am ehesten entsprechen. Damit ist die Frage nach dem Sinn der Einbeziehung und den damit verbundenen Bedürfnissen der Kinder neu zu klären. Prinzipiell wird aber die Auffassung vertreten, dass in der Arbeit mit hocheskalierenden Elternsystemen den kindlichen Bedürfnissen schon dann wirksam begegnet wird, wenn die Eltern ihrer gemeinsamen Verantwortung ganz grundsätzlich nachkommen. Die Mitwirkung der Kinder erfordert meist eine feinere Abstimmung des Prozesses und der Ergebnisse auf ihre Themen, Wünsche und Bedürfnisse. Daher, und um für die Kinder ausreichenden Schutz vor neuen problematischen Situationen zu gewährleisten, ist der direkte Einbezug von Kindern nur nach guter Einschätzung der aktuellen Bedingungen und Ressourcen des Elternsystems und des Kindes/der Kinder denkbar. Jeder direkte Einbezug von Kindern und Jugendlichen sollte sehr sorgsam mit den Klientinnen und in der eigenen Reflexionsarbeit der Mediatorin vorbereitet werden.

Bevor nun die Formen des Einbezugs näher thematisiert werden, sollen zunächst Grundbedürfnisse von Kindern und Jugendlichen als Orientierung der Arbeit in der Mediation überhaupt und damit auch formenübergreifend beleuchtet werden. In der besonderen Situation der Mediation von hocheskalierenden Elternsystemen richtet sich die Arbeit insgesamt daran aus, die Eltern in der Wahrnehmung und Erfüllung der Bedürfnisse ihrer Kinder zu unterstützen. Das kann, je nach System und aktuellem Konfliktgeschehen und auf der Basis der Geschichte des Systems für Beratung und Mediation, verschiedene Ansätze mit sich bringen. Der methodische Spielraum der Mediation hängt eng mit dem Vermögen des Elternsystems zusammen, die Grundbedürfnisse ihrer Kinder angemessen beantworten zu können. Zuletzt wird es deshalb um die Arbeitsweisen entlang der aktuellen Möglichkeiten der Eltern gehen.

11.1 Grundbedürfnisse von Kindern und Jugendlichen

Im Kontext schwieriger Lebenssituationen wie Trennung und Trauer wurde schon viel zu den Grundbedürfnissen von Kindern und Jugendlichen verfasst. Im Zusammenhang mit einem systemtheoretisch geprägten Verständnis trifft die Frage danach, was Kinder prinzipiell brauchen, um sich wohl zu fühlen und sich »gut« entwickeln zu können, auf die Komplexität sozialer und psychischer Systeme. Wie genau die Komplettberücksichtigung und -betreuung der Person des Kindes im besten Fall zu gewährleisten ist, lässt sich allgemeingültig nicht beantworten. Wenn im Folgenden also Aussagen aus den Erfahrungswissenschaften einen Überblick über Grundbedürfnisse von Kindern und Jugendlichen erzeugen, bleibt anzumerken, dass dies ein Annährungsversuch an etwas Prinzipielles ist, das allenfalls über die Funktion der sozialen Systeme »Familie«, »Eltern/Kind«, »Großeltern/Kind« sowie Freundschaft und der beteiligten psychischen Systeme ausgesagt wird.

Die Eigenheit all jener Systeme liegt in deren spezifischer Selbstorganisation und Autopoiesis begründet, weswegen es sich bei ihnen um hochindividualisierte Systeme handelt. Mit den Vorgängen der konditionierten Koproduktion von Psyche und Sozialem ist von einem permanenten, wechselseitigen Inspirationsverhältnis auszugehen, das die Eigenheit der Systeme auch in ihrem Verhältnis zueinander prägt. Kommunikative und psychische Prozesse operieren sinnbasiert in Sprache, nehmen also eine »›baugleiche‹ Operativität in Anspruch« (Fuchs 2010, S. 148).

Familie oder familienanaloge Systeme mit all ihren möglichen Subsystemen, Verwandtschaftssysteme und mit zunehmender Entwicklung des Kindes wichtiger werdende Freundschaftssysteme und dann auch Erziehungssysteme wie Kindertagesstätten und Schulen sind, jedes für sich genommen, hochkomplexe Systeme und als soziale Umgebung des psychischen Systems des Kindes evident für die innere, also gedankliche, Anschlussbildung und Konstruktion eines »Selbst«. Für den sozialen Kontext des psychischen Systems gesprochen, erfüllt die Familie, wie bereits gesagt, die Funktion der Komplettberücksichtigung und im Falle von Kindern auch Komplettbetreuung der Person (vgl. Fuchs 2003, S. 87).

Mit Peter Fuchs wurde zudem gesagt, dass »das Medium des Systems die Form *obligatorischer Liebe* annimmt« (Fuchs 2003, S. 95). Die Formenvielfalt, die Familien aufgreifen und so das Medium Liebe verwirklichen, ist unbegrenzt sowie mitunter von Paradoxien geprägt. Familien sind also ebenfalls in der Art, wie sie Entwicklungsbedingungen arrangieren, hochindividualisiert. Daher muss es neben den allgemeinen Aufgaben der Berücksichtigung der Bedürfnisse der Kinder immer auch um ihre individualisierten Bedingungen und Bedürfnisse gehen. Die Beantwortung der Frage, was als günstige familiäre und elterliche Bedingungen für Kinder und Jugendliche in ihrer Entwicklung prinzipiell auszumachen ist, hat in vielen Wissenschaften Tradition, beispielsweise in der psychologischen Bindungsforschung, der Hirnforschung und in zahlreichen Wirksamkeitsforschungen der Pädagogik. An dieser Stelle soll es darum gehen, einen kleinen Überblick über familiäre Bedingungen und Grundbedürfnisse von Kindern und Jugendlichen zu geben, ohne zu vergessen, dass Kinder, je nachdem von wem und welchem System genau die Rede ist, differierenden Beistand benötigen.

Für einen lockeren Einstieg sollen sich hier zwei Kinder bzw. Jugendliche zu dem äußern, was ihrer Meinung nach Kinder und Jugendliche in ihrem Alter grundsätzlich brauchen. Die Kurzinterviews mit Aurelia und Leander wurden am 31. April 2020, inmitten der besonderen Situation der Corona-Krise, durchgeführt. Einer Situation, die beiden untersagte, die Schule zu besuchen, mehrere Freunde zu treffen, zum Sport zu gehen und ihre Oma in den Arm zu nehmen. In einer Zeit also, die mit lauter Einschränkungen das Selbstverständnis von sozialen Kontakten erschütterte:

Aurelia (17 Jahre) antwortete auf die Frage danach, was Jugendliche in ihrem Alter und Kinder überhaupt brauchen, folgendes:

- Liebe und Zuneigung,
- Respekt und Wertschätzung,
- Grenzen, die sie die Bedürfnisse anderer erkennen lassen,
- im Gespräch sein,
- Bestärkung und Erfolge,
- jemanden, der hinter ihnen steht, ein fester Anhaltspunkt ist und Sicherheit gibt,
- Nahrung, Unterkunft, Kleidung,
- Gleichgewicht von Freiheit und Struktur,

- bei den Entscheidungen der Eltern miteinbezogen werden,
- Raum für Kreativität,
- Raum, um Vorlieben zu entdecken,
- Offenheit erfahren, sich ausprobieren dürfen und dabei auch Fehler machen dürfen,
- Vertrauen,
- Begleitung im Alltag – gelebte Beziehungen,
- das Gefühl von Verantwortung, auch für das eigene Problemverhalten,
- eine Balance aller genannten Anteile.

Leander (12 Jahre) antwortete auf die Frage, was er und andere Kinder aus seiner Sicht brauchen würden:
- Liebe/Zuneigung von anderen,
- Dach über dem Kopf,
- Essen,
- Erfolge,
- Freunde,
- Bildung,
- Freizeit, Spaß,
- Ruhe,
- Humor und Nutella.

Damit sind elementare Bedürfnisse benannt, die aufzeigen, dass es ein klares und einfaches, aber auch hochkomplexes Unterfangen sein kann, gute Entwicklungsbedingungen für ihre Erfüllung zu schaffen. Ein Balanceakt zwischen den Bedingungen von Schutz, Sicherheit und Geborgenheit auf der einen und der Ermöglichung von sich mit dem Alter der Kinder erweiternden Erfahrungsspielräumen auf der anderen Seite. Und dazwischen liegen noch Anregung und Förderung.

Gerald Hüther und Herbert Renz-Polster legen ihren Schwerpunkt auf genau zwei markante Grundbedürfnisse, nämlich dem einer tragfähigen emotionalen Bindung und dem nach Autonomie. Nach diesem Verständnis lassen sich die oben benannten Bedürfnisse entlang der Bedürfnisse von Bindung und Autonomie – verstanden als sich ergänzende Pole – entwickeln. Dabei beziehen die einzelnen Bedürfnisse ihren Sinn und ihre Begründung nicht lediglich aus ihrer Beziehung zu einem der beiden Pole.

Wie genau eine Familie als soziales System die komplexen Aufgaben der Beziehungsgestaltung löst und die familiäre Geschichte von Beginn an schreibt, formt den Horizont der psychischen und sozialen Entwicklungsmöglichkeiten der Kinder. Inwieweit die Eltern ihren Kindern über die ersten Ängste im Leben hinweghelfen, wie stabil sie an der Seite ihrer Kinder stehen und gehen, wie sie Sicherheit und Geborgenheit verwirklichen, prägt das jeweils spezifische System und inspiriert Fortsetzungsbedingungen des Kindes für weitere soziale Kontakte.

Karin und Klaus Grossmann fassen psychische Sicherheit als Ergebnis einer gelingenden Bindung in ihrem umfassenden Werk »Bindungstheorie« wie folgt zusammen:

> »Für uns besteht psychische Sicherheit aus dem Vertrauen in die schützende Nähe zur Bindungsperson, gekoppelt mit dem Vertrauen in ihren emotional unterstützenden Beistand beim Umgang mit eigenen psychischen Belastungen auch bei risikoreicher, trotzdem aber spielerischer gemeinsamer Exploration.« (Grossmann/Grossmann 2014, S. 187)

Die Kompetenz der Eltern im Umgang mit belastenden Erfahrungen und Ängsten ihrer Kinder wird hier als tragender Pfeiler einer gelingenden und feinfühligen Bindung zwischen Kindern und Eltern interpretiert. Renz-Polster und Hüther beschreiben die Bedingungen für tragfähige emotionale Bindungen folgendermaßen:

> »Kindern gelingt es nur dann, solche Wurzeln auszubilden, wenn ihnen während der ersten Lebensjahre Gelegenheit gegeben wird, enge, sichere und feste Bindungen zu möglichst vielen anderen Menschen mit sehr unterschiedlichen Fähigkeiten, Vorstellungen und Begabungen zu entwickeln.« (Renz-Polster/Hüther 2016, S. 31)

Konstante, sichere und vertrauensvolle Beziehungen zu den primären Beziehungspersonen ermöglichen ein Vertrauen, das die Ausweitung der sozialen Kontakte befürwortet, die dann ihrerseits zu stabilen Beziehungen werden können. Wenn dies geschieht, ergibt sich für Kinder eine soziale Landschaft, die ihnen mannigfaltige Anregungen und Herausforderungen auf ihrem Entwicklungsweg bietet. Zwei Aspekte halten die Autoren hier also für wesentlich: die Qualität der emotionalen Bindung zu den betreffenden Bezugspersonen und die umfassende Verzweigung sicherer Bezugspersonen (vgl. Renz-Polster/Hüther 2016, S. 29–33).

Kinder und Jugendliche profitieren von einer sicheren sozialen Umwelt auch deshalb, weil sie sich durch diese bestärkt auf ihren ganz eigenen Weg machen können. Je sicherer sie sich dabei fühlen, desto größer sind die Flügel der Entwicklung, die sie aufspannen. Bei jeder neuen Lebensaufgabe mit all ihren Explorationen wirkt sich die Art der Beziehung auf den Entwicklungsspielraum der Kinder aus:

»Psychisch sichere Kinder können im Rahmen der ihnen gegebenen inneren und äußeren Fähigkeiten ihre Möglichkeiten uneingeschränkter einsetzen, um ihren Lebensraum so zu gestalten, dass ihnen eine Vielfalt von Entwicklungsmöglichkeiten offen steht.« (Grossmann/Grossmann 2014, S. 389)

Eine von Vertrauen geprägte Beziehung ist demnach auch der Schlüssel zur Freiheit der Kinder, sich in vergrößernden Erfahrungsspielräumen zu bewegen. Die grundlegende Fähigkeit zur Entwicklung sehen Renz-Polster und Hüther als gegebene Kraft des Kindes im Sinne von zwei Segeln, die nur gesetzt werden müssen. Das eine Segel ist die Erfahrung von Selbstwirksamkeit, das andere ist die Erfahrung von Selbstorganisation, womit die Erfahrung des sozialen Lernens mit anderen Kindern gemeint ist.

Selbstwirksamkeit wird hier als eine Entwicklungsbewegung, »als ein Trieb aus sich selbst heraus *wirksam* zu sein« verstanden (Renz-Polster/Hüther 2016, S. 17). Von Beginn des Lebens an sorgen Kinder über eine effektive Kommunikation dafür, dass ihre Grundbedürfnisse Gehör finden. Im eigenen Sinne wirksam zu sein, ermöglicht ihnen die Beantwortung ihrer Bedürfnisse nach Versorgung, wird aber auch als eine grundlegende Bedingung der Möglichkeit für ein Lernen mit allen Sinnen verstanden (vgl. Renz-Polster/Hüther 2016, S. 16 ff.).

In der Individualpsychologie Alfred Adlers wird dieser Drang zur Selbsttätigkeit auch als schöpferische Kraft bezeichnet, die sowohl als angeborene, psychische Kraft, als auch in ihrer sozialen Dimension zu verstehen ist. Adler schreibt: »Wir müssen hinzufügen, dass wir das Ich als eine Gebundenheit betrachten, die sich selbstschöpferisch bildet, unter Gebrauch aller Möglichkeiten« (Adler 1982, S. 249). Weiter schreibt er: »Dieses Ich kann nur gesehen werden in Bezogenheit, weil dieses Ich immer antwortend ist« (Adler 1982, S. 249). Das Ich als soziale Adresse und psychische Figur braucht soziale und vor allem zunächst familiäre Bedingungen, die seine Entwicklung ermöglichen und unterstützen. In der weiteren Folge werden dann fundierte Beziehungen und Gemeinschaften immer wichtiger, die über den familialen Kontext hinaus stabile Systeme als gute Erfahrungsräume zulassen. Freundschaftssysteme, Nachbarschaftssysteme, Dorfgemeinschaften, Sportmannschaften und Schulklassen sind nur Beispiele für solche Systeme, die Kindern und Jugendlichen Stabilität und Entwicklungsräume bieten.

Bevor nun auf die besonderen Bedingungen und Bedürfnisse von Kindern und Jugendlichen im Kontext hocheskalierender Elternsysteme Bezug genommen wird, sollen hier noch einmal gebündelt einige, die kindliche Entwicklung begünstigende Bedingungen aufgeführt werden:

- **Zeit:** Alle großen Entwicklungen brauchen Zeit. Renz-Polster und Hüther weisen darauf hin, dass die Entwicklung komplex verknüpfter Nervenzellen im Gehirn vor allem eines braucht, nämlich Zeit: »Es muss langsam gehen, sonst klappt es nicht, jedenfalls nicht in der Komplexität und mit der Vielfalt von Vernetzungen, die möglich wären« (Renz-Polster/Hüther 2016, S. 91). Dies kann bedeuten, dass Eltern in Zeiten beschleunigter Lebensvollzüge Zeiträume der Ruhe sowie Möglichkeit zur Konzentration und Erholung bewusst herbeiführen und unterstützen. Damit ist die Ruhe im Rhythmus der gemeinsamen Zeiten gemeint, wie auch der Freiraum, den Kinder brauchen. Ruhe umfasst hier auch den elterlichen Schutz vor einer digitalen Beschleunigung und Überflutung und womöglich auch Schutz vor einem Übermaß an kommunikativen Dynamiken im Kontext starker Konflikte.
- **Anregung, Ermutigung, Unterstützung und Förderung:** Die Freude und die Neugierde, etwas zu entdecken, zu verstehen und zu gestalten, wurde bereits als ein angeborenes Moment menschlicher Entwicklung beschrieben. Die Entfaltung und Erkundung eigener Begabungen braucht die Freiheit, diesen nachgehen zu dürfen, und Räume der Anregung und Förderung, diese zu erschließen. Dabei geht es nicht um die elterliche Disziplinierung von Kindern, z. B. in einer bestimmten Sportart, oder um die Ermöglichung kostspieliger Hobbies, sondern das Interesse und die Präsenz von Eltern. Weiter ist von Bedeutung, dass Eltern und Bezugspersonen Erfahrungen mit ihren Kindern teilen und dem Kind angemessene Erfahrungsräume ermöglichen und das bedeutet auch, diese nicht zu verhindern. Neben dem Interesse und mitunter der Beteiligung als wichtiger Aspekte in der elterlichen Haltung, ist aber schon hier die Freiheit und Erlaubnis zur Freiheit benannt, als Kind elternunabhängige Erfahrungen machen zu können.
- **Freiheit und Vertrauen:** Die Freiheit des Kindes ganz für sich, aber auch im Sinne eines gemeinschaftlichen Beitrags, eigene Leistungen zu erbringen, gehört zu den wichtigen Entwicklungserfahrungen von Kindern. Dabei ist sicherlich von Belang, Erfolge zu spüren und Anerkennung zu ernten, aber ebenso, eigene Grenzen zu erfahren, einen Umgang mit Niederlagen oder gescheiterten Versuchen zu finden und es neu zu versuchen. Die Freiheit der Erprobung und die Entwicklung der eigenen Selbstwirksamkeit gehören zu den zentralen Motiven. »Kinder jedoch, die der Welt vertrauen können, machen sich auf, aber wie!« schreiben Renz-Polster und Hüther und meinen

mit dieser Welt auch die soziale und familiale Welt, der diese Kinder vertrauen können und mit der ihr Selbstvertrauen korrespondiert, sich weiter in die Welt hinauszuwagen (Renz-Polster/Hüther 2016, S. 17). Mit der Systemtheorie gesprochen dient Vertrauen als kommunikatives Medium, das die Fortsetzungsbedingungen eines Familiensystems so prägt, dass dieses sich durch Zuversicht einen erweiterten Handlungsspielraum erwirtschaftet: »Einer vertraut dem anderen vorläufig, dass er unübersichtliche Lagen erfolgreich meistern wird, also Komplexität reduziert, und der andere hat auf Grund solchen Vertrauens größere Chancen, tatsächlich erfolgreich zu sein« (Luhmann 1989, S. 26). Vertrauen ist jenes kommunikative Moment, das in die Zukunft gerichtet in eine Art positive Vorleistung geht, es ermöglicht Kindern und Erwachsenen, Erfahrungen zu machen, die unter Bedingungen ständiger Rück- und Vorversicherungen nicht denkbar wären. »Wo es Vertrauen gibt, gibt es mehr Möglichkeiten des Erlebens und Handelns, steigt die Komplexität des sozialen Systems, also die Zahl der Möglichkeiten die es mit seiner Struktur vereinbaren kann, weil im Vertrauen eine wirksamere Form der Reduktion von Komplexität zur Verfügung steht« (Luhmann 1989, S. 8). Familien, die Vertrauen als kommunikativen Mechanismus mit Blick auf den Anderen ansteuern, erweitern prinzipiell den Erfahrungsspielraum des Einzelnen (z. B. des Kindes) und des Systems.

- **Kinder unter Kindern:** Das soziale Lernen findet zudem im Kontakt von Kindern zu Kindern statt. Mit zunehmender Entwicklung von Kindern zu Jugendlichen gewinnen soziale Kontexte, in denen Kinder und Jugendliche unter sich sind, an Bedeutung. Doch schon sehr früh gehört die Freiheit von Kindern, mit anderen Kindern eigene Spielräume zu eröffnen, zu den elementar bedeutsamen Lernerfahrungen. Immer da, wo Kinder intensiv Zeit miteinander verbringen – beispielsweise in Freundschaftssystemen – bilden sich ebenfalls hochindividualisierte und durch Rollenbilder wenig vorkonstruierte Möglichkeiten der Kooperation, des Lernens und der Erkundung. Die Stärke von Freundschaftssystemen liegt gerade in ihrer Flexibilität und ihrer individualisierten Problemlösefähigkeit. Kinder haben hier die Möglichkeit, gleichwertige Formen der Kooperation zu entwickeln. Als besonderes Lernfeld für alle beteiligten Kinder sehen Renz-Polster und Hüther die Lernanreize, die sich Kinder gemischten Alters wechselseitig zur Verfügung stellen: »Etwa, dass Kinder im Umgang mit älteren Kindern sehr effektiv lernen, sich körperlich, geistig, sprachlich und emotional zu ›strecken‹. Dass es ihnen aber auch guttut, wenn sie sich zu jüngeren Kindern ›beugen‹ können – dass sie dadurch mehr Einfühlungsvermögen entwickeln, mehr soziale Kompetenz und Selbstbewusstsein« (Renz-Poster/Hüther 2016, S.18). Neben der Bedeutung von Freundschaftssystemen werden überdauernde und stabile Gemeinschaften von Kindern (gleichen Alters oder altersübergreifend) generell als wichtige Elemente der Entwicklung dargestellt. Der Klassenverband, die Fußballmannschaft, das Nachbarschaftssystem oder zufällige Begegnungen auf dem Spielplatz in Gruppen von Kindern und Jugendlichen bieten ihnen die Möglichkeit, an der Pluralität sozialer Wirklichkeit ihre individuellen Möglichkeiten zu entfalten.

- **Schutz:** Die besondere Wichtigkeit der Möglichkeit zur Exploration sollte nicht darüber hinwegtäuschen, dass nicht jeder Erfahrungsspielraum der kindlichen Entwicklung zugutekommt. Brazelton und Greenspan sprechen von entwicklungsgerechten Erfahrungen, womit Grenzen und ein schützender Rahmen gemeint sind (Brazelton/Greenspan 2008, S. 203 ff.). Dabei ist ebenfalls relevant, dass Eltern das Erfahrungsfeld von Kindern in entschiedener Weise eingrenzen. Nicht jede Erfahrung muss gemacht werden. Eltern und Menschen in der sozialen Umgebung von Kindern und Jugendlichen sind in der Verantwortung, diese vor allen Formen der Gewalt zu schützen. Das allerdings ist eine Mammutaufgabe, überschaut man das heutige Spektrum und die Felder von Gewaltausübungen. Physische und psychische Gewalt können sich im unmittelbaren Umfeld und eigentlich überall dort, wo Menschen in Kontakt mit Kindern und Jugendlichen stehen, ereignen und sei es nur in Form eines medialen Kontakts. Extrem schädigend ist die Gewalterfahrung dann, wenn Kinder und Jugendliche auf die ausführende Person angewiesen sind, sie also eigentlich uneingeschränkten Schutz durch diese Person erwarten können sollten. Es bedarf keiner Betonung, dass dauerhaft missbräuchliche und gewaltsame Beziehungen Kinder und Jugendliche bis in ihre Wurzeln hinein schädigen und daher alle Personen im Umfeld von Kindern und Jugendlichen in der Verantwortung sind, Schutz zu gewähren und in Fällen von Gewalt eben jenen auch wiederherzustellen. Allerdings ist diese Wiederherstellung in vielen Fällen ein komplexes Unterfangen, das auch eine gute Abstimmung der beteiligten Hilfesysteme erfordert. Schutz von Kindern und Jugendlichen vor gegen sie gerichteter Gewaltausübung ist ein klarer Auftrag an Eltern und umgebende soziale Systeme – bis hin zu politischen Systemen.
  Ein weiterer Balanceakt in der Gewährleistung elterlichen Schutzes lässt sich ausmachen, wenn es darum geht, Kindern und Jugendlichen in ihrer Exploration Formen zwischen Freiheiten und begrenzenden Strukturen anzubieten. In dem individualpsychologischen Ansatz Alfred Adlers ist bereits von »Verzärtelung« die Rede. Dabei liegt die Betonung auf einer Überbehütung von Eltern, die Kindern als wohlgemeinter Schutz aufgebürdet wird und es ihnen nur sehr eingeschränkt ermöglicht, eigene Erfahrungen machen zu dürfen. »In die Gruppe der verzärtelten Kinder gehören auch

jene, denen man alle Schwierigkeiten aus dem Weg räumt, deren Eigenartigkeiten man freundlich belächelt, die sich alles herausnehmen dürfen, ohne auf nennenswerten Widerstand zu stoßen« (Adler 2001, S. 48). Damit gehen wieder sowohl physische als auch psychische Erfahrungen in der Auseinandersetzung mit sozialen Bedingungen der Umgebung einher. Wird auf der, mit Gerald Hüther bereits beschriebenen, Skala zwischen Autonomie und Verbundenheit die Seite von Bindung auf Kosten der Autonomie gelebt, spricht Hüther von »Klammeraffenliebe«, die Kinder der Freiheit beraubt, sich eigenen Herausforderungen zu stellen. Es bleibt ein elterlicher Balanceakt, als verlässliche Person Kinder nicht den Herausforderungen des Lebens zu überlassen, sondern sie in einem Rahmen zu begleiten, der ihnen die Luft für eigene Abenteuer lässt.
Dabei kann es darum gehen, Kindern Fertigkeiten und Selbstvertrauen im Umgang mit den Gefahren ihrer Umgebung zu ermöglichen. Das beinhaltet Erfahrungen in allen Lebensbereichen und auf allen elementaren Ebenen. Beispielsweise kann es um den Erwerb von Kompetenzen in der Nutzung digitaler Netzwerke gehen, um die Art der Bewegung in digitalen Netzwerken, aber auch um den Schutz vor einem Zuviel an medialer Beschäftigung. Eltern können dann idealerweise präsente und kompetente Navigatoren der Verschiebung der digitalen Interessen ihrer Kinder sein, dabei aber auch die Grenzen und Gefahren markieren. Auf einer ganz anderen Ebene kann es sich um den Schutz vor körperlichen Bedrohungen handeln, wenn Fertigkeiten vermittelt werden, den Gefahren erworbene Kompetenzen entgegenzusetzen. In einigen Alpenregionen ist beispielweise Kletterunterricht elementarer Bestandteil des Lehrplans. Kinder entwickeln hier motorische, mentale und soziale Fähigkeiten, die es ihnen prinzipiell ermöglichen, sich unter Bedingungen erhöhter Sicherheit ihren alpinen Lebensraum weiter zu erschließen. Es geht also nicht darum, Kinder und Jugendliche lediglich von etwas abzuhalten und sie beispielsweise vor den Gefahren der sie umgebenden Berge zu warnen, sondern sie in dem Erwerb eines verantwortlichen Zugangs zu ihren Möglichkeiten zu unterstützen.

- **Würde und Respekt:** Gewaltfreiheit innerhalb der das Kind und den Jugendlichen umgebenden sozialen Systeme ist eine Grundbedingung der Aufrechterhaltung von Würde und Respekt. Jedoch ist mit dem Einsatz von Gewalt als Mittel nur der Grenzfall von Machtausübung benannt. Familiäre Systeme sind in der Regel hierarchisch organisiert und innerhalb des Familiensystems ist der Einsatz von Entscheidungsmacht der Eltern gegenüber ihren Kindern Teil der Selbstorganisation des Systems. Was aber genau zum Gegenstand dieser Entscheidungen wird, wie Plausibilisierungen der Entscheidung vorgenommen werden, wer entscheidet und wie sanktioniert wird, wenn eine

Entscheidung nicht getragen wird, regelt jede Familie auf ganz individuelle Art. Die Aufgabe der Eltern liegt darin, das bestehende Machtgefälle nicht als Anlass für entwürdigende Ausübungen von Zwang zu nutzen. Die Wahrung der Dignität des Kindes und des Jugendlichen durch Eltern und Bezugspersonen ist bei aller hierarchischen Ungleichheit eine zentrale Bedingung gelingender Beziehung. Ausdrücke von Entwürdigung, Herabwürdigung und fehlendem Respekt vor der Person des Kindes können, je nach Ausmaß und konkreter Äußerung, die beteiligten kindlichen Psychen und sozialen Entwicklungen schwerwiegend stören.

- **Bedingungslose Zuwendung und Liebe:** Eine weitere elementare Erfahrung erster Beziehungen ist die der bedingungslosen und uneingeschränkten Zuneigung und Liebe. Das Vertrauen und sichere Gefühl von Kindern, als Mensch in all seiner Einzigartigkeit zutiefst gemeint und erwünscht zu sein, ist als erste Beziehungserfahrung essenziell und wird als prägend für alle weiteren Beziehungs- und Lebenserfahrungen eingeschätzt. Diese bedingungslose Annahme korrespondiert mit dem Grundbedürfnis nach Geborgenheit – auch in der elterlichen Begleitung schmerzvoller Erfahrungen von Kindern und Jugendlichen.
- **Versorgung:** Kinder sind darauf angewiesen, dass sie mit allem, was auch der Körper braucht, um fortbestehen zu können, versorgt werden. In der Regel ist es die Aufgabe der Eltern, alle Handlungen auszuüben, die das Leben der Kinder sichern. Damit sind dann die Ernährung der Kinder, ihr Obdach, ihre Möglichkeit, schlafen zu können, und ihre medizinische Versorgung gemeint. Es erklärt sich von selbst, dass Babys und Kleinkinder in einer größeren Überlebensnotwendigkeit auf eine Versorgung mit Nahrung und Wärme angewiesen sind. Dieser Tatbestand soll aber nicht darüber hinwegtäuschen, dass für jedes Kind und für jeden Jugendlichen die Erfüllung ihrer physiologischen Bedürfnisse elementarer Bestandteil einer guten Entwicklung ist.

11.2 Bedürfnisse von Kindern und Jugendlichen im Kontext starker Konflikte

Die Beobachtung einer konfligierenden Kommunikation eines Elternsystems kann zunächst den Eindruck erwecken, als würde sich alles um die Bedürfnisse der beteiligten Kinder drehen. Doch auch wenn die Bedürfnisse der Kinder zum Gegenstand der Auseinandersetzung werden, erfolgt dies, indem sie als Zündstoff wechselseitiger Anklagen der Missachtung des Wohls der Kinder zum Einsatz kommen. Starke Konflikte haben, so wurde bereits in den Kapiteln 2 und 3 ausführlich betrachtet, eine hohe Bindungswirkung, saugen parasitär alle Kapazitäten des sozialen Geschehens auf und lassen wenig für die Aufmerksamkeit auf das übrig, was die beteiligten Kinder und Jugendlichen von ihren Eltern benötigen, um ihren eigenen Entwicklungsaufgaben nachgehen zu können.

Im Kontext hochstrittiger Elternsysteme machen Kinder und Jugendliche die Erfahrung, in die Konflikte ihrer Eltern verwickelt zu werden. Und so sie nicht von einer Konfliktpartei vereinnahmt werden, leiden sie unter der Last ihrer Loyalität zu beiden Eltern. Gegebenenfalls fühlen sie sich verantwortlich für ihre Eltern oder Geschwister und richten ihre Aufmerksamkeit und Energie auf die Stabilisierung dieser Personen und den damit verbundenen Situationen. Je nach individuellem Hintergrund können alle zuvor aufgeführten Bedürfnisse aus dem Fokus der Familien rücken und sich verflüchtigen. Geschieht dies über einen längeren Zeitraum, steht einer gesunden Entwicklung der betroffenen Kinder einiges im Wege.

Wie stark gefährdet die Entwicklung der Kinder ist, hängt von vielen Bedingungsfaktoren innerhalb des jeweiligen Systems ab. Zum Beispiel davon, wie stark die Konflikte der beteiligten Eltern sind, ob körperliche Gewalt zum Einsatz kommt, ob diese sich auch gegen die Kinder richtet oder ob Kinder Beobachterinnen von Gewalt an einem Elternteil sind. Zudem ist von Bedeutung, ob die physische Versorgung der Kinder noch gewährleistet ist, wie alt die Kinder sind und wie das soziale Netzwerk aufgebaut ist, das der Kernfamilie vielleicht wichtige Versorgungsaufgaben abnimmt. Auch ins Gewicht fällt, ob eine Familie sehr isoliert lebt oder ob es den Eltern gelingt, die Kinder noch halbwegs vor den Konflikten und deren Folgen zu schützen.

Als Bedingung der Möglichkeit von Mediation hocheskalierender Elternsysteme ist die grundlegende Absicherung des Wohls der Kinder unabdingbar. Wenn diese Art der Sorge als Grundlage dient, bleibt im Kontext der Mediation die anzunehmende Verengung eines Entwicklungsspielraums von Kindern und Jugendlichen virulent. Eine wesentliche und grundsätzliche Zielsetzung der Mediation ist demnach eine direkte oder indirekte Unterstützung der Erweiterung der Entwicklungsspielräume der Kinder des betroffenen Familiensystems. Gleichzeitig ist davon auszugehen, dass es für diese Kinder und Jugendlichen noch weiterer Helferinnensysteme in Form von Einzel-oder Gruppenberatung, Therapie oder auch anderer präsenter Helferinnen wie sozialpädagogische Familienhelferinnen bedarf, die das Wohlergehen der Kinder beobachten und sie in ihren ganz eigenen Entwicklungs- und Trauerprozessen unterstützen. Sind die Kinder grundlegend physisch und psychisch versorgt, kann sich die Mediation auf die Erweiterung der Möglichkeiten einer besser gelingenden Kooperation der Eltern in allen Fragen der kindlichen Entwicklung konzentrieren, aber auch auf solche, die sich auf die Belange der Eltern selbst in der Reorganisation ihres Lebens beziehen.

Neben dem Setting von Beratung und Therapie für Kinder und Jugendliche ist ihr *indirekter Einbezug* in die Mediation ihrer Eltern unabdingbar und ein *direkter Einbezug* manchmal hilfreich. Folgendes Modell greift einige der möglichen Formen des Einbezugs auf.

11.3 Formen des Einbezugs von Kindern und Jugendlichen in die Mediation

Eine grundlegende Voraussetzung für die Mitwirkung von Kindern und Jugendlichen am Mediationsprozess ist ihre freiwillige Zustimmung. Kinder und Jugendliche haben oft bereits mit vielen Personen verschiedener Institutionen gesprochen und sind überfordert, von inneren Loyalitätsverpflichtungen ver-

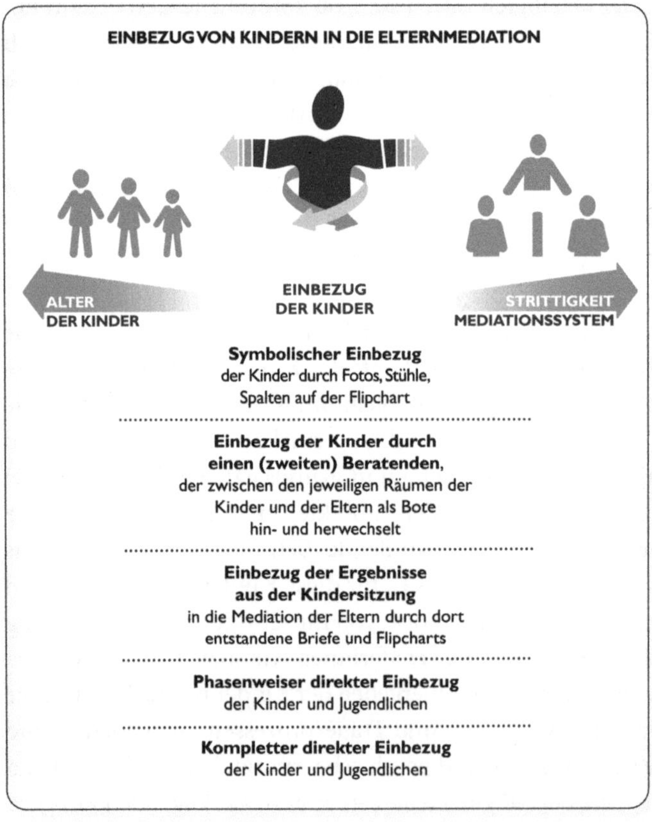

Abb. 8: Einbezug von Kindern in die Elternmediation

einnahmt oder im Hinblick auf befriedende Maßnahmen entmutigt. Demgemäß können sie eingeladen, sollten aber keinesfalls verpflichtet werden.

Der indirekte Einbezug

Symbolischer Einbezug

Betrachtet man die Grafik, ist der indirekte Einbezug von Kindern in allen Prozessen ein wichtiger Bestandteil und wesentlicher Fokus der Mediation – sogar dann, wenn die Kinder phasenweise direkt einbezogen werden. Mit dem indirekten Einbezug ist gemeint, dass die zur Familie gehörenden Kinder und Jugendlichen durch beispielsweise zusätzlich für sie aufgestellte Stühle oder durch Fotos oder eigene Spalten auf der Flipchart einbezogen werden. Es ist immer auch ein sprachlicher Einbezug, den die Mediatorin gestaltet. Dabei bilden zunächst die anwesenden Klientinnen, also die Eltern, das Maß der Möglichkeiten des Einbezugs ab. Der Einbezug gelingt immer dann, wenn der verbalisierte Verweis auf die Kinder die Eltern in ihrer primär verantwortlichen Rolle gegenüber den Kindern stärkt und sie näher an die eigentlichen konstruktiven Ziele ihrer Elternschaft und ihres zukünftigen Lebens mit den Kindern heranführt. Das darüber hinausführende Ziel besteht darin, dass sie sich auch im gemeinsamen Sinne als Eltern und Familie mit den zukünftigen Möglichkeiten verbinden. Dieser symbolische und sprachliche Einbezug ist in jeder und für jede Stufe der Mediation von Bedeutung. Geeignete Fragen der Mediatorin sind: »Was glauben Sie, welche Themen der Kinder spielen hier noch eine besonders wichtige Rolle?«; »Sie als Eltern kennen Ihren Sohn am besten, was braucht er noch im Hinblick auf eine Regelung, damit es ihm damit gut geht?«.

Die Arbeit mit zirkulären Fragen zum indirekten Einbezug der Kinder ist bis zu dem Punkt hilfreich, an dem es den Eltern gelingt, in der Selbstbehauptung zu verbleiben und nicht in einen Konflikt über den einen, einzig richtigen Blick auf die Kinder zu geraten. Entfacht sich ein Konflikt an diesen Fragen, ist es wahrscheinlich noch zu früh, gemeinsame Haltungen zu den Kindern herzustellen. Manchmal aktivieren Fragen zu den Kindern die Trauer der Eltern im Trennungsprozess und schwächen somit ihre Selbstbehauptung. Zwar geht es in der Mediation auch darum, der Trauer einen angemessenen Platz zu geben, allerdings sollte der Prozess sich nicht von ihr leiten lassen. Die Mediatorin wird dann wieder auf Fragetechniken umsteigen, die die Klientinnen darin unterstützen, ihre Selbstbehauptung wiederzuerlangen. Auch der sprachliche Einbezug ist ein auszutarierender, emotionaler Prozess. Wenn einerseits im Fokus steht, den Kindern und Jugendlichen einen angemessenen Platz in allen Stufen des Prozesses zu gewährleisten, geht es andersherum auch darum, die Eltern in ihrer Selbstbehauptung so zu stärken, dass sie in die Rolle von Verhandlungspartnerinnen kommen, die sich nicht hinter ihren Kindern verstecken.

Der indirekte Kindeseinbezug ist immer dann hilfreich, wenn die Kinder noch nicht das Kindergartenalter überschritten haben, wenn sie bereits durch die Konflikte zu Gesprächspartnerinnen zahlreicher Personen und Professionen geworden sind, wenn sie von starken Loyalitätskonflikten zwischen den Eltern geplagt sind, wenn nur ein Elternteil den direkten Einbezug wünscht oder wenn die Kinder sich eine Mitwirkung nicht vorstellen können und diese ablehnen.

Persönlicher indirekter Einbezug

Eine weitere Form des indirekten Einbezugs bietet die sogenannte Shuttle-Mediation. Die Mediatorin arbeitet mit den Kindern zu einer anderen Zeit oder in einem anderen Raum (oder beides) an einer spezifischen Fragestellung. Je nachdem welche Mediationsstufe die Eltern aktuell erarbeiten, kann sich die Fragestellung der Kindersitzung daran orientieren oder ein allgemeineres Thema in den Blick nehmen. Hierzu kann eine Leitfrage lauten: »Was möchtet ihr, was in der Mediation eurer Eltern noch Berücksichtigung finden soll?« – das können Themen sein, besondere Interessen, Ideen oder Wünsche.

Die Shuttle-Mediation als Form des indirekten Einbezugs braucht, ähnlich der Formen des direkten Einbezugs, eine gute Rahmung. Die Mediatorin sollte Transparenz über das »Warum« des Gesprächs, über dessen Verlauf, Anfang und Ende und darüber herstellen, was mit den erarbeiteten Themen konkret geschieht. Der Hauptverhandlungsort bleibt die Mediation der Eltern und damit entspricht der Einbezug der Kinder einer Mitwirkung innerhalb dieser und dient der Orientierung des Verhandlungsgeschehens der Eltern an den konkreten Themen und dahinter liegenden Bedürfnissen ihres Nachwuchses. Zudem vermag das kreative Potenzial von Kindern in der »Phase der Optionen«, die Erweiterung des Möglichkeitsraums wesentlich zu inspirieren. Kinder sehen womöglich Lösungsvarianten, an die zuvor niemand gedacht hätte. Ansonsten gilt wie bei einem direkten phasenweisen Einbezug, dass die Mediatorin für sich selbst und innerhalb des Systems der Mediation mit dem Elternsystem gut abschätzen muss, wie viele Sitzungen mit den Kindern und damit verbunden, welche Aufwendungen der Kinder fairerweise anzufragen sind, wenn bedacht wird, dass sie gleichzeitig nur »Inspiratorinnen« aber keine Verhandlungspartnerinnen darstellen. Sie wirken mit, ohne verhandeln oder entscheiden zu dürfen oder auch zu müssen.

Damit wird den Kindern in dieser Form des Einbezugs die Last der Verantwortung für Entscheidungsprozesse offenkundig abgenommen, gleichsam aber auch die Möglichkeit einer direkten Mitwirkung an Entscheidungen, weshalb der Umfang ihrer Aufwendungen zu prüfen ist. Kinder sollten dabei sehr genau über die Reichweite ihrer Mitwirkung im Prozess unterrichtet werden: »Wenn wir gleich darüber sprechen, was ihr euch wünscht, welche Themen in der Mediation eurer Eltern mitbedacht werden sollen, müsst ihr immer wissen, dass eure Eltern bestimmen, welche der Themen sie davon dann aufgreifen und auch zu welchen Vereinbarungen sie diesbezüglich kommen.« Die Erinnerung an die Begrenzung ihrer Reichweite kann im Prozess hilfreich sein, auch um zu verhindern, dass die Kinder die Mediatorin ins Licht einer »Wünsche-Erfüllungsgehilfin« rücken, die sie dann in jedem Fall enttäuschen würde.

Diese aktive Form des indirekten Einbezugs bringt mit sich, dass am Ende des gesamten Mediationsprozesses (unabhängig davon, ob der Prozess mit einer gelungenen Vereinbarung endet oder nicht) die Frage für die Kinder beantwortet werden muss, wie ihre Mitwirkung sich auf die Ergebnisse ausgewirkt hat und was genau ihre Eltern zu ihren Themen verhandelt und entschieden haben – oder eben auch nicht, wenn der Prozess ohne Ergebnisse geendet ist. Umfassender formuliert sind solche Prozesse, in denen Kinder aktiv zur Mitwirkung eingeladen werden, präzise zu rahmen. Dabei wird auch geklärt, wie die Eltern im Nachklang an die Mediationssitzung, in der sie die Ergebnisse aus der Sitzung mit den Kindern erörtert bekommen, mit den Kindern über ihre Beiträge sprechen.

Die Shuttle-Mediation ermöglicht es, die Kinder aktiv einzubeziehen und in ihren individuellen Themen, Wünschen und Bedürfnissen zu Wort kommen zu lassen und gleichzeitig eine Atmosphäre zu unterstützen, die genügend Schutz vor den direkten Reaktionen, Wirkungsweisen oder auch Wirkmächten der Eltern bietet. Anders als in den üblichen Formen der Shuttle-Mediation handelt es sich hierbei ausschließlich um die Mitwirkung der Kinder in separaten Räumen. Die Eltern als die verantwortlichen Verhandlungspartnerinnen arbeiten in einem anderen Raum miteinander.

Der direkte Einbezug

Steht für die Mediatorin ein direkter Einbezug der Kinder in den Mediationsprozess zur Debatte, ist dabei vorab die Einschätzung wesentlich, ob einer direkten Mitwirkung das Potenzial innewohnt, eine für die Kinder und Jugendlichen stärkende und ermutigende Erfahrung schaffen zu können. Damit muss nicht unbedingt einhergehen, dass sich ihre Eltern in einer guten Weise verständigen, vorausgesetzt sie bringen im Prozessgeschehen die Fähigkeiten auf, sich ihren Kindern gegenüber ausreichend schützend, raumgebend, klar, fair und insgesamt konstruktiv zu zeigen. Minimal ist gefordert, dass die Eltern ihren Kindern einen Raum für ihre Themen und Bedürfnisse geben, um besser verstehen zu können, was die Situation der Kinder an passenderen Regelungen fordert. Die wohl größte Herausforderung der Eltern liegt dabei darin, die Äußerungen der Kinder in dieser Methode nicht vom Konflikt vereinnahmen zu lassen, was dazu führen könnte, dass einzelne Aussagen der Kinder als Positionen im Konflikt aufgefasst werden, sei es gegen die eigene Person und Position gerichtet oder als Stärkung der Position der anderen Partei.

Im besten Fall fördert der direkte Einbezug der Kinder die Aufmerksamkeit und Empfindsamkeit der Eltern gegenüber den Themen und Bedürfnissen ihrer Kinder. Es ist jedoch ein schmaler Grat zwischen einer gelingenden emotionalen Öffnung, die den Eltern ermöglicht, durch ihre Kindern zu lernen, und einer Öffnung, die immer auch die Vulnerabilität der Beteiligten erhöht, worin umgekehrt die Gefahr lauert, dass Angriffe zum Schutz der eigenen Unversehrtheit verschärft werden. Daher gilt es für die Mediatorin, zuvor zu antizipieren, welche Kosten für alle beteiligten Kinder und Eltern entstehen könnten, falls der Einbezug der Kinder scheitert.

Ein Einbezug von Kindern und Jugendlichen in die Mediation ihrer Eltern ist – wie eine schwierige Passage in den Bergen – gut vorzubereiten. Es braucht die Konzentration und den Mut der verantwortlichen Eltern, sich auf eine gemeinsame Sitzung einzulassen, in der den Kindern die Hauptaufmerksamkeit gilt. Eine solche Sitzung wird separat mit den Kindern bzw. dem Kind und in einer weiteren Sitzung mit den Eltern vorbereitet. Diese Vorbereitungssitzungen klären zunächst einmal die Bereitschaft und dann die Bedingungen des Einbezugs. Die Mediatorin muss für sich zu der sicheren Annahme finden, dass der Einbezug in diesem konkreten Fall hilfreich sein kann. Kriterien dafür könnten sein, dass sie glaubt, dass die Kinder durch den Einbezug profitieren, weil sie aktiv im Hinblick auf konstruktive Lösungsversuche mitwirken, ihre Themen, Bedürfnisse und Ideen gehört werden oder auch weil sie erleben können, dass ihre Eltern es schaffen, sich auf einen konstruktiven Prozess einzulassen. Für das Elternsystem kann es hilfreich sein, die Situationen der Kinder, ihre Ideen, Befürchtungen und Wünsche zu hören und besser verstehen zu können. Sicherlich auch, um im weiteren Prozess ihre Vereinbarungen darauf abzustimmen. Fundamental kann der Erfolg des direkten Einbezugs aber auch darin bestehen, überhaupt wieder ein Gespür dafür zu erlangen, dass es um die Zukunftsperspektiven der Kinder geht.

Der direkte phasenweise Einbezug kann demnach ein sehr wirkungsvolles Instrument darstellen, vorausgesetzt die Risiken des Scheiterns sind zuvor zwischen allen Beteiligten genügend abgewogen worden.

Im Folgenden soll nun das passende Setting für diese Art der Mediationsarbeit erläutert werden.

Der direkte Einbezug der Kinder ist keine Interventionsform für frühe Arbeitsphasen mit hocheskalierten Elternsystemen. Oft hat sich der Prozess über mehrere Sitzungen schon so beruhigt, dass die Eltern ein gewisses Vertrauen in sich, den anderen Elternteil, die Prozessführung und demzufolge auch in die Mediatorin haben.

Dabei orientieren sich die Sitzungen mit den Kindern nicht vorrangig an den Prozessstufen der Mediation, sondern mehr daran, ob die Eltern in ihrer Selbstbehauptung stark genug sind, sich den Inspirationen zu öffnen. Im direkten Einbezug arbeitet die Mediatorin mit den Kindern in Anwesenheit der Eltern. Auch die Sitzposition markiert Kinder und Mediatorin als Hauptsetting, die Eltern sitzen im Hintergrund und folgen als stille Beobachter dem Gespräch. Dieses Gespräch ist allerdings kein Beratungsgespräch, das der Idee einer Veränderung folgt. Vielmehr geht es hier darum, den Eltern Informationen in Bezug auf Themen, Bedürfnisse und Optionen oder auch konkretere Veränderungswünsche ihrer Kinder bereitzustellen, die diese in ihrem Prozess aufgreifen können.

Werden mehrere Gespräche mit den Kindern geführt, können sich diese an den Mediationsstufen, beispielsweise der Themensammlung oder der Stufe der Optionen, orientieren, nachdem diese Stufen zuvor bereits mit den Eltern erarbeitet wurden. Eine Leitfrage könnte lauten: »Welche Themen sind für eure Zukunft wichtig, von denen ihr euch wünscht, dass eure Eltern dafür Regelungen finden?« Es muss kontinuierlich klar bleiben, dass nicht den Kindern die Verantwortung von Verhandlungen und Entscheidungen obliegt. Gleiches gilt für die Erarbeitung von Optionen. Das kreative Potenzial von Kindern kann den Prozess der Eltern hilfreich unterstützen und ergänzen, nicht jedoch ersetzen. In der Stufe der Angebotsverhandlung, wenn sich der Prozess auf die Vorbereitung getragener Entscheidungen konzentriert, stehen ausschließlich die Eltern in der Verantwortung. Die Kinder werden daher auch immer wieder deutlich darauf hingewiesen, dass ihre Mitwirkung kein Versprechen für eine Änderung in ihrem eigenen Sinne zur Folge haben muss. Die Verantwortung für Vereinbarungen bleibt bei den Eltern.

Für den Prozess kann es sehr förderlich sein, wenn die Kinder ihren Eltern ihre Grundbedürfnisse und auch aktuellen und konkreteren Bedürfnisse präsentieren. Für das Vorgehen der Mediatorin bedeutet dies aber nicht, dass sie die Stufe der Bedürfnisse und Interessen auch mit den Kindern erarbeitet. Dies würde in der Folge bedeuten, sie an den dabei entstehenden Regelungen im Weiteren direkt mitwirken zu lassen. Geschieht dies, droht die Suggestion, dass sich der Gesamtprozess ausschließlich an den Bedürfnissen der Kinder orientiert. Daher wird hier befürwortet, eher von Wünschen an die Vereinbarungen der Eltern zu sprechen, als von Bedürfnissen im Hinblick auf das Ergebnis des Mediationsprozesses, an dem die Kinder nur bedingt mitwirken.

Die Beobachtungsperspektive verlangt den Eltern ab, sich über die Dauer einer Sitzung nicht direkt einzubringen. Das kann als sehr anspruchsvolle Aufgabe erlebt werden und so ist es hilfreich, zuvor die Dauer der Sitzung und mögliche Formen der Unterbrechung genau abzustimmen. Die Frage, ab welchem Alter der Kinder ein direkter Einbezug sinnvoll ist, hängt von den Ressourcen des jeweiligen Familiensystems und dem der Einzelpersonen, aber auch von den Möglichkeiten der Mediatorin ab. Während ein direkter Einbezug ab dem Grundschulalter üblich ist, werden Kindergartenkinder oft nur dann einbezogen, wenn sie dies in Begleitung ihrer älteren Geschwisterkinder einfordern. Je älter die Kinder sind, desto wichtiger kann es sein, dass sie direkt einbezogen werden. Jugendliche haben meist sehr genaue Vorstellungen und Ideen ihrer zukünftigen Lebensweise, an denen sich die Vereinbarungen der Eltern mitorientieren sollten. Zusätzlich braucht es Abwägungen und Entscheidungen der Beteiligten darüber, ob Geschwister unterschiedlichen Alters in einer gemeinsamen Sitzung oder lieber in Form von Einzelsitzungen einbezogen werden. Jugendliche brauchen gelegentlich noch einen zusätzlichen Raum, um ihre Anliegen oder Ideen ohne die jüngeren Geschwister vorzubringen. Jüngere Kinder brauchen manchmal ihre älteren Geschwister, um sich zu trauen, etwas zu sagen. Umgekehrt brauchen einige die Möglichkeit, nur für sich zu sprechen.

Insgesamt muss jeder Einbezug mit allen Beteiligten vor- und nachbereitet werden. Die Kinder benötigen einen klaren Beginn, ein klares Ende und eine Art des Abschlusses ihres Einbezugs. Oftmals werden die Kinder zum Ende der Mediation noch einmal eingeladen, damit ihnen die Verhandlungsergebnisse, die sie betreffen, mitgeteilt werden können. Manchmal gestalten die Eltern auch ein Abschlussritual mit und nach der Verkündung der Ergebnisse. Wichtig ist hier die Beantwortung der Frage, auf welche Weise die Mitwirkung und Aufwendungen der Kinder im Mediationsprozess eine Würdigung und einen eigenen Abschluss finden.

Folgende Fragen können das Vorgehen der Mediatorin in der Arbeit mit den Eltern leiten:

- »Was spricht aus Ihrer beider Sicht dafür, dass ein Einbezug Ihrer Kinder stattfindet?«
- »Was würde schlimmstenfalls passieren, wenn der Einbezug nicht gelingt? Was würde das für Ihre Kinder bedeuten?«
- »Was glauben Sie, brauchen Ihre Kinder, damit sie einer Einladung zu einer Sitzung folgen?«
- »Was brauchen Sie selbst, damit Sie es schaffen, den Kindern eine ganze Sitzung nur zuzuhören?«

Zusammenfassend:

- Jeder direkte Einbezug von Kindern und Jugendlichen kann nur auf der Basis der Freiwilligkeit verantwortlich geführt werden.
- Der direkte Einbezug ist dann hilfreich, wenn Kinder und Jugendliche in ihrer Selbstbehauptung unterstützt werden, und nicht, wenn sie vom Prozess eingeschüchtert oder geschwächt werden.
- Beide Eltern müssen gleichsam den direkten Einbezug der Kinder wünschen.
- Der direkte Einbezug der Kinder darf nicht einem Schattenmotiv der Eltern folgen, das Feld um weitere unterstützende Positionen oder Parteimitglieder im Konflikt erweitern zu wollen. Der Einbezug folgt der Logik eines Suchprozesses nach neuen Vereinbarungen.
- Kinder und Jugendliche müssen nicht reden und dürfen immer schweigen.
- Einbezug bedeutet hier eine Form der Mitwirkung im elterlichen Prozess. Die Eltern tragen die Verantwortung für die inhaltliche Ausrichtung des Prozesses der Mediation.
- Der direkte Einbezug verlangt, im Sinne eines Prozesses im Prozess, klare Rahmenbedingungen, die den Anfang, die Form und das Ende verdeutlichen.

Familienmediation als Form des themenbezogenen Einbezugs

Insbesondere Jugendliche möchten an Entscheidungen, die sie betreffen, mitwirken und auch mitentscheiden. Mit einer Familienmediation als Form des themenbezogenen Einbezugs ist ein Vorgehen gemeint, das die Mediation der Eltern in einigen Themen öffnet und Jugendliche einlädt, den Prozess zu diesen Themen als gleichwertige Verhandlungspartnerinnen und somit auf Augenhöhe mitzuentwickeln und zu verhandeln. Für diese Form des Einbezugs benötigt es wieder eine gute Vorbereitung mit den Prozessbeteiligten. Die Eltern müssen sich klar und einig darüber sein, dass sie ihre jugendlichen Kinder in einigen Themen mitverhandeln lassen wollen. Dafür braucht es zuvor eine Sortierung und Klarheit darüber, was aus ihrer Sicht in der Mediation verhandelt werden soll und in welchen Themenbereichen sie beide der Meinung sind, dass ihre Kinder mitverhandeln und entscheiden können. Zudem sind die Bereitschaft und bestenfalls der Wunsch der Jugendlichen wesentlich, im Prozess direkt mitwirken und sich als Verhandlungspartnerinnen einbringen zu wollen.

Der Einbezug ist dann möglich, wenn die Eltern im Prozess eine gemeinsame Verantwortung wiedererlangt haben und ein geteiltes Interesse vertreten, ihre jugendlichen Kinder konkret teilhaben zu lassen. Wird diese Variante favorisiert, weil den Eltern die Selbstbehauptung und Kooperation mit dem anderen

Elternteil nicht gelingt und die Kinder instrumentalisiert werden sollen, um überhaupt zu Verhandlungsergebnissen zu gelangen oder um die jeweiligen Positionen zu verstärken, ist davon abzusehen. Familienmediation als Phase der Elternmediation ist daher im Kontext sehr strittiger Eltern nur dann möglich, wenn sich die Konflikte bereits beruhigt haben.

Zuletzt soll noch einmal darauf hingewiesen werden, dass die Form des Einbezugs von Kindern und Jugendlichen zum einen von den aktuellen Möglichkeiten der beteiligten Eltern und Kinder abhängt, zudem aber auch vom Alter der Kinder und ihrem Entwicklungsstand. Remo Lago schafft mit folgendem Modell einen guten Überblick über die drei Lebensbereiche und daran geknüpfte Bedürfnisse von Kindern und Jugendlichen in Abhängigkeit von deren Alter:

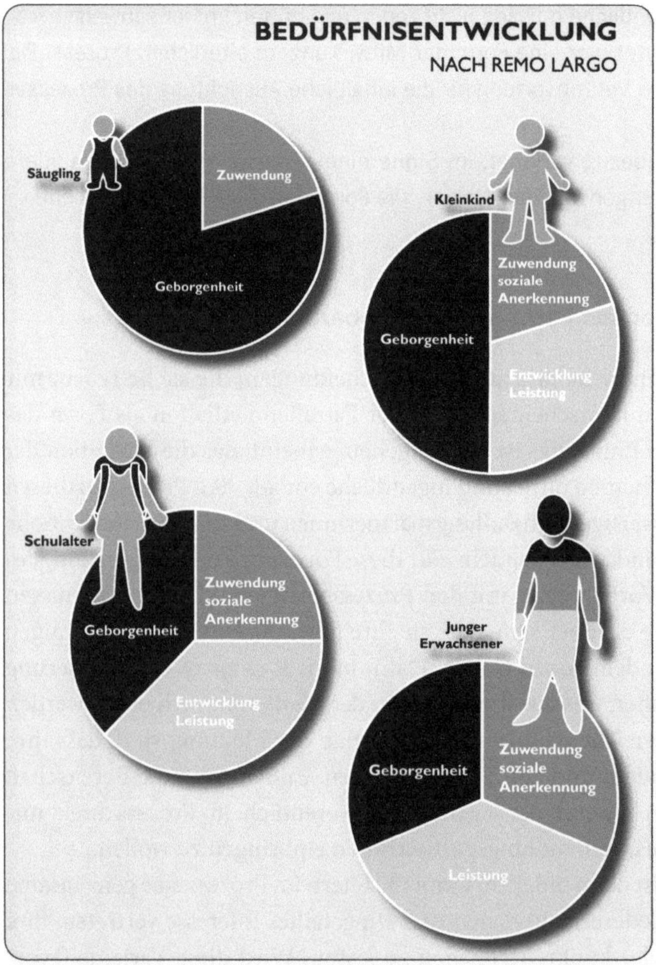

Abb. 9: Bedürfnisentwicklung nach Remo Largo

Jugendliche werden oft eine sehr genaue Vorstellung davon haben, was genau sie noch brauchen, um sich angemessen geborgen zu fühlen, frei zu sein, um Kontakte außerhalb des familiären Umfelds leben zu dürfen und gefördert zu sehen und um ihre Leistungen entwickeln zu können. Dann genau ist Mediation das Mittel der Wahl, welches Jugendliche sich in ihren Wünschen selbst vertreten lässt.

Daneben haben Kinder von hochstrittigen Elternsystemen nicht selten schon Jahre der Konfliktbeteiligung hinter sich und hinsichtlich ihrer eigenen Entwicklungsbewegungen ein wenig förderliches Klima oder sogar Mangel erfahren. Diese Jugendlichen brauchen höchstwahrscheinlich Hilfesysteme, die anders und genauer auf ihre Bedürfnisse nach Heilung, Förderung, Fürsorge oder auch Erziehung eingehen, sodass für den Mediationskontext Formen des indirekten Einbezugs näherliegen.

Jede der Mediationen in diesem Kontext widmet sich zu jedem Zeitpunkt der Verbesserung der Lage der Familien, der Kinder und ihrer Eltern. Die Formen des Einbezugs vermitteln prozessuale Unterschiede, die jedoch diesem gleichen übergeordneten Ziel dienen. Die Eltern suchen die Mediation auf, um ihre Rollen als Eltern zu klären, Bedingungen zu schaffen, die es ihren Kindern ermöglichen, einen guten und gesunden Weg zu gehen, und auch um selbst einen guten und besseren Lebensweg einschlagen zu können – das ist hier die konstruktive Unterstellung.

Von den Höhen des Konflikts erfasst, können bedrohte Eltern aber manchmal nur sehr langsam den Abstieg aus kalten und vernebelten Zonen wagen. Im Mediationsprozess braucht es je nach Verfassung der Eltern und der Kinder eine genaue Reflexion und Vorüberlegung, welche Form des Einbezugs die Familienmitglieder in ihren individuellen und gemeinsamen Prozessen am ehesten bestärkt.

12 Ausblick und Aufbruch

Wieder im Basislager angekommen, stellt sich mir die Frage nach den weiteren Herausforderungen in einer sich verändernden Landschaft. Gesellschaftlich betrachtet treten beispielsweise ökologische und in deren Folge auch ökonomische Prozesse Lawinen der Veränderung los. Deren Konfliktpotenziale sind in vielen Bereichen zwar nicht konkret zu antizipieren, jedoch setzen sich Felder ab, die aus meiner Perspektive zum Anlass genommen werden können, Systemische Mediation, wie sie hier entwickelt wurde, zu spezifizieren. Dabei verstehe ich dieses Systemische Haltungs- und Handlungskonzept nicht als kühl-distanziertes Verhandlungskonzept, sondern als ein eigenes Interventionssystem, dessen Basis insofern die Beziehung und Koproduktion von Klientinnen und Mediatorinnen bildet.

Für die Systemische Mediation zeichnen sich aus meiner Sicht mehrere Pfade ab, von denen ich hier einige kurz in den Blick nehmen möchte: Im Bereich privater Konfliktfelder erlebe ich einen Anstieg der Fälle der sogenannten »Elder-Mediation«, die sich auf die Lebensphase der Klientinnen bezieht und Themen des Älterwerdens, der Erbschaft, der Pflege von Angehörigen und andere Partnerschafts- und Familienthemen zum Gegenstand haben kann. Mediationskonzepte, die das aktuelle Wissen aus der Systemischen Arbeit mit Mehrgenerationssystemen einbeziehen, könnten aus meiner Sicht zu gewinnbringenden Neuerungen gelangen.

Als wahrscheinlich größte landschaftliche Veränderung kann eine zunehmende Digitalisierung zeitgenössischer Kommunikation eingeschätzt werden. Sie erzeugt und fördert neue Konfliktformen. Die Erforschung eines zukünftigen Konfliktgeschehens kann der Mediation wertvolle Erkenntnisse bieten, durch die sich mögliche didaktische Formen mediativer Arbeit in verschiedenen Kontexten (Teams, Schulklassen, Familien etc.) inspirieren lassen können.

Das umfassende Feld der Organisationsentwicklung integriert Mediation als Form der Personalentwicklung seit längerer Zeit. Systemische Mediation im Sinne einer Führungskompetenz sehe ich in diesem Kontext als eine weitere zukunftsweisende und lohnende Spezifikation. Auf Basis eines systemtheoretisch fundierten Organisationsverständnisses sehe ich die Aufgaben hier zum einen in der Entwicklung einer Grundlagenkonzeption als auch in der Überführung in ein Ausbildungsformat für Führungskräfte, die auf sich verschärfende Konflikte reagieren werden müssen. Innerhalb von Organisationen und auch im Kontakt zu ihren organisationalen Umwelten wird die Vermittlung in Konflikten, so sie es nicht bereits ist, zum wesentlichen Moment des Führungsverhaltens.

Wenn mit diesem Buch zwar viele Aspekte einer allgemeinen Grundlegung Systemischer Mediation verfasst sind, kann es im Weiteren darum gehen, mit einem allgemeinen Handbuch Systemischer Mediation anzuschließen. Ein solches Handbuch würde die Praxisfelder und Themen Systemischer Mediation umfassend darstellen. Mit der grundlegenden Haltung, wie sie hier (auch spezifiziert) dargelegt wurde, im Gepäck, würden sich dem Mediationssystem unterschiedliche Land- und Gebirgszüge eröffnen.

Für Systemische Mediatorinnen, die im Rahmen hocheskalierender Systeme viel Energie und Konzentration in die Abstiegsprozesse aus den eisigen Höhen von Konflikten investieren, stellen – aus meiner Sicht – ausgleichende Tätigkeiten eine Notwendigkeit dar. Neben einer fortwährenden Selbstreflexion mit Blick auf und über den Tellerrand dieser Prozesse hinaus, halte ich in Bezug auf Supervision, Aus-, Fort- und Weiterbildung das Augenmerk auf den Umgang mit den eigenen Möglichkeiten und Grenzen für ein elementares Moment. *Im Basislager angekommen ist der Abstieg geglückt, vielleicht müssen Wunden versorgt und Kräfte gesammelt werden, vielleicht wird gefeiert, um dann mutig und zuversichtlich wieder aufzubrechen.*

Literatur

Adler, A. (1927/2001): Menschenkenntnis. Frankfurt a. Main.

Adler, A. (1982/1932): Die Systematik der Individualpsychologie. Frankfurt a. Main.

Alberstötter, U. (2004): Hocheskalierte Elternkonflikte – Professionelles Handeln zwischen Hilfe und Kontrolle. https://www.praxis-institut.de/fileadmin/Redakteure/Sued/Praxis-Dialog/di04_3.pdf (Zugriff am 10.12.2020).

Alberstötter, U. (2013): Gewaltige Beziehungen. Verfügungsgewalt in eskalierten Elternkonflikten. In: Weber, M./Alberstötter, U./Schilling, H. (Hg.): Beratung von Hochkonflikt-Familien. Im Kontext des FamFG (S. 117–145). Weinheim/Basel.

Alberstötter, U. (2013): »Horch was kommt von draußen rein …«. Der gesellschaftliche Kontext von Hochkonflikthaftigkeit. In: Weber, M./Alberstötter, U./Schilling, H. (Hg.): Beratung von Hochkonflikt-Familien. Im Kontext des FamFG (S. 19–40). Weinheim/Basel.

Bion, W. R. (1997): Lernen durch Erfahrung. Frankfurt a. Main.

Brazelton, T. B./Greenspan, S. I. (2008): Die sieben Grundbedürfnisse von Kindern. Was jedes Kind braucht, um gesund aufzuwachsen, gut zu lernen und glücklich zu sein. Weinheim/Basel.

Bundeskonferenz für Erziehungsberatung (bke) (Hg.) (2013): Beratung von Hochkonflikt-Familien im Kontext des FamFG. Fachliche Standards. https://www.bke.de/content/application/mod.content/1422348072_bke_Stellungnahme_1_13_Hochkonflikt.pdf (Zugriff am 10.12.2020).

De Shazer, S. (2010): Der Dreh. Überraschende Wendungen und Lösungen in der Kurzzeittherapie. Heidelberg.

Diez, H./Krabbe, H./Thomsen, C. S. (2005): Familien-Mediation und Kinder. Grundlagen-Methodik-Techniken. Köln.

Cecchin, G./Lane, G./Ray, W. A. (1993): Respektlosigkeit – eine Überlebensstrategie für Therapeuten. Heidelberg.

Cordes, C. (2017): Sie lachen das schon! Einführung in die Provokative SystemArbeit mit kommentierten Fallbeispielen. Leipzig.

Gerber, C. (2011): Hochkonflikthafte Trennungen und Scheidungen aus der Sicht des Jugendamtes. In: Walper, S./Fichtner, J./Normann, K. (Hg.): Hochkonflikthafte Trennungsfamilien. Forschungsergebnisse, Praxiserfahrungen und Hilfen für Scheidungseltern und ihre Kinder (S. 71-87). Weinheim/München.

Glasl, F. (2015): Selbsthilfe in Konflikten. Konzepte – Übungen – Praktische Methoden. Stuttgart.

Glavinic, T. (2013): Das größere Wunder. München.

Grossmann, K./Grossmann, K. E. (2014): Bindungen – das Gefüge psychischer Sicherheit. Stuttgart.

Findlay, H. (2018): Die größten Herausforderungen werden immer in uns selbst liegen … In: Messner, R. (Hg.): Mord am Unmöglichen. Spitzenkletterer aus aller Welt hinterfragen die Grenzen des Möglichen (S. 130-133). Mailand.

Fuchs, P. (2003): Liebe, Sex und solche Sachen. Zur Konstruktion moderner Intimsysteme. Konstanz.

Fuchs, P. (2004): Der Sinn der Beobachtung. Begriffliche Untersuchungen. Weilerswist.

Fuchs, P. (2010): Das System SELBST. Eine Studie zur Frage: Wer liebt wen, wenn jemand sagt: »Ich liebe Dich!«?. Weilerswist.
Fuchs, P. (2010): Diabolische Perspektiven. Vorlesungen zu Ethik und Beratung. Berlin.
Jewett Jarratt, C. (2006): Trennung, Verlust und Trauer. Was wir unseren Kindern sagen – wie wir ihnen helfen. Weinheim/Basel.
Kast, V. (2008): Trauern. Phasen und Chancen eines psychischen Prozesses. Stuttgart.
Korittko, A. (2013): Kinder als Zeugen häuslicher Gewalt. Umgang um jeden Preis oder Neuanfang ohne Angst? In: Weber, M./Alberstötter, U./Schilling, H. (Hg.): Beratung von Hochkonflikt-Familien. Im Kontext des FamFG (S. 256–272). Weinheim/Basel.
Krabbe, H./Thomsen, C. S. (2017): Familienmediation mit Kindern und Jugendlichen. Grundlagen – Methodik – Techniken. Köln.
Largo, R. H./Czernin, M. (2003): Glückliche Scheidungskinder. Trennungen und wie Kinder damit fertig werden. München.
Ludewig, K. (1997): Systemische Therapie. Grundlagen klinischer Theorie und Praxis. Stuttgart.
Ludewig, K. (2009): Einführung in die theoretischen Grundlagen der systemischen Therapie. Heidelberg.
Luhmann, N. (1984/1996): Soziale Systeme. Grundriss einer allgemeinen Theorie. Frankfurt a. Main.
Luhmann, N. (1988): Macht. Stuttgart.
Luhmann, N. (1989): Vertrauen. Ein Mechanismus der Reduktion sozialer Komplexität. Stuttgart.
Luhmann, N. (2004): Einführung in die Systemtheorie. Heidelberg.
Luhmann, N. (2013): Macht im System. Berlin.
Lukas, E. (2019): Frankl und die Berge. In: Holzer, M./Haselböck, K.: Berg und Sinn. Im Nachstieg von Viktor Frankl (S. 163-174). Salzburg/München.
Lüschen-Heimer, C./Michalak, U. (2019): Werkstattbuch systemische Supervision. Heidelberg.
Marks, S. (2015): Scham – die tabuisierte Emotion. Düsseldorf.
Maslow, H. A. (1978): Motivation und Persönlichkeit. Reinbeck bei Hamburg.
Messmer, H. (2003): Der soziale Konflikt. Stuttgart.
Messner, R. (2014): Über Leben. München.
Messner, R. (2018): Mord am Unmöglichen. Spitzenkletterer aus aller Welt hinterfragen die Grenzen des Möglichen. Mailand.
Müller, P.-M. (2013): Erziehungsberatung im verbindlichen Kontext des FamFG. Inhaltliche und strukturelle Aspekte. In: Weber, M./Alberstötter, U./Schilling, H. (Hg.): Beratung von Hochkonflikt-Familien. Im Kontext des FamFG (S. 347–366). Weinheim/Basel.
Phaler, R. (2013): Begegnungen zweier professioneller Welten. »Regensburg« – ein Praxisbeispiel der Zusammenarbeit zwischen Familiengericht und Beratungsstelle. In: Weber, M./Alberstötter, U./Schilling, H. (Hg.): Beratung von Hochkonflikt-Familien. Im Kontext des FamFG (S. 384–400). Weinheim/Basel.
Petermann, F. (2013): Psychologie des Vertrauens. Göttingen.
Rechenberg-Winter, P./Fischinger, E. (2018): Kursbuch systemische Trauerbegleitung. Göttingen.
Renz-Polster, H./Hüther, G. (2016): Wie Kinder heute wachsen. Natur als Entwicklungsraum. Ein neuer Blick auf das kindliche Lernen, Denken und Fühlen. Weinheim/Basel.
Rosa, H. (2005): Beschleunigung – Veränderung der Zeitstruktur der Moderne. Berlin.
Rudolph, J. (2007): Du bist mein Kind: die »Cochemer Praxis« – Wege zu einem menschlicheren Familienrecht. Berlin.
Rüting, W./Hornung, A./Kaufhold, B. (2009): Das Wohl des Kindes steht im Mittelpunkt. Verfahrensabläufe nach der Warendorfer Praxis. frühe Kindheit, 2/11, S. 26–34.
Satir, V. (2009): Selbstwert und Kommunikation. Familientherapie für Berater und zur Selbsthilfe. Stuttgart.
Scharmer, C. O. (2015): Theorie U – Von der Zukunft her führen. Presencing als soziale Technik. Heidelberg.

Schlippe, A. v./Schweitzer, J. (2003): Lehrbuch der systemischen Therapie und Beratung. Göttingen.
Simon, F. (2004): Tödliche Konflikte. Zur Selbstorganisation privater und öffentlicher Kriege. Heidelberg.
Simon, F. (2010): Einführung in die Systemtheorie des Konflikts. Heidelberg.
Spitzer, M. (2002): Lernen. Heidelberg/Berlin.
The Mountaineers (Hg.) (2018): Bergsteigen. Das grosse Handbuch. München.
White, M./Epston, D. (2009): Die Zähmung der Monster. Der narrative Ansatz in der Familientherapie. Heidelberg.
Windisch, K. (2015): Fair und/oder gerecht? Fairnesskriterien in der Mediation. ZKM-Zeitschrift für Konfliktmanagement, 2/2015, S. 52–56.